SEGUNDA GUERRA MUNDIAL
STALINGRADO

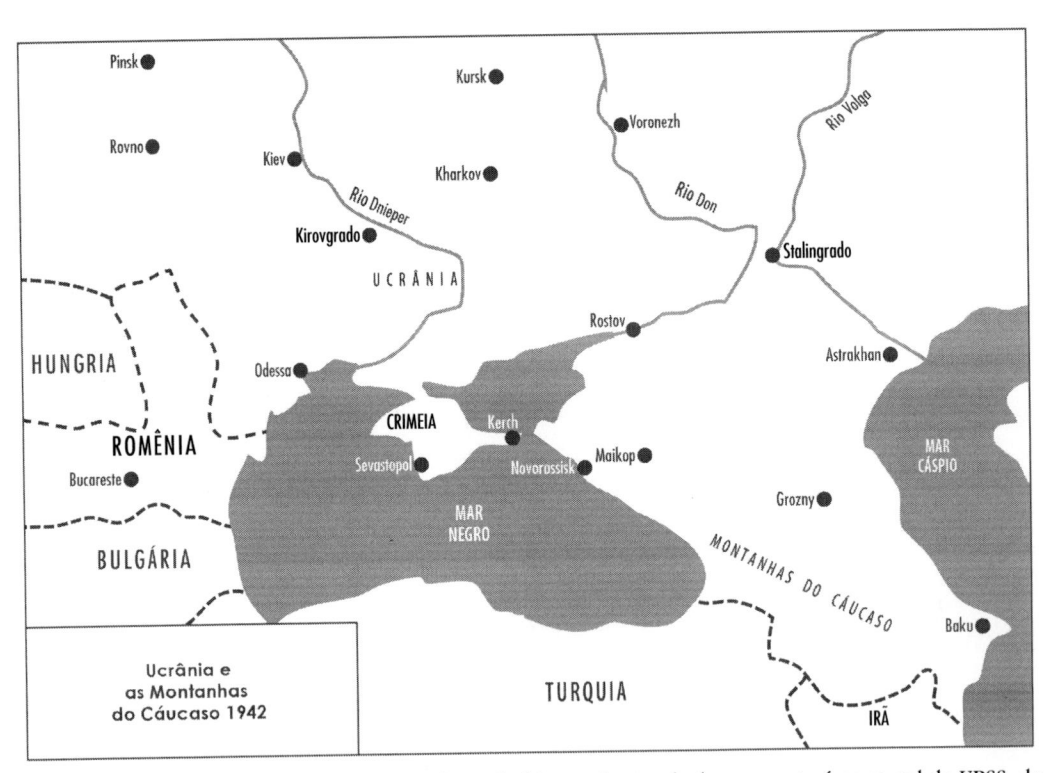

A campanha que atingiu o seu clímax em Stalingrado foi travada através de uma vasta área ao sul da URSS, de Odessa a Grozny, de Sevastopol a Kursk

SEGUNDA GUERRA MUNDIAL
STALINGRADO
A RESISTÊNCIA HEROICA QUE DESTRUIU O SONHO DE HITLER DOMINAR O MUNDO

RUPERT MATTHEWS

M.Books

M.Books do Brasil Editora Ltda.

Rua Jorge Americano, 61 - Alto da Lapa
05083-130 - São Paulo - SP - Telefones: (11) 3645-0409/(11) 3645-0410
Fax: (11) 3832-0335 - e-mail: vendas@mbooks.com.br
www.mbooks.com.br

Dados de Catalogação da Publicação

MATTHEWS, Rupert
Segunda Guerra Mundial: Stalingrado. A resistência heroica que destruiu o sonho de Hitler dominar o mundo/Rupert Matthews

2013 – São Paulo – M.Books do Brasil Editora Ltda.

1. História   2. Guerras e Batalhas

ISBN: 978-85-7680-203-7

Do original: Stalingrado: The battle that shattered Hitler's dream of world domination
Publicado em inglês pela Arcturus
ISBN original: 978-1-84858-456-3
© 2012 Arcturus

© 2013 M.Books do Brasil Editora Ltda. Todos os direitos reservados.

Editor: Milton Mira de Assumpção Filho
Tradução: Ricardo Souza
Produção Editorial: Lucimara Leal
Coordenação Gráfica: Silas Camargo
Editoração: Crontec
Imagem capa: ©RIA Novosti/TopFoto
Quarta capa: Corbis

2013
M.Books do Brasil Editora Ltda.
Proibida a reprodução total ou parcial.
Os infratores serão punidos na forma da lei.
Direitos exclusivos cedidos à
M.Books do Brasil Editora Ltda.

SUMÁRIO

INTRODUÇÃO	6
1. **UM MUNDO EM GUERRA**	8
2. **OPERAÇÃO BARBAROSSA**	28
3. **PLANOS DE INVERNO**	48
4. **O PLANO AZUL**	64
5. **EM STALINGRADO**	82
6. **RATTENKRIEG – A GUERRA DOS RATOS**	98
7. **A FÁBRICA DE TRATORES**	114
8. **IMPASSE**	132
9. **A CORRIDA PELO ÓLEO**	142
10. **OPERAÇÃO URANO**	154
11. **OPERAÇÃO TEMPESTADE DE INVERNO**	170
12. **A BATALHA DA FOME**	180
13. **O COMEÇO DO FIM**	194
Principais Personagens	205
Índice	206
Créditos das imagens	208

Seção de metralhadora alemã envolvida em raro episódio de combate de rua. A habilidade nesse tipo de tática seria essencial em Stalingrado.

INTRODUÇÃO

O grande banho de sangue em Stalingrado trouxe morte, mutilação e sofrimento em uma escala sem precedentes. Homens, mulheres e crianças foram massacrados às centenas de milhares em condições de horror tão abjetas que, mesmo hoje, ninguém pode dizer ao certo quantos foram mortos sem ficar além ou aquém da estimativa em, pelo menos, 10 mil. O custo humano foi enorme, o horror foi inimaginável e a escala de destruição foi impressionante.

A resistência foi um desastre para quase todos os envolvidos, mas Adolf Hitler saiu dela pior. Seus planos de conquistar a União Soviética foram destruídos em Stalingrado. Com eles, foram-se as ambições nazistas de uma Nova Ordem Mundial. Os mapas do grande *Reich* alemão já haviam sido preparados e desenhos arquitetônicos de novas cidades alemãs haviam sido concluídos, porém jamais seriam utilizados. Tudo dependera da destruição das forças soviéticas e, em Stalingrado, o Exército Vermelho mostrou que não estava nem perto de ser aniquilado.

Da mesma forma que Hitler perdeu a guerra no oeste durante a Batalha da Grã-Bretanha, é igualmente certo que o

INTRODUÇÃO

fracasso de sua guerra no leste se deu em Stalingrado.

O pior de tudo é que isso poderia nunca ter acontecido. Stalingrado nunca foi um objetivo fundamental do exército alemão, mas tão somente um alvo secundário. Nem o Exército Vermelho considerava Stalingrado como sendo de grande importância, mas apenas uma de várias cidades industriais da União Soviética. Outras cidades como ela mudaram de mãos durante os combates sem baixas exageradas em nenhum dos lados.

Os nomes dessas outras cidades nem sequer eram lembrados fora de suas regiões, mas Stalingrado passou a ser o foco de um embate militar titânico de proporções sem precedentes, que decidiu o destino de nações inteiras.

Este livro é sobre o porquê de esta cidade ter se tornado tão importante e o efeito que teve nas vidas daqueles que se viram apanhados em meio ao conflito terrível.

Um pelotão de fuzileiros soviéticos avança em Stalingrado, no final de 1942. A luta sangrenta destruiu a cidade.

CAPÍTULO 1

1. UM MUNDO EM GUERRA

A Segunda Guerra Mundial começou com um ataque alemão à Polônia ao raiar de 1º de setembro de 1939. Em retrospecto, sabemos que a guerra entre Alemanha e Polônia se espalharia até engolfar o mundo inteiro e se arrastaria por seis longos e sangrentos anos. Mas, naquele momento, a situação aparente era outra. Certamente não era esse o discernimento, nem o propósito, do homem que começara a guerra e que teria grande influência sobre a condução da Batalha de Stalingrado.

UM MUNDO EM GUERRA

A Ambição Desmedida de Hitler

Adolf Hitler invadiu a Polônia com planos definidos em mente, nenhum deles envolvendo Stalingrado. Seus objetivos imediatos eram devolver à Alemanha as fronteiras de que gozava até a derrota esmagadora sofrida em 1918. Até aquele ano, grandes áreas da Polônia haviam sido parte da Alemanha. Em partes dessas áreas, embora não todas, havia grandes populações de alemães, o que só contribuiu para a determinação de Hitler em trazer estas terras para domínio de seu Terceiro *Reich*.

A anexação da Polônia ocidental era tida somente como parte da reorganização geral da Europa Oriental que Hitler tinha em mente. Claro está que, nas intenções de Hitler, essa reorganização seria inteiramente em favor da Alemanha, mas o ditador era realista o bastante para saber que teria de lidar com as ambições, visões e prioridades de outros países envolvidos. Ruminando no fundo de sua mente ao longo de anos estava a perspectiva mais distante de reorganizar a União Soviética também para benefício da Alemanha. ▶

Austríacos dão boas-vindas aos alemães em Salzburgo em 1938, quando a união forçada por Hitler (Anschluss) entrou em vigor.

CAPÍTULO 1

A política alemã da década de 1920 testemunhara a franca e frequentemente violenta oposição do Partido Nazista aos comunistas. Então, com os comunistas alemães esmagados, os nazistas não viram razão para deixarem de considerar os comunistas estrangeiros como o derradeiro inimigo. Já que, naquela época, a União Soviética era o único estado comunista no mundo, sua destruição final era pregada constantemente, embora de modo nem sempre visível, na propaganda e ambições nazistas. Não somente a União Soviética era controlada por comunistas como também era habitada por povos eslavos. Na ideologia nazista, eslavos eram *Untermenschen*, ou seja, subumanos que serviriam somente para serem escravos dos superiores alemães.

Embora não haja nenhuma dúvida de que essa era a opinião de Hitler e de muitos nazistas, é igualmente claro que, em 1939, medir forças com os comunistas eslavos era algo tido como uma perspectiva distante. Esse confronto aconteceria um dia, sem dúvida, mas não ainda.

Uma preocupação muito mais imediata era o fato de Grã-Bretanha e França terem celebrado, em março de 1939, uma aliança militar com a Polônia. Hitler sabia que, se invadisse a Polônia, também declararia guerra a França e Grã-Bretanha. A aliança pegara Hitler de surpresa, pois estava convencido de que nem França nem Grã-Bretanha partiriam para uma guerra por causa de acontecimentos na Europa Oriental.

A Marcha sobre Praga

Em 1938, Hitler apoiou um golpe nazista na Áustria que levou o país a se unir à Alemanha.

Mais tarde, ainda em 1938, Hitler ameaçou invadir a Tchecoslováquia se a região dos Sudetos, área fronteiriça com uma população de língua alemã, não fosse entregue à Alemanha. Como ato de apaziguamento, Grã-Bretanha e França assinaram o Acordo de Munique, que atendia as exigências de Hitler.

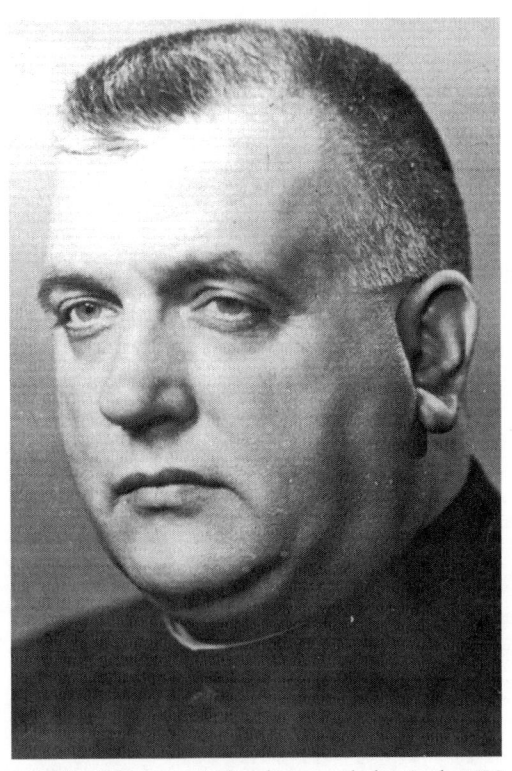

Jozef Tiso liderou o estado eslovaco pró-alemão de 1939 a 1945

Em março de 1939, a diplomacia alemã logrou um enorme sucesso. Durante alguns meses, os alemães haviam mantido conversações com políticos do Partido Popular Eslovaco, liderado por Jozef Tiso. Havia gerações que os eslovacos vinham tentando sua independência do antigo Império Habsburgo e, em 1919, não ficaram nada satisfeitos de ser empurrados

UM MUNDO EM GUERRA

para o novo estado da Tchecoslováquia, especialmente por estarem e menor número que os tchecos.

Os alemães agora encorajavam Tiso, prometendo tratados comerciais e conselheiros militares alemães se os eslovacos declarassem sua independência da Tchecoslováquia.

Em 14 de março de 1939, uma reunião de parlamentares eslovacos anunciou sua retirada do parlamento da Tchecoslováquia e a independência da Eslováquia. No mesmo dia, o líder do Partido Nazista tcheco fez um apelo público para que tropas alemãs entrassem em território tcheco para "restaurar a ordem". As tropas alemãs chegaram e as terras checas tornaram-se o Protetorado da Boêmia e Morávia, sob regime militar alemão.

Hitler também vinha empreendendo árduos esforços diplomáticos para cortejar o almirante Miklós Horthy, governante da Hungria. Estritamente falando, Horthy era regente no lugar do ausente rei Carlos IV, mas Carlos morrera alguns anos antes. No entanto, o parlamento húngaro confirmara os poderes de Horthy como regente. O extremo oriental da Tchecoslováquia, a Rutênia, tinha uma população em grande parte ucraniana e húngara. Por acordo prévio com Hitler e Tiso, tropas húngaras invadiram a Rutênia para anexar a província no mesmo dia em que os alemães entraram em Praga.

Mesmo a Polônia teve seu envolvimento. Quando Tiso anunciou a independência da Eslováquia, o presidente Ignacy Moscicki declarou seu apoio ao movimento e, em seguida, enviou tropas polonesas para anexar a cidade de Teschen (agora Cieszyn) antes que os alemães chegassem ali.

O Pacto de Não-agressão

A Tchecoslováquia fora cinzelada após cuidadosa diplomacia alemã e ameaças vazias de ação militar. A Polônia deveria ser a próxima e, portanto, a súbita interferência de França e Grã-Bretanha foi um choque.

Hitler, contudo, não se perturbou. Parece provável que seu plano original seguisse o padrão estabelecido na Tchecoslováquia, combinando diplomacia, ameaças e promessas para alcançar a destruição da Polônia em benefício da Alemanha.

Os poloneses, então, apoiados por França e Grã-Bretanha, desdenharam das ameaças e da diplomacia alemã e se tornaram truculentos e desafiadores, fazendo com que Hitler decidisse recorrer à guerra aberta pela primeira vez em sua carreira. O ditador sabia que teria que derrotar a Polônia rapidamente, de modo que nem França, nem Grã-Bretanha fossem capazes de fazer qualquer coisa para ajudar.

Porém, antes de invadir a Polônia, Hitler precisava garantir que nenhum dos países que faziam fronteira com a Polônia interferisse. Ao sul, estavam Eslováquia e Hungria, ambos agora em dívida com a Alemanha após o desmembramento da Tchecoslováquia e cuja ajuda aos poloneses era improvável. A leste da Hungria estava a Romênia, que também partilhava uma fronteira com a Polônia. A relação da Alemanha com a Romênia era mais complexa. A Romênia lutara

11

CAPÍTULO 1

contra a Alemanha e os Habsburgos durante a Primeira Guerra Mundial e, no Tratado de Versalhes, tinha sido recompensada com extensas terras que haviam pertencido ao Império Habsburgo, além de algumas terras que haviam sido parte do Império Russo. Como resultado, o rei Carol encarava a ascensão da Alemanha de Hitler com cautela. Por outro lado, os campos petrolíferos romenos ao redor de Ploesti eram importantes fontes de petróleo para a Alemanha. Hitler sabia que, em caso de guerra contra a Inglaterra, a marinha inglesa logo bloquearia as importações de petróleo de fora da Europa, deixando a Alemanha dependente do petróleo romeno. O ditador, portanto, tomava cuidado para não antagonizar o rei Carol, embora secretamente enviasse ajuda para o partido fascista da Romênia.

A nordeste da Polônia estava a Lituânia; esta, porém, com uma população de apenas 2,5 milhões, poderia ser seguramente ignorada. O que não podia ser ignorado era a poderosa União Soviética, que fazia fronteira com a Polônia a leste. Se a Alemanha anexasse toda a Polônia, o resultado seria uma longa e vulnerável fronteira germano-soviética. Além disso, provavelmente o ditador soviético, Stalin, veria o ato como um movimento beligerante contra a Rússia e poderia dar início a preparativos para avançar contra a Alemanha em um ataque preventivo. Hitler poderia até pretender invadir a Rússia dali a alguns anos no futuro, mas 1939 não era o momento. Felizmente para si, Hitler conhecia história o suficiente para vislumbrar uma maneira de trazer Stalin para seu lado.

Se a Polônia ocidental havia sido formada por terras anteriormente pertencentes à Alemanha, a Polônia oriental consistia na maior parte de terras que haviam pertencido à Rússia tsarista antes de 1918. Em 1919, o então líder soviético, Lenin, tentou reaver as províncias perdidas e espalhar o comunismo soviético, invadindo a Polônia. Os poloneses aniquilaram os invasores russos e, em seguida, lançaram sua própria contrainvasão, que varreu profundamente a Rússia. O Tratado de Riga, que daí resultou, brindou a Polônia com grandes áreas da Rússia. O comandante do exército soviético derrotado nos últimos estágios da guerra fora um certo Josef Stalin, agora governante da Rússia soviética. Hitler corretamente julgou que Stalin estava ansioso por vingança. Movimentações diplomáticas alemãs foram iniciadas em abril de 1939 e frutificariam em agosto daquele ano, com o pacto germano-soviético de não-agressão.

Aparentemente, o novo tratado era de amizade, com aspectos comerciais. Entre outras coisas, dispunha que os dois países permaneceriam neutros se o outro entrasse em guerra, estabelecendo um complexo acordo comercial pelo qual grãos, petróleo e metais russos seriam trocados por carros, caminhões e outros bens manufaturados alemães. Isso era, porém, apenas uma fachada elaborada para iludir o mundo.

O tratado também incluía cláusulas secretas que estipulavam a divisão da Europa Oriental entre Alemanha e Rússia. A Polônia deveria ser invadida pela

UM MUNDO EM GUERRA

O ministro do exterior alemão, Joachim von Ribbentrop, assina o pacto germano-soviético de 1939, enquanto Stalin e Molotov observam ao fundo.

Alemanha, que anexaria a metade ocidental. Como um presente por permitir a ação, a Rússia receberia as províncias orientais perdidas havia 20 anos. Stalin teria sua vingança dos poloneses.

Além disso, a Alemanha prometeu apoio diplomático à Rússia em sua disputa de fronteira com a Romênia pela província da Bessarábia. Não só isso, mas outros países também seriam incluídos em uma "esfera de influência" da Alemanha ou da Rússia. A Alemanha ficaria com a Lituânia, enquanto a Rússia receberia Finlândia e Letônia. O que viria a ser essa "influência" não foi deixado claro. Os alemães parecem ter interpretado como algo semelhante às relações que mantinham naquele momento com Eslováquia e Hungria. Stalin tinha outras ideias.

Blitzkrieg na Polônia

Agora, contando com apoio de todos os países que faziam fronteira com a Polônia, Hitler se volta para suas forças armadas.

CAPÍTULO 1

Nos últimos dez anos ou mais, o exército alemão vinha desenvolvendo um novo conceito revolucionário de guerra, que se tornaria conhecido como *blitzkrieg*, ou guerra relâmpago. Enquanto a maioria dos outros exércitos fazia planos para guerras de atrito longas e arrastadas, combatidas em linhas defensivas estáticas como na guerra de 1914 a 1918, os alemães idealizavam uma rápida e ágil guerra de manobras. As principais armas da *blitzkrieg* eram o tanque, ou *panzer* (abreviação de *Panzerkampfwagen*, ou veículo blindado), e o avião, ambos equipados com rádio para permitir comunicações rápidas e eficazes entre si e com o alto comando. Trabalhando juntos, tanques e bombardeiros romperiam as linhas de frente inimigas, enquanto os caças mantinha o controle dos céus.

Depois de atravessarem as defesas inimigas, os *panzer* penetrariam as linhas profundamente e com rapidez, interrompendo reforços inimigos, destruindo centros de comando e controle, e tomando os principais pontos estratégicos. Enquanto isso, os bombardeiros fustigariam as forças inimigas que encontrassem, podendo ser convocados pelos *panzer* para minar qualquer defesa intacta que os blindados não pudessem destruir. A infantaria, por sua vez, marcharia tão rápido quanto possível, a fim de explorar a confusão causada pela parceria entre tanques e bombardeiros.

Em 1º de setembro de 1939, Hitler desencadeou a *blitzkrieg* alemã na Polônia. A estratégia funcionou com perfeição. Os poloneses posicionaram seus exércitos perto das fronteiras, esperando em-

Tropas Panzergrenadiere, a infantaria motorizada alemã, avançam por Tschentochau (hoje *Czestochowa*) durante a invasão da Polônia, em setembro de 1939.

UM MUNDO EM GUERRA

pregar tropas ligeiras em uma ação de combate longo de retardo em pântanos e florestas, enquanto franceses e britânicos se mobilizassem para invadir a Alemanha pelo oeste. Isso não aconteceu. Os blindados alemães atravessaram as fronteiras e, em seguida, rumaram céleres pelas estradas principais para capturar cidades que abrigavam a maior parte da população. A *Luftwaffe*, força aérea alemã, por sua vez, bombardeou o sistema de abastecimento polonês até arrasá-lo, para que tropas tentando organizar uma retirada estratégica logo ficassem sem víveres e munição. Tudo acabaria em três semanas. Aproximadamente 100 mil soldados poloneses marcharam pela fronteira com a Romênia, onde esperavam encontrar refúgio. Os russos, tal como acordado, penetraram pelo leste da Polônia quando tiveram certeza de uma vitória alemã.

A Polônia foi, então, dividida entre alemães e soviéticos. As áreas da Polônia que haviam sido alemãs antes de 1918 foram anexadas à Alemanha, enquanto aquelas que haviam sido russas foram divididas em duas. As áreas orientais foram anexadas à União Soviética e o restante foi organizado naquilo que se chamou de Governo Geral da Polônia. Aparentemente, o governo geral era exercido por poloneses, mantendo moeda, selos postais e forças policiais da Polônia, entre outras instituições polonesas. Contudo, na realidade, a área estava sob ocupação militar alemã, e funcionários do Partido Nazista foram instalados para dar ordens. Tanto soviéticos quanto alemães se estabeleceram e impuseram uma re-

Oficiais alemães e russos se encontram em Lublin. A invasão da Polônia pelos soviéticos, em 17 de setembro, destruiu o que restava da resistência polonesa.

15

CAPÍTULO 1

gra dura e assassina em seus territórios recém-adquiridos, de onde tiravam qualquer coisa de valor.

A Finlândia Reage

Enquanto isso, as forças armadas alemãs se voltaram para oeste. Os franceses iniciaram uma campanha tímida pela fronteira franco-alemã, interrompendo-a tão logo recebida a notícia da derrota polonesa. Em 6 de outubro, Hitler anunciou que a Alemanha queria a paz, mas deixou claro que não tinha intenção de se retirar da Polônia. França e Grã-Bretanha recusaram suas propostas, mas não fizeram movimentos agressivos. A Frente Ocidental estagnou naquela que se tornou conhecida como Guerra de Araque.

Se as coisas estavam quietas no oeste, não estavam bem assim no leste. Em 5 de outubro de 1939, os soviéticos convidaram a Finlândia a enviar uma delegação a Moscou para discutir assuntos não especificados de interesse mútuo. Quando os finlandeses chegaram, receberam uma lista de reivindicações e foram informados de que, se não concordassem, haveria guerra. Os soviéticos exigiam grandes extensões de terras em torno da Carélia, no sul da Finlândia, e várias ilhas no Mar Báltico, e que o exército finlandês demolisse diversas fortalezas construídas recentemente para defender a capital finlandesa de Helsinki contra um ataque russo. Depois de a delegação finlandesa voltar para casa às pressas com o relatório, o governo finlandês concordou em ceder algum território de fronteira para a Rússia, mas não deram aos soviéticos tudo o que estes pretendiam. Em 30 de novembro, o Exército Vermelho cruzou a fronteira com a Finlândia.

No dia seguinte à invasão, um grupo de finlandeses comunistas anunciou que estava formando um novo governo finlandês, embora fosse claramente uma mera fachada para a ocupação soviética. O exército finlandês, com seus 337 mil homens, estava em desvantagem de 3 para 1, mas as chances eram ainda piores do que pareciam, pois os soviéticos puseram em campo 2.514 tanques contra 32 finlandeses e 3.880 aeronaves contra 114 finlandesas.

Para surpresa de todos, inclusive deles próprios, os finlandeses barraram o caminho da ofensiva soviética. A paisagem favoreceu a defesa, com o exército soviético mostrando-se mal organizado, liderado e abastecido. Os finlandeses, por sua vez, estavam bem treinados e supridos. Suas tropas, as de esquiadores em especial, tiveram um bom desempenho, usando sua velocidade sobre a neve para emboscar pequenas unidades soviéticas ou manter distância das maiores.

Chegado o Natal, os soviéticos haviam perdido dezenas de milhares de homens, por muito pouco em troca. Stalin estava furioso. O ditador soviético demitiu generais e despejou mais recursos na guerra.

Uma nova ofensiva, lançada em 1º de fevereiro de 1940, finalmente rompeu as defesas finlandesas, mas os soviéticos se abateram ao descobrir que os finlandeses apenas recuaram para uma segunda linha de defesa. Os soviéticos não sabiam, no entanto, que os finlandeses estavam quase sem munição e homens treinados. Nesse ponto, os suecos entraram em cena para intermediar um acordo.

O tratado de paz deu aos soviéticos tudo o que haviam exigido em outubro anterior e mais de 300 mil finlandeses se tornaram refugiados. Os finlandeses, no entanto, estavam felizes por manterem sua condição de estado independente e por terem causado tantos danos aos russos que seria improvável que atacassem novamente tão cedo.

Hitler assistira à guerra com interesse. Seu pacto deixara a Finlândia na esfera de influência soviética, de modo que não se opunha à anexação da Carélia por Stalin. O que interessou muito a Hitler, contudo, foi o fraco desempenho do Exército Vermelho. Ele sabia que o Exército Vermelho era enorme, porém mal equipado; agora, entretanto, parecia também mal treinado e desorganizado.

Foto de um atirador soviético na Finlândia, 1939. Na verdade, os soviéticos estavam mal preparados para a guerra de inverno e sofreram por isso.

O Grande Expurgo

Hitler e os militares alemães não ficaram muito surpresos com os expurgos impiedosos que Stalin impôs ao governo e às forças armadas soviéticas na década de 1930. Com esses expurgos, iniciados em 1936 e conhecidos coletivamente como o Grande Expurgo, Stalin agiu para destruir seus rivais dentro do Partido Comunista. Os primeiros a cair foram Grigory Zinoviev e Lev Kamenev, antigos companheiros próximos de Lenin, que Stalin temia como rivais. As medidas foram ampliadas gradualmente para incluir qualquer um que não mostrasse lealdade suficiente a Stalin ou que já houvesse manifestado apoio a outros. Em 1938, os líderes locais do partido usavam o pretexto de erradicar ativistas contra Stalin para saldar velhas contas e se livrar de seus próprios rivais. Ao todo, aproximadamente 680 mil pessoas foram executadas e quase um milhão foram aprisionadas. Um grande número, ainda, foi expulso de seus empregos e funções. O expurgo do Exército Vermelho demoveu 3 de 5 marechais, 13 dos 15 comandantes do exército, 8 de 9 almirantes, 50 dos 57 comandantes de corpo de exército e 154 de 186 comandantes de divisão.

Os postos mais baixos não foram tão afetados, mas aproximadamente 10% de todos os oficiais do exército foram removidos por execução, prisão ou rebaixamento de patente. O efeito dos expurgos no moral e na capacidade militar dos soviéticos fora claramente significativo.

CAPÍTULO 1

A Expansão Soviética

Em maio de 1940, a tão aguardada *blitzkrieg* alemã contra a França começou. A ofensiva alemã foi tão bem-sucedida e esmagadora quanto fora na Polônia. O exército britânico foi empurrado de volta para o mar, logrando uma evacuação por Dunquerque, mas o exército francês foi totalmente destruído. A França se rendeu em 22 de junho. Hitler estava eufórico, mas os acontecimentos no leste logo tirariam o brilho de suas realizações.

Em 16 de junho, enquanto Hitler assistia em êxtase seus tanques entrarem em Paris, Stalin lançou sua própria campanha de conquista. Ao amanhecer, um atirador desconhecido fez alguns disparos contra um posto aduaneiro soviético na fronteira com a Letônia. Os tiros foram, sem dúvida, trabalho do serviço secreto soviético, o *NKVD* (Comissariado do Povo para Assuntos Internos), mas Stalin anunciou que se tratava de um ataque não provocado de extremistas letões. Os soviéticos enviaram uma nota ao governo da Letônia contendo exigências que efetivamente tornavam o país uma província da União Soviética. Notas idênticas foram apresentadas a Estônia e Lituânia, embora mesmo na versão de Stalin para os eventos, esses países não estivessem envolvidos. Ao meio-dia, vastos efetivos do Exército Vermelho foram agrupados nas fronteiras.

Todos os três governos cederam e os soviéticos adentraram seus territórios. Logo ficou claro que Stalin iria mais além do que suas mensagens haviam exigido. Os três estados bálticos foram sujeitados a um regime comunista cruel e milhares

Lev Kamenev, leal a Lenin, foi executado por Stalin em 1936.

UM MUNDO EM GUERRA

foram aprisionados ou sumariamente executados. Stalin deu aos alemães étnicos a opção de irem para a Alemanha se quisessem, e dezenas de milhares aproveitaram, a oportunidade para partir. Logo, o leste da Alemanha estava cheio de refugiados que precisavam de moradia, emprego e ajuda de emergência.

Hitler ficou furioso e se sentiu profundamente traído por Stalin. O Pacto de Não-Agressão de 1939 pusera Estônia e Letônia dentro da "esfera de influência" russa, mas para Hitler, isso significava que esses países seriam meramente coagidos a aceitar bases militares soviéticas, acordos comerciais desfavoráveis e medidas similares. Anexações, pensavam os alemães, não faziam parte do trato. Além disso, a Lituânia fora inserida na esfera de influência alemã, mas Stalin anexou-a mesmo assim.

O tratamento dispensado aos países bálticos foi ruim, mas o pior ainda estava por vir. Secretamente, o Exército Vermelho estava sendo enviado por ferrovia do sul dos países bálticos para o Mar Negro. Em 26 de junho de 1940, o Exército Vermelho apareceu na fronteira nordeste da Romênia. Em Moscou, o embaixador romeno recebeu uma nota do governo soviético. A nota exigia que a Bessarábia, parte da Romênia que fora do império tsarista, fosse devolvida à Rússia. Além disso, segundo a nota, a Romênia deveria entregar, ainda, a metade norte da Bucovina a título de indenização. A nota dava ao rei Carol e seu governo apenas 24 horas para responder antes que os tanques rolassem o país adentro. Havia pouco que a Romênia pudesse fa-

Grigory Zinoviev, cuja execução marcou o início do Grande Expurgo.

CAPÍTULO 1

Tropas alemãs marcham pelo Arco do Triunfo em junho de 1940.

zer, exceto concordar. Ao anoitecer de 28 de junho, Stalin já controlava seus novos territórios.

Para Hitler, esse novo movimento de Stalin era muito mais grave. A ação na Bessarábia poderia ser interpretada como um desejo de restaurar as fronteiras da Rússia anteriores a 1919, mas o avanço sobre a Bucovina não tinha justificação. O que esse avanço fez, no entanto, foi pôr os campos de petróleo em torno de Ploesti no raio de ação dos bombardeiros russos.

Hitler não via outra razão para a anexação da Bucovina além da preparação de uma ação contra os campos de petróleo. Pode ser que Stalin tivesse planos para a Romênia, mas qualquer ameaça aos campos de petróleo de Ploesti era uma ameaça à economia alemã e à capacidade da Alemanha para guerrear. Hitler ficou preocupado.

A Oferta de Paz de Hitler à Grã-Bretanha

Hitler podia estar preocupado, mas ainda estava em guerra no oeste. A França se rendera, mas a Grã-Bretanha não. Hitler começou a tentar atrair a Grã-Bretanha para a mesa de negociações. Sua primeira ação foi dar à França o que ele considerava termos muito favoráveis. As províncias fronteiriças da Alsácia e Lorena foram anexadas de volta à Alemanha, das quais faziam parte antes de 1919, mas fora isso, a França foi deixada intacta e até autorizada a manter suas colônias ultramarinas. As forças armadas francesas tiveram de entregar seus aviões e tanques, mas a Marinha ficou ilesa e as forças nas colônias puderam manter suas aeronaves e tanques. Apenas partes da França foram ocupadas por tropas alemãs e a ocupação terminaria tão logo a Grã-Bretanha cessasse as hostilidades. Futuramente, a ocupação alemã viria a abranger toda a França e se tornaria cada vez mais repressiva e sangrenta, mas naquele verão de 1940, a ocupação ainda usava "luvas de pelica".

Em seguida, Hitler fez um discurso no qual deixou claro que a Grã-Bretanha poderia esperar termos igualmente generosos. O que queria, disse Hitler, era o fim de uma guerra que ele de fato jamais de-

DIREITA: Em 28 de junho de 1940, Hitler passeia por Paris, ficando apenas por um dia antes de voltar para a Alemanha.

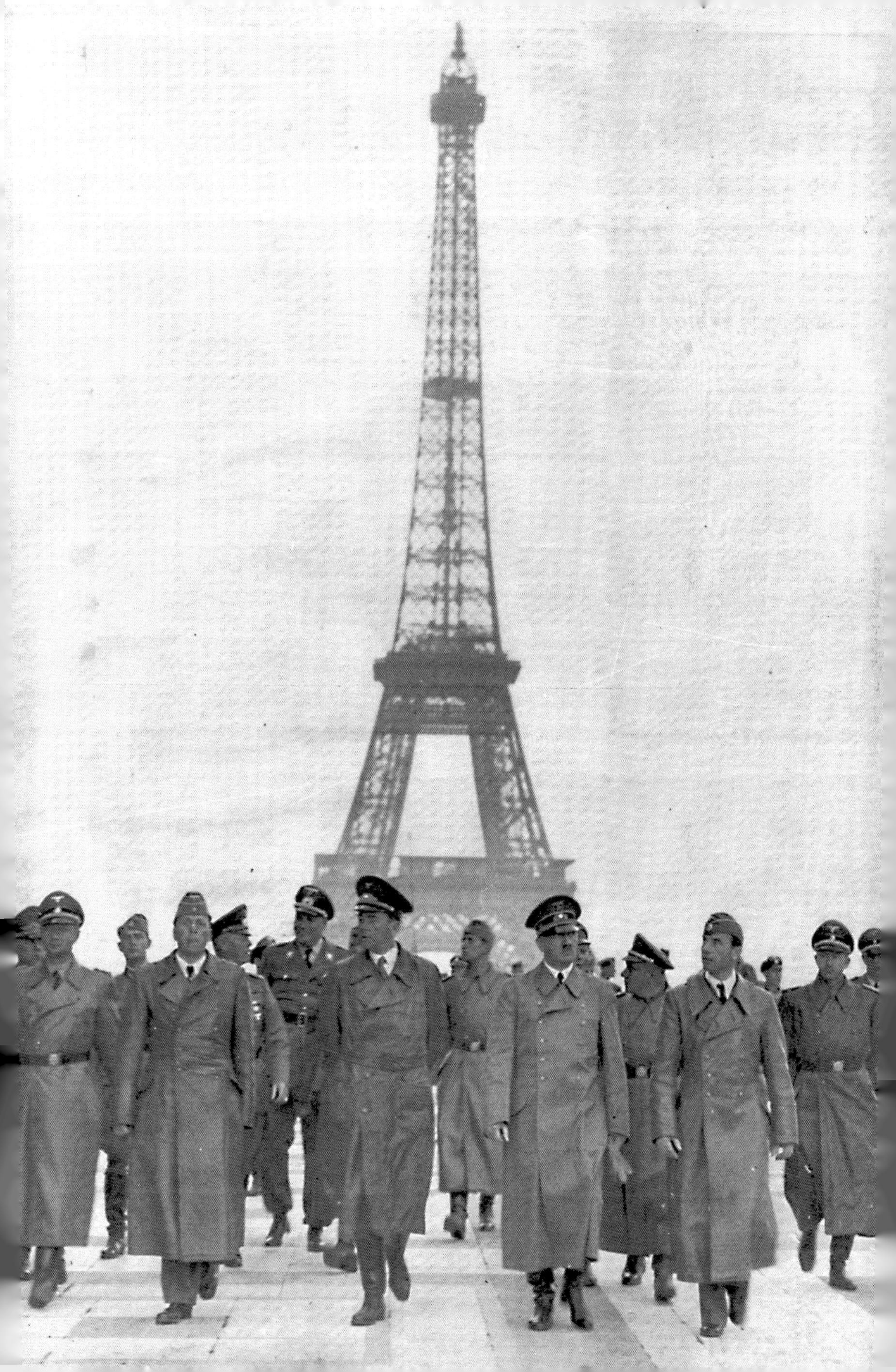

CAPÍTULO 1

Em 17 de junho, a União Soviética invadiu Letônia. A foto mostra uma das manifestações cuidadosamente encenadas em favor dos soviéticos.

sejara e, portanto, estava disposto a ser generoso para obter a paz. Os britânicos não se deixaram enganar. Seu governo sabia que Hitler estava determinado a controlar todo o continente europeu e encabeçava um regime brutalmente repressivo. Não poderia haver paz duradoura com Hitler. A guerra continuou. Em 16 de julho Hitler deu ordens para uma invasão da Grã-Bretanha na primeira oportunidade. Seguiu-se a Batalha da Grã-Bretanha, na qual a *Luftwaffe* não conseguiu lograr o controle dos céus sobre o Canal da Mancha e o sul da Inglaterra. A marinha alemã se recusou partir com uma frota de invasão até que o controle aéreo fosse assegurado e, assim, a invasão foi cancelada pelo decorrer do inverno.

Preocupações de Fronteira

Enquanto isso, em 29 de julho, Hitler ordenara ao general Alfred Jodl, chefe de operações do estado-maior alemão, o *OKW (Oberkommando der Wehrmacht)*, que preparasse planos para uma reação alemã caso os soviéticos atacassem os campos petrolíferos de Ploesti. Jodl informou que o principal problema era a geografia. A Alemanha não compartilhava uma fronteira com a Romênia e, sendo assim, o exército alemão não poderia simplesmente marchar para ajudar os romenos. O melhor caminho seria através do sistema ferroviário húngaro, mas não havia garantia de que a Hungria fosse garantir acesso aos alemães. O melhor que Jodl pode fazer foi sugerir que os alemães invadissem a Rússia através do que antes fora a Polônia, então girar

UM MUNDO EM GUERRA

para o sul e atacar o flanco dos exércitos russos que invadissem a Romênia.

Hitler respondeu ordenando que 12 divisões, duas delas de tanques, fossem enviadas para a fronteira com a Rússia na Polônia ocupada. Mas Hitler deixou claro que não queria provocar uma guerra. "Esses grupamentos não devem dar uma impressão à Rússia de que estamos preparando uma ofensiva no leste", escreveu a Jodl. "Por outro lado, a Rússia deve concluir que estamos prontos para proteger nossos interesses, em particular nos Balcãs, com forças poderosas contra uma agressão russa."

Os movimentos da Rússia tiveram implicações mais ao sul. O rei Boris, da Bulgária, até então procurara ficar fora de confusões com países ao norte. A principal intenção dos búlgaros era manter bons termos com Grécia e Turquia. Todo o comércio entrando e saindo da Bulgária dependia do acesso marítimo através do Bósforo controlado pela Turquia, ou terrestre através do porto grego de Alexandroupolis. O fato de Alexandroupolis ter sido búlgaro até 1919 incomodava um pouco a Bulgária, mas qualquer ambição de recuperar aquele porto era secundária em relação às políticas que visavam a um crescimento econômico sustentado. Mas os movimentos agressivos da Rússia enervaram o rei Boris. Enquanto seus diplomatas na Rússia tentavam descobrir quais eram as ambições finais de Stalin, o rei enviou uma delegação à Alemanha para abrir conversações com Hitler.

Mais ao sul ainda, a Grécia estava com problemas bem mais graves. A extensa frota mercante grega no Mediterrâneo viu-se presa no meio da guerra naval entre italianos e britânicos. Vários navios gregos foram afundados, principalmente pelos italianos, que os confundiam com embarcações britânicas. Em outubro, o cruzador grego Helle foi torpedeado por bombardeiros italianos. A tensão chegou ao ápice em 28 de outubro de 1940, quando a Itália declarou guerra à Grécia e a invadiu partindo da Albânia (então parte da Itália). A invasão logo se veria atolada pela chegada do inverno às montanhas, mas o início das hostilidades deixou o rei Boris da Bulgária ainda mais preocupado com o futuro.

Os iugoslavos também estavam preocupados. Ao anexar a Áustria, a Alemanha ganhou uma fronteira com a Iugoslávia. O rei Pedro tinha apenas 17 anos e o regente, príncipe Paulo, mostrava-se popular e competente.

Hitler fizera alguns esforços diplomáticos para manter a amizade iugoslava, mas esta nunca fora uma preocupação principal. Agora, o ditador alemão via o

Alfred Jodl, chefe de operações das forças alemãs.

CAPÍTULO 1

príncipe Paulo muito mais entusiasmado que antes com a amizade de Alemanha e Itália, embora o parlamento iugoslavo estivesse seriamente dividido sobre a questão.

Primeiros Passos para a Barbarossa

No oeste, os planos para a invasão da Grã-Bretanha foram cancelados em setembro. O *OKW* recebeu instruções de se preparar para uma invasão da Grã-Bretanha na primavera, porém outros planos seriam logo avançados. A *Luftwaffe* sugeriu que a Grã-Bretanha poderia ser forçada às negociações por bombardeios e propôs a construção de um grande número de bombardeiros pesados para castigar os britânicos. A marinha alemã, por outro lado, sugeriu que a fome poderia levar a Grã-Bretanha à rendição se as rotas de comboio fossem interrompidas e, assim, propôs a construção de centenas de submarinos, os *U-boote*, para alcançar esse fim. O *OKW* se viu, então, em meio a debates acalorados sobre que plano seguir.

No início de outubro de 1940, os serviços de informações alemães relataram que jornais e revistas soviéticos publicados para o Exército Vermelho haviam começado a imprimir histórias antigermânicas e estavam atacando os nazistas e a Alemanha em termos retumbantes. Foi sugerido que a propaganda estava preparando os soldados do Exército Vermelho para uma possível guerra com a Alemanha.

No final do ano, *Sir* Stafford Cripps, membro do Partido Trabalhista britânico, liderou uma delegação a Moscou. Hitler presumiu, com razão, que as conversações incluíram sessões secretas sobre a guerra contra a Alemanha e a posição de Stalin em relação a ela.

Cripps voltou de mãos vazias, mas Hitler suspeitava que Stalin se comprometera em apoiar a Grã-Bretanha. Hitler acreditava que a Grã-Bretanha seria inevitavelmente derrotada pela Alemanha, fosse por invasão, bombardeios ou fome, e não conseguia entender o porquê de Churchill não ter aberto negociações pela paz. Agora, ele achava que tinha a resposta. A Grã-Bretanha estava recalcitrante porque a União Soviética entraria na guerra lançando uma invasão surpresa à Alemanha.

Hitler pediu ao *OKW* de Jodl que elaborasse planos para uma invasão da Rússia. O *OKW* regularmente elaborava ou revisava planos de contingência para todos os tipos de situações, por mais improváveis que fossem e, assim, o pedido não surpreendeu os militares alemães num primeiro momento. Jodl designou a tarefa a um inteligente e brilhante oficial de sua equipe, Friedrich Paulus.

No início de novembro, Paulus apresentou várias hipóteses diferentes e começou a testá-las em jogos de guerra.

Enquanto isso, o ministro das Relações Exteriores soviético, Vyacheslav Molotov, fez uma visita oficial a Berlim que iniciou em 10 de novembro. As negociações não foram bem. Molotov deixou claro que a expansão da Rússia nos Balcãs ainda não havia terminado, e os alemães deixaram claro que não estavam gostando disso. No final, chegou-se a um acordo de que nem a Alemanha nem a

UM MUNDO EM GUERRA

Rússia fariam nenhum movimento brusco na região dos Balcãs pelos próximos anos, mas Hitler já não confiava mais em Stalin e estava convencido de que a Rússia agiria assim que Stalin acreditasse que poderia se sair bem.

Em 5 de dezembro, Jodl levou os resultados das conjecturas e dos jogos de guerra de Paulus a Hitler. Os planos se baseavam nos mais recentes relatórios de inteligência. Segundo estes, os soviéticos contavam com mais de 100 divisões e poderiam mobilizar outras 100 dentro de seis meses. Esses números eram muito maiores do que o exército que a Alemanha conseguiria reunir, mas os relatórios consideravam as forças alemãs mais bem treinadas, equipadas e lideradas do que as soviéticas. O fiasco da invasão da Finlândia pelos soviéticos seria a prova disso. Mesmo assim, a recomendação foi de que a Alemanha procurasse tropas adicionais entre seus aliados. A luta principal seria levada a cabo por unidades alemãs de alta qualidade, com os aliados desempenhando tarefas secundárias.

Paulus informou que os jogos haviam sugerido dois cursos viáveis de ação. No primeiro, um cenário mais convencional, os alemães buscariam derrotar o exército soviético em uma série de batalhas de grande escala na Rússia ocidental. Uma vez que o Exército Vermelho fosse destruído, a paz poderia ser imposta. O segundo, uma opção mais radical, exigia que colunas de tanques, apoiadas por infantaria motorizada, avançassem à frente da força alemã principal, penetrando centenas de quilômetros para tomar pontos estratégicos principais, interrom-

Hitler estuda mapa da Rússia com (à esquerda) o comandante do exército Keitel, o ministro da guerra von Brauchitsch e Paulus, em outubro de 1941.

CAPÍTULO 1

pendo o sistema soviético e, assim, deslocando o Exército Vermelho, que ficaria incapaz de lutar.

Hitler estudou os planos e, em 18 de dezembro, emitiu a Diretiva do *Führer* de nº 21 – Operação Barbarossa. A invasão da Rússia aconteceria no verão de 1941. A reação das altas patentes militares ao serem informados da decisão foi heterogênea. Alguns eram contra um ataque à União Soviética, que contava com enormes recursos de mão de obra e matérias-primas; outros saudaram a iniciativa, acreditando que o exército alemão estava no ápice de sua eficácia, enquanto os russos estavam desorganizados. A maioria se preocupava com o fato de atacar a Rússia antes que Grã-Bretanha fosse subjugada. Todos debateram infinitamente os méritos dos dois planos elaborados por Paulus.

Hitler optou pelo modelo de invasão mais convencional, visando derrotar o Exército Vermelho em uma série de grandes batalhas no oeste da Rússia. Muitos generais alemães, especialmente aqueles com experiência em unidades *panzer*, discordaram, por acreditarem que a Rússia era tão grande que apenas penetrações rápidas e profundas teriam uma chance de deslocar a máquina de guerra soviética e, assim, garantir uma vitória rápida e completa. Tentar derrotar o Exército Vermelho em batalhas convencionais, argumentavam esses generais, arriscava transformar o embate em uma guerra de atrito que a Alemanha não poderia vencer.

Hitler não se abalou e manteve sua decisão.

Hitler também reconhecia a necessidade de aliados. Havia três aliados com quem poderia facilmente contar. A Itália já era parceira da Alemanha na guerra contra a Grã-Bretanha e não seria preciso muito para convencer o ditador italiano Benito Mussolini a fornecer tropas para o novo conflito. A Romênia estava ansiosa para recuperar a Bessarábia e a Bucovina setentrional, enquanto a Finlândia estaria ainda mais entusiasmada com qualquer esquema para recuperar a Carélia.

Além disso, Hitler decidiu que, enquanto a Grã-Bretanha pudesse ser seguramente mantida na defensiva por uma combinação de bombardeios aéreos

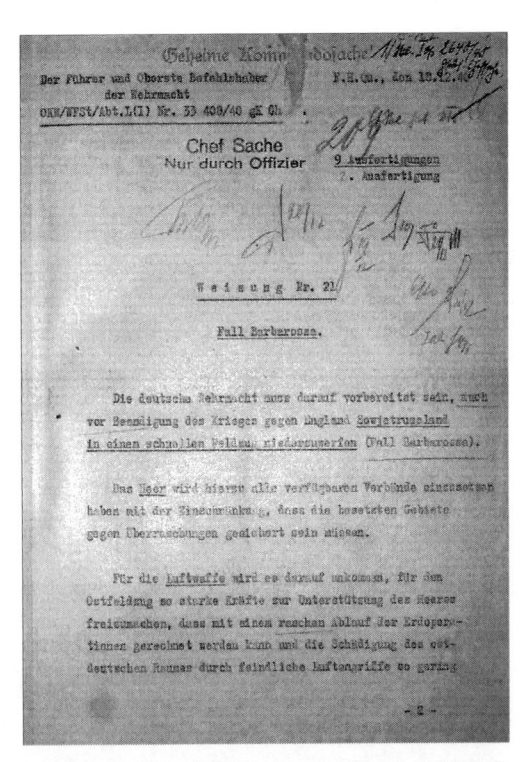

Documento original da Diretiva do *Führer* nº 21, *Fall-Barbarossa*, contendo planos detalhados para a invasão da União Soviética.

e ataques a comboios navais, a situação nos Balcãs teria que ser resolvida. Era preciso, no entanto, esmagar a Grécia, o que significava o envio de tropas alemãs para ajudar os italianos. Hitler conquistou o rei Boris ao prometer a devolução de Alexandroupolis em troca da permissão para que tropas alemãs usassem ferrovias e estradas búlgaras para chegar à Grécia. O príncipe Paulo, da Iugoslávia, também foi persuadido a permitir o movimento livre de alemães em seu território, em troca de promessas de amizade de alemães e italianos.

Em 25 de março, tudo estava pronto, a Grécia seria invadida em 6 de abril, com uma vitória total a ser alcançada dentro de três semanas, e a invasão da União Soviética aconteceria, então, em meados de maio.

Dois dias depois, as coisas começaram a dar errado.

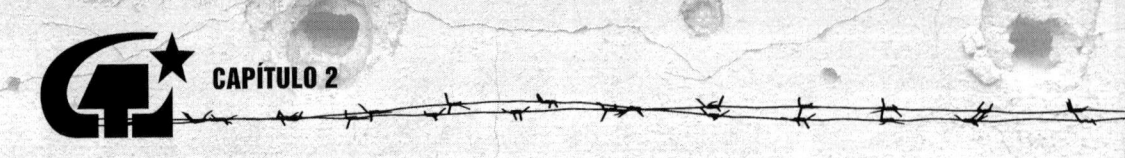

2. OPERAÇÃO BARBAROSSA

Em 27 de março 1941, chegou a notícia em Berlim de que um golpe estava em andamento na Iugoslávia. No princípio, não era evidente quem iniciara o golpe, nem se seria bem-sucedido, mas Hitler ao menos sabia que a revolta não tinha nada a ver com ele. Suspeitou, então, que Stalin estivesse novamente em ação.

OPERAÇÃO BARBAROSSA

A Invasão dos Balcãs

Quando chegaram notícias confirmadas da Iugoslávia, ficou claro que Stalin, como Hitler, também havia sido pego de surpresa. O golpe fora montado, na verdade, por um pequeno grupo de oficiais da força aérea iugoslava que havia muito se opunham ao príncipe Paulo. Esses oficiais se sentiam ultrajados pelo novo acordo com Itália e Alemanha. Depois de expulsarem o príncipe Paulo, os oficiais declararam a maioridade do jovem rei Pedro e, em seguida, apelaram ao povo, que inundou as ruas em apoio ao golpe. Mais tarde, soube-se que os britânicos vinham encorajando a oposição a Paulo e ao novo pacto, embora sem ficar claro se pretendiam arriscar um golpe de estado. ▶

Artilharia alemã na Grécia, abril de 1941. O desvio para os Balcãs atrasou a invasão da Rússia em um mês.

CAPÍTULO 2

Hitler reagiu rapidamente, ordenando que o *OKW* incluísse a conquista da Iugoslávia em seus planos de invasão da Grécia. Isso exigia grandes quantidades de tropas adicionais, o que, por sua vez, significava protelar a invasão da Rússia de maio para junho. Hitler concordou com o atraso, e a invasão foi em frente. A Iugoslávia foi conquistada em 12 dias, a Grécia em 21 dias.

Seguiu-se um desmembramento territorial cuidadosamente orquestrado por Berlim. A maior parte da Grécia foi ocupada pelos italianos, que anexaram várias ilhas e alguns territórios de fronteira. A Bulgária tomou a Trácia e o tão desejado porto de Alexandroupolis. A Iugoslávia foi dividida, com a Bulgária tomando a Macedônia e a Itália ganhando Dalmácia, Montenegro e a maior parte da Eslovênia.

A Croácia foi organizada como uma república independente, sob regime pró-nazista. Da mesma forma, a Sérvia foi mantida independente, mas apenas nominalmente, pois foi ocupada pelos alemães.

Prevendo uma Vitória Fácil

Apenas poucas tropas alemãs foram deixadas nos Balcãs, porém a maioria foi deslocada do norte de volta às suas linhas originais para a invasão da Rússia. Agora que a Operação Barbarossa estava tão próxima, Hitler correu o risco de que a notícia vazasse para os russos ao tentar recrutar mais aliados. O rei Boris, da Bulgária, foi convidado a participar da guerra, mas recusou, alegando que seu povo tinha sido ajudado pelos russos contra os turcos muitas vezes no passado e não apoiaria a ação.

Discussão apressada entre von Bock (à esquerda), Hoth (centro) e Richthofen (à direita), durante a invasão da Rússia pelos alemães, verão de 1941.

Em vez disso, ofereceu o envio de homens para dirigir caminhões de abastecimento e realizar outras tarefas fora da linha de frente. Ordenou, ainda, a prisão de todos os membros do Partido Comunista da Bulgária.

Na Hungria, o almirante Horthy estava bem mais propenso a se juntar à guerra contra a Rússia. Os avanços recentes dos soviéticos haviam dado à Hungria uma fronteira com a Rússia pela primeira vez em sua história e nem Horthy, nem seu povo, gostou do fato. Hitler prometeu que a Rússia seria empurrada de volta para longe da fronteira húngara e que a Hungria teria uma parte dos despojos da vitória. Horthy concordou em declarar guerra à Rússia, mas enviou apenas uma pequena parte do exército húngaro. Ao todo, três divisões de infantaria, duas brigadas motorizadas e uma brigada de cavalaria marcharam para o leste.

Depois de alguma reorganização final das unidades militares, Hitler ordenou que a invasão acontecesse em 22 de junho. Isso seria aproximadamente cinco semanas após a data de início original, postergada pelas incursões a Iugoslávia e Grécia. Esse atraso viria a ser crucial e levaria à batalha de Stalingrado.

A força de invasão foi dividida em três grupos de exércitos principais, cada um encarregado de sua própria missão. O Grupo de Exércitos Norte, comandado pelo marechal de campo Wilhelm von Leeb, um oficial de artilharia veterano com pontos de vista políticos antinazistas, consistia no 16º Exército e no 18º Exército (ambos unidades de infantaria), além do Grupo *Panzer* 4 comandado pelo general Erich Hoepner. A tarefa desse grupo era varrer a nordeste da Prússia Oriental para destruir a grande concentração do Exército Vermelho nos países bálticos e as bases navais soviéticas na costa do Báltico, tornando assim a marinha soviética inútil.

A maior parte da força de invasão foi designada ao Grupo de Exércitos Centro, comandado pelo marechal de campo Fedor von Bock. Essa formação consistia no 4º Exército e no 9º Exército (ambos infantaria e formados por três corpos, em vez dos dois usuais), mais o 2º e o 3º Grupos *Panzer*, de elite. O 2º Grupo *Panzer* era comandado por Heinz Guderian e o 3º por Hermann Hoth, os dois generais de tanques mais talentosos do exército alemão. Juntamente com Bock, Hoth e Guderian haviam defendido a estratégia de penetração profunda na invasão da Rússia e tinham ficado profundamente desapontados com a decisão de Hitler aplicar um plano mais convencional. As tensões aumentariam novamente com o desenrolar da campanha. Várias unidades SS (*Schutzstaffel*) foram incluídas no Grupo de Exércitos Centro. A ideia era que o Grupo de Exércitos Centro confrontasse a força principal do Exército Vermelho, destruindo-a.

O Grupo de Exércitos Sul ficou sob comando do marechal de campo Gerd von Rundstedt, cuja missão era destruir os exércitos soviéticos na Ucrânia. Rundstedt tinha o 6º Exército, o 11º Exército, o 17º Exército e o 1º Grupo *Panzer* à sua disposição, além de unidades romenas, italianas e húngaras para a invasão. Os comandantes romenos estavam compreensivelmente ansiosos por tomar as terras prometidas à Romênia por Hitler,

CAPÍTULO 2

mas relutavam em ir muito mais longe.

No meio de todo esse planejamento militar, os alemães haviam negligenciado uma de suas forças tradicionais: a propaganda. As ações na Áustria, Tchecoslováquia, Polônia, Dinamarca, Noruega e França tinham sido precedidas por uma análise cuidadosa da situação nacional, seguida por sofisticadas campanhas de propaganda. Em cada caso, os alemães haviam identificado com precisão os setores da sociedade que poderiam ceder rapidamente, ou mesmo colaborar, e aqueles que lutariam tenazmente. As histórias passadas a jornalistas e cinejornais haviam sido cuidadosamente criadas para apelar aos diferentes segmentos da sociedade, com mensagens geralmente sutis e eficazes.

Gerd von Rundstedt (esquerda) e Maximilian von Weichs foram personagens fundamentais na invasão da Rússia.

Mas, no embate contra a Rússia, os alemães não fizeram nada disso. A enorme agitação causada pela coletivização forçada entre os camponeses das áreas ocidentais foi ignorada. As queixas das minorias étnicas foram ignoradas. A amarga disputa entre a Igreja Ortodoxa e o governo de Stalin seguiu inexplorada. Mesmo o baixo moral do corpo de oficiais do Exército Vermelho após os expurgos de Stalin nunca foi explorado e mal foi notado. Diplomatas alemães haviam enviado toda essa informação a Berlim, mas foram ignorados.

A culpa disso foi em grande parte de Hitler. "Nós só temos que chutar a porta da frente e todo o edifício podre ruirá", declarou. Acrescentada a doutrina nazista, segundo a qual os habitantes da Rússia eram subumanos, essa crença parece ter dominado o planejamento e levou muitos alemães a esperar uma vitória militar relativamente fácil. As etapas de abertura da campanha realmente pareciam justificar essa crença.

O grosso do Exército Vermelho estava estacionado no oeste, perto das fronteiras da União Soviética. Suas tropas, portanto, estavam ao alcance do ataque alemão e tombariam em combate antes que tivessem tempo de se reorganizar. Comparado ao exército alemão, o Exército Vermelho era mal treinado e mal liderado, mas tinha equipamento comparável e suprimento abundante de homens e munições.

OPERAÇÃO BARBAROSSA

Os eventos provariam que muitas das unidades supostamente de primeira linha empregadas em junho de 1941 estavam abastecidas com equipamentos mais antigos, enquanto aquelas mobilizadas no decorrer de 1941 entrariam em combate com armamento mais recente.

Talvez a maior deficiência no Exército Vermelho fosse uma adesão a táticas e estratégias defasadas. As forças soviéticas aprenderam mal as lições da Primeira Guerra Mundial e sequer haviam notado os avanços na guerra blindada e aérea que os alemães tinham aperfeiçoado e outras nações começavam a adotar. O Exército Vermelho sempre obtivera suas vitórias pelo simples peso dos números, lutando contra adversários que usavam táticas semelhantes, mas com menos homens. Os finlandeses, por exemplo, deram aos russos um choque desagradável, mas foram derrotados por números esmagadores. Uma vez que sempre fora vitorioso usando suas táticas, o Exército Vermelho não via necessidade de mudar.

Começa a Invasão

Alemães, húngaros, italianos e romenos invadiram na madrugada de 22 de junho. Ao norte, Leeb começou uma movimentação espetacular rumo a nordeste da Prússia Oriental. Os *panzer* de Hoepner avançaram céleres e, em 26 de junho, já estavam em Daugavpils, enquanto a infantaria se esforçava para alcançá-los. Conforme os alemães marchavam pelos países bálticos, eram recebidos como libertadores por lituanos, letões e estonianos, que recentemente haviam estado sob dominação dos soviéticos de Stalin. Em 25 de junho, uma série de contra-ataques soviéticos ocorreu em torno de Pskov, mas foram rechaçados e, em 30 de junho, Leeb estava em marcha novamente.

Em 14 de julho, Leeb havia atingido seus objetivos de capturar as bases navais soviéticas e destruir o Exército Vermelho ao longo do Báltico. Seus homens estavam cansados e seu equipamento precisava de manutenção, então o general interrompeu seu avanço.

No centro, onde era esperado que as principais batalhas fossem travadas, Bock elaborara planos para que seus tanques penetrassem profundamente em território soviético em duas colunas que, em seguida, envolveriam e aprisionariam as forças russas. A infantaria, então, viria por trás para esmagar os russos ali isolados contra os *panzer*, como um martelo esmagando um objeto sobre uma bigorna. Dois problemas fundamentais eram as poderosas fortalezas em Brest-Litovsk e Grodno. Os tanques alemães lidaram com isso simplesmente ignorando-as e avançando para leste, deixando-as aos cuidados da artilharia e da infantaria. Na madrugada de 23 de junho, os *panzer* haviam penetrado 64 quilômetros em território inimigo e avançavam rápido.

Porém, mesmo com os *panzer* avançando para o leste, os alemães gradualmente começaram a perceber que aquela campanha não seria como as anteriores. Em outros países, as unidades inimigas que haviam sido cercadas e não tinha esperança de resgate rapidamente ofereceram termos de rendição. Na Rússia, isso não aconteceu e as tropas russas isoladas lutaram até que ficarem sem munição, víveres, ou ambos. Brest-Litovsk, por exemplo, não se entregou até 30 de junho, embora es-

Prisioneiros soviéticos marcham por Minsk em julho de 1941. Dez dias depois do início da guerra, 320 mil soldados soviéticos já haviam sido perdidos em Minsk.

tivesse isolada e sendo bombardeada por artilharia pesada. A importância dessa diferença ficou rapidamente clara para os comandantes dos blindados. Suprimentos foram trazidos em caminhões dotados de rodas e não esteiras próprias para o terreno, como os tanques.

Isso exigia uma rota rodoviária contínua em mãos alemãs, para que os *panzer* recebessem combustível e munição. Na Rússia, apenas um número muito limitado de estradas e pontes eram capazes de suportar caminhões pesados, pois a maioria fora projetada e construída para cavalos e carroças.

Todas essas estradas boas atravessavam cidades e foi nas cidades que os soldados russos se refugiaram da depredação causada pelos *panzer*. Normalmente, a infantaria e a artilharia alemãs teriam bombardeado ou imposto um cerco de fome aos defensores, mas com os comandantes dos blindados exigindo estradas abertas imediatamente, foi preciso tomar de assalto as cidades. As baixas alemãs começaram a aumentar, ao mesmo tempo em que os tanques começaram a desacelerar. Esse efeito retardante não era evidente nos primeiros dias, devido à rapidez do avanço alemão e suas vitórias espetaculares.

Somente os comandantes mais graduados sabiam que esse avanço não era tão rápido, nem as vitórias tão grandes, como havia sido planejado.

No segundo dia da guerra, os alemães capturaram Grodno e chegaram a Kobryn, a 64 km de suas linhas iniciais. Os russos em torno de Bialystok já corriam o perigo de serem cercados. Os soviéticos avançaram seus tanques para fazerem frente aos tanques alemães, mas enquanto os *panzer* operavam em grandes grupos de unidades ligadas por rádio, os tanques russos foram organizados em várias pequenas unidades, operando sozinhas. Uma a uma, essas unidades foram apanhadas e destruídas. Em Slonim, a investida da infantaria alemã cercou dois exércitos russos e forçou sua rendição, embora milhares de russos conseguissem escapar em pequenos grupos.

Em 30 de junho, os *panzer* capturaram a grande cidade de Minsk, enquanto as unidades principais alcançavam as margens do rio Berezina a 145 quilômetros mais adiante e a 483 quilômetros da fronteira anterior à guerra. Agora era o momento para os grupamentos *panzer* começarem a envolver os soviéticos. Porém começou a chover, e chover forte. As estradas ao redor de Minsk eram feitas de areia prensada, com apenas uma rodovia asfaltada. Encharcadas pelas chuvas, as estradas de areia tornaram-se macias e incapazes de suportar o peso dos caminhões alemães. Em poucas horas, todo o exército alemão, num sobressalto, interrompeu seu avanço. Quando as chuvas pararam e o sol saiu, a areia secou rapidamente e o exército pode se mover novamente, mas várias horas haviam sido perdidas. Mais tempo era perdido cada vez que chovia e aquele foi um verão chuvoso.

No momento em que o movimento de pinça dos *panzer* se completou, aproximadamente 300 mil prisioneiros russos tinham sido capturados, mas pelo menos meio milhão havia escapado. Esses defensores russos estavam agora na margem leste do Berezina e recebendo novos reforços de milhares de reservas mobilizadas e unidades oriundas de outras partes da União Soviética.

Leeb decidiu que, se não conseguira destruir o Exército Vermelho com sua manobra de pinça ao redor de Minsk na primeira vez, teria sucesso na segunda. Uma nova ofensiva foi rapidamente planejada, repetindo os objetivos da primeira. Os *panzer* avançariam em duas colunas novamente, para destruir o Exército Vermelho em torno de Smolensk.

Prisioneiros soviéticos perto de Minsk, em julho de 1941. Russos feitos prisioneiros no início da guerra foram posteriormente usados como mão de obra escrava pelos alemães.

CAPÍTULO 2

Infantaria alemã e pessoal de apoio avançam pela Rússia, agosto de 1941. Nessa fase, a infantaria pouco fez, exceto tentar acompanhar os tanques.

Houve um atraso enquanto a infantaria chegava; marchar 32 km por dia durante duas semanas e meia deixara os homens compreensivelmente cansados. Então, a nova ofensiva foi lançada. Guderian se irritou com o atraso, mas foi obrigado a esperar.

Em 12 de julho, Guderian e Hoth agiram novamente. Dentro de um dia, penetrariam a nova linha de frente russa e rumariam para leste velozmente, para fechar a armadilha em Smolensk. Então, as pancadas de chuva voltaram, causando aos *panzer* uma série de atrasos pequenos, mas cruciais. Guderian percorreu 160 km em sete dias; Hoth, porém, foi mais lento, pois teve de atravessar vários rios caudalosos.

A essa altura, os russos não somente estavam cada vez mais bem organizados como, tendo visto a manobra alemã em Minsk, também tinham uma boa ideia

Uma carroça de abastecimento alemã com tração animal emperrada, em Smolensk.

do que Hoth e Guderian estavam tentando fazer.

O marechal Semyon Timoshenko, no comando da Frente Ocidental Soviética (o equivalente russo a um grupo do exércitos alemão), rapidamente avançou unidades para a rota que, esperava ele, Guderian e Hoth deveriam tomar. Os alemães agiram como Timoshenko esperara e a nova disposição de suas tropas retardou o avanço alemão. O oficial alemão Rudolf Schmidt viajava em um caminhão que acompanhava uma unidade de blindados quando foi interceptado por uma bateria de armas antitanque de Timoshenko.

Timoshenko comandava o Exército Vermelho no momento da invasão alemã.

"Tínhamos acabado de fazer uma curva quando fomos recebidos por uma saraivada de tiros de metralhadora. Num primeiro momento, veio somente do lado esquerdo da estrada, mas tínhamos acabado de tomar posição quando o inferno começou à nossa direita e depois à retaguarda. O fogo russo ficou tão intenso que tivemos de correr para salvar nossas vidas e pulei em uma vala. Em seguida, canhões antitanque abriram fogo e percebemos que tínhamos sido acuados. Antes que pudéssemos recuperar o fôlego, cada um de nossos tanques havia sido feito em pedaços. Então, os russos começaram a disparar na vala onde estávamos. Era impossível ficarmos ali e tivemos de nos afastar rastejando. Depois de algumas centenas de metros, levantamos e demos de cara com nossa próxima unidade avançando."

Embora os russos fossem incapazes de parar os tanques alemães, estes desaceleraram tempo suficiente para que aproximadamente um milhão de homens escapassem da armadilha que se fechava. Mesmo assim, cerca de 350 mil alemães marcharam para o cativeiro em 5 de agosto.

Ao contrário de Leeb, Bock não tinha atingido seus objetivos. O Exército Vermelho à sua frente fora batido, mas não esmagado. Bock, no entanto, penetrou 400 quilômetros a mais na Rússia do que inicialmente pretendera. Suas linhas de abastecimento estavam distendidas e sobrecarregadas, seus homens estavam cansados e seu equipamento precisava de cuidados. Assim como fez Leeb, Bock interrompeu seu avanço. Guderian e Hoth estavam amargamente desapontados. Eles sentiam que sua ideia original de um avanço rápido e profundo pela Rússia com seus *panzer*, sem esperar pela infantaria, seria o caminho certo. Se as coisas fossem à sua maneira, já estariam em Moscou àquela altura.

No sul, Rundstedt encontrou oposição de forças soviéticas muito superiores, porém lideradas por um dos mais idosos e menos capazes comandantes russos do alto escalão. O marechal Sem-

CAPÍTULO 2

Marechal Semyon Budenny (com bigode) em Tashkent, 1942. Sua derrota na Ucrânia, em 1941, deixou os alemães próximos de Stalingrado.

yon Budenny tinha sido um cavalariano altamente talentoso em sua juventude, progredindo nas fileiras até alcançar a patente de general. Porém, em 1920, ficara pouco impressionado com os primeiros tanques russos e decidiu que seriam úteis apenas para a guerra de cerco e totalmente inúteis nas estepes russas.

Ele foi um dos únicos dois marechais que sobreviveram aos expurgos de Stalin, devendo sua vida a uma devoção servil a Stalin e sua própria defesa da ideologia comunista. Quando a guerra começou, Budenny solicitou ordens a Moscou e, depois disso, não fez nada sem antes ter a aprovação de Stalin. Os atrasos inevitáveis que isso causou, combinados com sua recusa em acreditar que os tanques poderiam se mover rapidamente por todo o país, fizeram de Budenny um comandante incapaz de enfrentar a *blitzkrieg* de 1941.

Rundstedt posicionou seus aliados húngaros e romenos (os italianos não tinham chegado a tempo) na ala direita, em território montanhoso mais adequado à infantaria que aos *panzer*. Sua tarefa era iniciar um lento avanço ao longo da costa do Mar Negro até Odessa, o que, simultaneamente, reteria uma grande parte do Exército Vermelho. Os alemães, enquanto isso, se concentrariam ao norte. Rundstedt queria rumar para leste até Zhitomir para, em seguida, girar para o sul pelo vale do rio Bug e cercar todas as unidades do Exército Vermelho que combatiam romenos e húngaros. Os alemães passariam,

OPERAÇÃO BARBAROSSA

então, para seu próximo objetivo, o grande porto naval de Sevastopol, na Crimeia. A captura desse porto tornaria a frota russa no Mar Negro tão ineficaz quanto a frota russa no Báltico, incapacitada por Leeb. Se isso não destruísse o Exército Vermelho à sua frente, o próximo objetivo de Rundstedt seria fazer uma curva para o norte e encurralar as unidades russas restantes contra as forças de Bock. Se tudo corresse bem, o exército russo ao sul seria, então, destruído, o trabalho do exército terminaria e ficaria a cargo dos políticos organizar um acordo de paz.

Esse avanço teve um bom começo, quando o 6º Exército alemão, comandado por Walther von Reichenau, atropelou o 5º Exército soviético para chegar até Lutsk e Dubno na primeira semana. Quando a linha de frente russa foi rompida, Rundstedt enviou Ewald von Kleist e seu 1º Grupo *Panzer*, cujos tanques rumaram para leste velozmente, auxiliados por pesados bombardeios da *Luftwaffe*. O 6º Exército tentou acompanhar, mas logo se viu ocupado arrebanhando prisioneiros.

Enquanto isso, Rundstedt estava preocupado com as 25 divisões soviéticas nos Cárpatos, que poderiam girar para o norte e cortar as linhas de suprimento que abasteciam o avanço dos blindados de Kleist. Assim, Rundstedt enviou o 17º Exército, comandado pelo general Carl-Heinrich von Stülpnagel, para bloquear esse movimento, mas ficou surpreso ao descobrir que os russos já estavam recuando antes mesmo de a infantaria alemã chegar. Budenny retrocedia com seus homens para usá-los na defesa da linha do rio Dniester, apesar de os tanques de Kleist já estarem a leste desse rio e se preparando para virar para o sul até o Bug.

Em 10 de julho, o 6º Exército alemão alcançou Kleist em Zhitomir e, juntas, as duas forças rumaram para o sul ao longo do Bug. Ao contrário de Timoshenko, Budenny não previu a manobra alemã e, em 2 de agosto, seus 6º e 12º Exércitos se viram inteiramente cercados a oeste do Bug, nas cercanias de Uman. Seis dias depois, 103 mil soviéticos foram feitos prisioneiros.

Mesmo antes de o Bolsão de Uman ser capturado, Rundstedt já se voltava para seu próximo alvo, Sevastopol. Decidiu, então, deixar as tropas russas sitiadas em Odessa para os romenos.

Brutalidade Alemã

Nesses meses iniciais, a natureza brutal da guerra ficou clara. Hitler ordenara que todos os comissários políticos comunistas (oficiais políticos ligados a unidades do Exército Vermelho) fossem fuzilados. Atrás dos exércitos alemães que avançavam, vinha um grande efetivo da *SS*, da *Gestapo* e dos *Einsatzgruppen* ("esquadrões especiais"), com ordens de matar judeus e líderes civis sem julgamento. O número exato de assassinatos realizados por esses grupos não é exato, já que muitos registros foram posteriormente destruídos, mas apenas em 1941 mais de 300 mil pessoas (talvez até 500 mil) foram executadas.

O quanto o exército alemão sabia do que estava acontecendo por trás de suas linhas não está claro. Não se podia ocultar o fato de a primazia de lei ter sido suspensa nas áreas ocupadas, nem que pessoas estavam sendo mortas em grandes quantidades. No entanto, muitos oficiais do exército alemão alegaram ter sido informados de que os *Einsatzgrup-*

Soldados soviéticos preparando trincheiras perto de Odessa, agosto de 1941. O cerco à cidade duraria quase três meses.

pen estavam envolvidos apenas na luta contra grupos guerrilheiros que atacavam as linhas de abastecimento alemãs.

Seja como for, a luta na linha de frente foi brutal desde o início. A Rússia nunca havia assinado a Convenção de Genebra, que regulamentava como as batalhas seriam combatidas, além de como prisioneiros e civis seriam tratados. Assim, Hitler sentia-se justificado em ordenar ao exército alemão que desconsiderasse a convenção na Rússia e lutasse com a crueldade mais extrema. Assim foi feito, como mostrado por um relato soviético enviado aos jornais ocidentais em agosto de 1941. É uma história narrada por Vasilav Dolgin, operador de metralhadora no Exército Vermelho, em seu leito de hospital.

"Em 16 de julho, recebemos ordens para defender a aldeia de Demidovo, perto de Smolensk. Fui ferido no braço e na perna. Meu comandante me disse para voltar, mas eu queria dar minha munição para o outro metralhador. Eu tentava alcançá-lo quando algo atingiu minha cabeça e caí inconsciente.

Fiquei deitado ali e só recobrei a consciência quando senti alguém me chutar. Abri meus olhos e vi um oficial alemão e dois soldados. O oficial ordenou-me que levantasse, mas não pude ficar de pé. Os dois soldados me levantaram, mas quando o oficial me socou no rosto, caí de novo. Em seguida, o oficial exigiu que eu informasse o paradeiro das tropas soviéticas e quantos tanques tínhamos. Eu recusei, ele ficou irado e me bateu novamente. Permaneci calado. Ele pegou a arma de um dos soldados e atirou em mim duas vezes. O primeiro tiro errou, mas o segundo atravessou minha língua e quebrou vários dentes. Eles pensaram que eu estivesse morto e partiram.

Fiquei muito fraco e sangrava muito. Queria cuidar de minhas feridas,

OPERAÇÃO BARBAROSSA

mas tinha medo de que se vissem a atadura branca do curativo, eles voltassem para me matar. Decidi permanecer como estava até a noite e depois tentar chegar à aldeia e aos meus companheiros. Fiquei o dia todo deitado semiconsciente no chão. Tive delírios em que via meus companheiros e me perguntava por que eles não vinham em meu socorro. Tentava chamá-los, mas não podia falar.

Por fim, quando escureceu, comecei a rastejar até a aldeia. Fui visto por um soldado do corpo de sinaleiros do Exército Vermelho. Ele me levou até um médico, que cuidou de meus ferimentos. Depois disso, fui posto em um trem para Moscou e aqui estou. Isso é tudo."

Mantendo o Abastecimento

No final de julho, os alemães haviam conquistado vitórias em escala impressionante. Tinham invadido vastas áreas da União Soviética ocidental, derrotado exércitos inteiros e feito perto de um milhão de prisioneiros. Mas ainda não tinham vencido a guerra. O plano de Hitler para acabar com o Exército Vermelho em uma série de grandes batalhas havia falhado, devido a uma combinação de tenacidade da resistência russa e estradas precárias para as colunas de abastecimento alemãs. Nesse ponto, um nova disputa eclodiu nos altos escalões de comando do exército alemão.

Os comandantes de tanques, como Guderian, Kleist e Hoth, novamente começaram a pressionar por sua estratégia

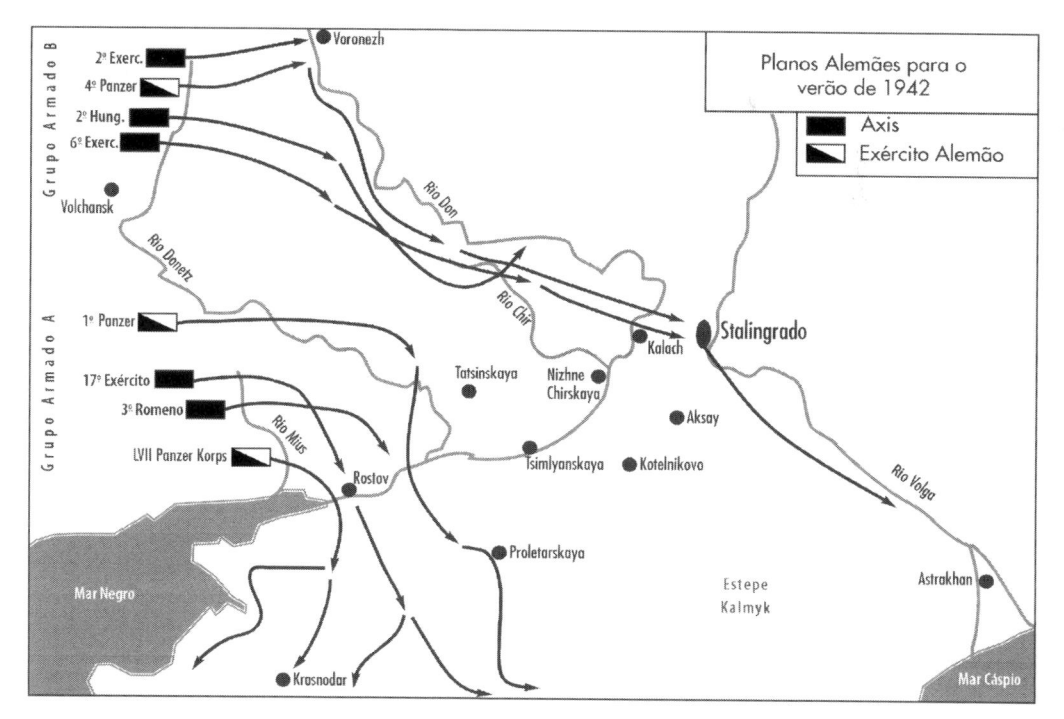

Os planos alemães para o verão de 1942 previam uma arremetida profunda a sudeste para tomar o petróleo do Cáucaso e do Baixo Volga.

preferida de penetrações profundas e rápidas na União Soviética com grandes colunas blindadas, que esmagariam o Exército Vermelho e destruiriam sua capacidade de organização. Outros assinalavam que os alemães já estavam longe o bastante, ou mais, Rússia adentro e que qualquer avanço adicional dos *panzer* distenderia as linhas de abastecimento, rompendo-as. Segundo argumentavam, o plano fracassara apenas por causa das chuvas extraordinariamente fortes de julho. Agora, com um tempo mais seco esperado para agosto, o plano original deveria ser ampliado para envolver o Exército Vermelho em uma nova rodada de batalhas de aniquilação.

Novamente, Hitler concordou com a abordagem mais convencional. Ao procurar no mapa pelo melhor lugar para atacar, ordenou a Guderian para que levasse seu 2º Grupo *Panzer* para o sul para surgir pela retaguarda das forças que enfrentavam Rundstedt. Este, contudo, deveria ignorar Sevastopol por enquanto e, em vez disso, atacar rumo ao norte para se reunir a Guderian, fechando um cerco maciço aos exércitos russos em torno de Kiev.

Enquanto isso, os *panzer de* Hoth também seriam destacados do Grupo de Exércitos Centro, de Bock, prosseguiriam para o norte e apoiariam Leeb em um renovado avanço em direção a noroeste para capturar a grande cidade de Leningrado.

Os debates duraram vários dias e mais tempo se passou enquanto os ajustes necessários eram feitos por trás das linhas. As rotas de abastecimento e a disposição dos depósitos de combustível e munição precisavam ser organizadas. Foi aí que os alemães se depararam pela primeira vez com um problema que se agravaria cada vez no decorrer do conflito. As linhas ferroviárias russas não eram apenas poucas e distantes entre si, mas tinham sido construídas por diversas empresas privadas, com planos diferentes, ao longo de várias décadas. Muitas vezes as ferrovias não se conectavam umas às outras e, talvez mais importante, apresentavam uma variedade de bitolas. Era simplesmente impossível passar trens de uma linha ferroviária para outra do jeito que o exército precisava, tampouco era possível trazê-los da Alemanha. A essa altura da guerra, os responsáveis pelo abastecimento alemão lidaram com o problema recrutando localmente um grande número de homens, muitas vezes em condições terríveis, para manusear caixas e sacos de um vagão para outro, onde diferentes ferrovias se encontravam.

Na primavera de 1942, no entanto, essa prática foi deixada de lado em favor de uma alternativa mais radical. Todos os trens russos foram sucateados e as ferrovias soviéticas foram convertidas de uma estranha mistura de bitolas para a bitola padronizada alemã. Locomotivas e vagões foram trazidos da Alemanha para rodar nas estradas de ferro recém-convertidas. Inicialmente, foi um esforço e tanto, mas que economizaria muito trabalho mais adiante.

A Batalha de Kiev

Demorou até 21 de agosto de 1941 para que o plano de batalha revisto fosse posto em prática.

DIREITA: Um obus soviético. Os russos contavam com um grande número dessas armas, que podiam disparar petardos pesados a curtas distâncias.

OPERAÇÃO BARBAROSSA

Guderian levou o 2º Grupo *Panzer* e o 2º Exército para o sul de Smolensk e, em 25 de agosto, tomou as pontes vitais sobre o rio Desna perto de Konotop, por onde poderia passar seus tanques. Desviou suas forças, então, em direção sudeste para Romny. Enquanto isso, Kleist girara para o norte vindo de seu avanço pela Crimeia e lutou para abrir caminho sobre o rio Dnieper.

Ao mesmo tempo, o 6º e o 7º Exército mantiveram a pressão, como se fossem iniciar um avanço convencional de infantaria e artilharia sobre Kiev. Isso serviu para convencer Budenny a manter a maioria do que restou de sua Frente Sudoeste a oeste de Kiev.

Prevendo um possível desastre, Stalin enviou Timoshenko a Kiev para supervisionar as coisas pessoalmente. Quando chegou, Timoshenko reuniu-se em caráter de urgência com Budenny e com o chefe do governo civil da Ucrânia, Nikita Khrushchev. Parece que Khrushchev queria evacuar a cidade e a maior parte da Ucrânia, recuando até o rio Donetz, mas não antes de despir a grande cidade industrial de suas máquinas e trabalhadores, para que a produção pudesse ser retomada em outro lugar. Budenny, de acordo com Khrushchev, estava confiante de que poderia combater em uma retirada lenta que daria a Khrushchev tempo suficiente para por seu plano em prática. Mas Timoshenko trouxe ordens diretas de Stalin. Kiev teria de ser mantida a qualquer custo.

CAPÍTULO 2

Armas antiaéreas protegem catedral de St. Isaac em Leningrado, outubro de 1941. O cerco à cidade duraria 872 dias.

A cidade não era apenas um centro principal de agricultura, indústria e população, mas também um grande centro cultural e religioso que já existia desde pelo menos o ano 600 d.C., o que a tornava uma das cidades mais antigas da União Soviética. Havia também o aspecto político. A Ucrânia gozara por muito tempo de uma semiautonomia no regime tsarista, mas vinha sendo estritamente controlada por Moscou no regime comunista. Stalin temia que, caindo Kiev, a Ucrânia fosse transformada por Hitler em um estado independente e, assim, iniciasse o desmantelamento da União Soviética. Isso não estava nos planos de Hitler, que via os ucranianos de forma tão negativa quanto via os russos, mas Stalin tinha um bom motivo para estar temeroso.

Cinquenta anos mais tarde, a independência da Ucrânia aceleraria, de fato, a queda da União Soviética.

Timoshenko e Budenny começaram a reorganizar a defesa de Kiev, enquanto Khrushchev ordenava a seus homens que passassem a desmontar as máquinas. Foi tudo em vão. Em 16 de setembro, as forças de Guderian e Kleist se encontraram perto Lokhvitsa, e Kiev foi cercada.

Khrushchev decidiu escapar atravessando as linhas alemãs enquanto ainda não estavam compactas, sendo logo seguido por Timoshenko e Budenny. Em 26

OPERAÇÃO BARBAROSSA

de setembro, aproximadamente 620 mil soldados soviéticos se renderam, com cerca de outros 300 mil sendo mortos nos combates.

O Avanço para Moscou

No norte, Leeb encetara outro grande avanço e cercara Leningrado vindo do sul, enquanto os finlandeses chegavam pelo norte. Usando seus próprios *panzer*, comandados por Hoepner, e os do Grupo de Exércitos Centro, de Hoth, Leeb havia rompido uma linha defensiva que os russos estavam construindo no Dnieper e sitiado quase um milhão de homens em torno de Vyazma.

Mulheres russas lamentam suas perdas enquanto Kiev queima ao fundo, em fotografia da propaganda soviética de 1941.

CAPÍTULO 2

Dezenas de milhares de civis de Moscou foram enviados para cavar trincheiras antitanques ao redor da cidade no outono de 1941.

OPERAÇÃO BARBAROSSA

Os alemães não foram capazes de apertar o cerco com rapidez suficiente e aproximadamente de 200 mil soviéticos escaparam. Não obstante, cerca de 600 mil homens foram capturados e 150 mil estavam mortos quando a batalha terminou em 23 de outubro.

Stalin, então, demitiu Budenny e adotou um novo padrão na organização do alto comando do Exército Vermelho. No futuro, cada exército teria seu próprio comandante permanente, mas esses generais seriam controlados por marechais enviados por Moscou para organizar e comandar operações específicas. Stalin queria assegurar que sempre teria o melhor homem para o serviço no comando de uma determinada área, ao mesmo tempo em que garantia a continuidade de comando em nível de exército.

Nessa altura, já era outubro, as chuvas de outono haviam chegado, e os russos continuavam resistindo. Parecia que não importava quantos homens os alemães matassem ou capturassem, outro tanto aparecia para tomar seu lugar. Os alemães acreditavam que os russos fossem capazes de mobilizar até 200 divisões nos seis primeiros meses da guerra, mas naquele momento, já haviam combatido e derrotado 250 e outras 100 aguardavam para lutar.

Tardiamente, Hitler decidiu apoiar os generais das forças blindadas que tinham argumentado em favor de um avanço rápido e estreito para capturar pontos principais. O ditador alemão deu ordens para que Hoepner e Guderian avançassem sobre Moscou. Mas já era tarde demais. O inverno russo estava chegando, assim como novos reforços vindos do extremo leste da Rússia. Um trem que estava sendo evacuado para leste com operários e equipamentos de uma fábrica teve de aguardar em um ramal secundário para dar lugar a um comboio de tropas indo para oeste. Um operário que, junto com seus companheiros, aguardava a bordo, registrou:

"Tive a chance de atravessar e dar uma olhada nos vagões com os homens do Exército Vermelho. As paredes de cada vagão estavam cobertas de cartazes, jornais e rabiscos feitos pelos próprios homens. Alguém escreveu que os alemães deveriam apanhar tanto 'que nunca mais esquecessem nossas planícies e jamais pensassem em vê-las novamente'. Havia caricaturas do inimigo que não tinham sido desenhadas com habilidade, mas com raiva. Uma exigia dos ferroviários: 'Estamos esperando e implorando por este momento há quatro meses, mais depressa camaradas'.

Comecei a conversar com alguns dos homens. Eles eram artilheiros da Sibéria, atarracados, sem grande altura, mas com força aparentemente inesgotável. Parece que sabiam o que estava por vir e provavelmente lutariam como siberianos que estão acostumados tanto com condições duras quanto um clima difícil."

Em 2 de dezembro, os alemães estavam nos subúrbios de Moscou, mas iriam somente até ali. Um contra-ataque russo empurrou-os de volta. O ataque soviético trouxe dois novos personagens para o campo de batalha e que viriam a dominar a campanha de Stalingrado: o tanque T34 e o marechal Georgy Zhukov.

CAPÍTULO 3

3. OS PLANOS DE INVERNO

A contraofensiva soviética em frente a Moscou, lançada no dia 5 de dezembro de 1941, tinha sido possível graças a um dos maiores sucessos da espionagem na guerra. O comunista alemão Richard Sorge montou uma rede de espionagem no Japão que, desde 1933, vinha passando a Moscou informações valiosas sobre o governo e a indústria do Japão. No final de setembro de 1941, Sorge informou a Moscou que o Japão não invadiria as áreas ricas em minerais da Sibéria soviética; em vez disso, rumaria para o sul para capturar as colônias holandesas e britânicas, além das Filipinas.

Armas antitanques soviéticas no Parque Gorky, em Moscou, prontos para disparar em bombardeiros alemães.

OS PLANOS DE INVERNO

O Ataque Soviético

Stalin ficou extasiado com a notícia. Ela não somente significava que uma guerra em duas frentes estava descartada, mas também lhe permitia trazer um grande número de homens da Sibéria para proteger Moscou. Por alguma razão, Stalin não repassou essas informações aos seus aliados britânicos.

O ataque soviético não somente afastou os alemães de Moscou, como também fez penetrações profundas em vários pontos ao longo da frente. Em alguns lugares, grandes efetivos de tropas alemãs foram cortados e cercados. A manobra causou um tremendo choque no alto comando alemão, pois este acreditava que os russos não tinham mais tropas de reserva.

Em vez de contarem com uma vitória rápida na chegada da primavera, quando a melhoria das condições meteorológicas tornaria possível operar com os *panzer*, os alemães passaram a enfrentar a perspectiva de uma longa guerra. As discussões e debates sobre o que fazer logo começaram. ▶

Infantaria alemã com camuflagem de neve improvisada resgata um companheiro ferido na Rússia, novembro de 1941.

CAPÍTULO 3

Os Alemães Fazem um Balanço

Olhando em retrospecto os acontecimentos até aquele momento, os alemães tiraram diversas lições. A primeira foi que a Rússia não somente tinha recursos muito superiores aos da Alemanha (o que a maioria dos alemães já sabia) mas também que o sistema soviético era capaz de mobilizá-los muito mais rápido do que se previa. Os alemães e seus aliados começaram a guerra com uma ligeira superioridade numérica. Em dezembro de 1941, apesar das perdas enormes sofridas pelos soviéticos, a situação se reverteu e agora os russos tinham uma ligeira vantagem. Os russos continuariam a mobilizar mais e mais homens, então os alemães passaram a reconhecer que estariam em desvantagem no futuro próximo.

Isso não parecia tão ruim, tendo em conta a segunda lição aprendida pelos alemães. A qualidade do equipamento alemão era superior à do soviéticos, mas não tanto assim. O novo tanque T34 mostrou que os russos poderiam produzir armas que se equiparavam àquelas usadas pelos alemães, de modo que os generais alemães começaram a clamar por armamento novo e melhorado, especialmente tanques e armas antitanques. Um pouco mais animador era o fato de as táticas e o treinamento dos alemães serem claramente muito superiores aos dos russos. Fora a tática da *blitzkrieg* e a habilidade com que fora implementada que granjearam aos alemães suas grandes vitórias de 1941. Obviamente, com o tempo, os russos aprenderiam a usar táticas semelhantes, mas num futuro previsível, os alemães tinham a vantagem.

A terceira lição que muitos generais aprenderam, embora não se atrevessem a dizer, fora que a turra entre Hitler e o *OKW* em agosto custou-lhes pelo menos duas semanas de campanha, possivelmente três. Moscou poderia ter sido capturada, talvez mesmo Leningrado, mas a chance fora perdida.

A discordância e o atraso tinham sido fatais, mas essa lição não pode ser aprendida corretamente porque os generais ainda estavam divididos sobre a melhor forma de lutar contra os russos. As discordâncias estavam fadadas a continuar.

Considerando tudo, os alemães ainda contavam com uma vantagem sobre os soviéticos no campo de batalha, embora o mesmo não pudesse ser dito sobre os aliados da Alemanha. A grande questão era como usar essa vantagem para levar a guerra a uma conclusão bem-sucedida.

Rundstedt e Leeb estavam seriamente preocupados com o sistema de abastecimento. Eles não apenas estavam com problemas para manter seus homens abastecidos, como tinham de transferir um número crescente de homens para a retaguarda para proteger as linhas de abastecimento contra sabotagem e furtos pelos russos. Ambos os generais acreditavam que se houvesse qualquer avanço Rússia adentro em 1942, o sistema de abastecimento entraria em colapso e exporia as forças alemãs ao desastre. Argumentaram, então, que seria melhor recuar para o oeste da União Soviética, onde as estradas eram melhores e as fábricas alemãs estavam mais próximas. Rundstedt chegou mesmo a sugerir um recuo longo até os Cárpatos e o rio Nieman, que

OS PLANOS DE INVERNO

Com sua blindagem inclinada, lagartas longas e rodas grandes, o tanque soviético T34 mostrou-se superior ao Panzer IV alemão.

formavam barreiras naturais e facilmente defensíveis. Isso significava voltar quase até as posições iniciais de junho de 1941. Apesar de isso, militarmente, fazer sentido, ninguém levou a sério sua ideia.

A maioria dos generais, no entanto, reconhecia que já haviam ido longe demais na Rússia e se opunha a qualquer nova ofensiva, concordando, de forma geral, que o melhor seria recuar para uma posição defensiva.

Deixemos que o Exército Vermelho se desgaste atacando nossas fortes defesas, pensaram, para em seguida lançarmos uma *blitzkrieg* em contra-ataque, cercarmos e aniquilarmos os sobreviventes exaustos. Os detalhes das diferentes ideias variavam, mas todos apresentavam uma variação ou outra desse plano básico.

Hitler, entretanto, não queria ouvir. Rundstedt perdeu a paciência com os pontos de vista de Hitler e se desentendeu com ele de forma espetacular quando Hitler vetou seu plano de recuar para uma linha defensiva no rio Mius.

Rundstedt renunciou em novembro de 1941. Seu lugar foi ocupado pelo marechal de campo Walther von Reichenau, do 6º Exército, porém este morreu de uma hemorragia cerebral e, assim, o Grupo de Exércitos Sul foi subordinado a Bock que, até então, vinha comandando o Grupo de Exércitos Centro. O antigo comando de Reichenau, o 6º Exército, foi assumido por seu vice, Friedrich Paulus, que havia colaborado nos planos iniciais de uma guerra com a Rússia em 1940.

O comando do Grupo de Exércitos Norte também mudou. Quando o novo avanço sobre Leningrado deixou de capturar a cidade em dezembro, Hitler teve um de seus rompantes de raiva cada vez

CAPÍTULO 3

mais frequentes, bradando seu descontentamento contra o pessoal do *OKW*.

> *"Leeb está numa segunda infância, não consegue entender e pôr em prática meu plano de uma captura rápida de Leningrado. Fica arengando sobre seu plano de assumir a defensiva no setor noroeste, mas quer um avanço em direção ao centro de Moscou. Obviamente, está senil. Perdeu a calma, e como um verdadeiro católico, quer rezar, mas não lutar."*

Quando essas palavras chegaram a Leeb, em janeiro de 1942, o general se demitiu alegando problemas de saúde e foi substituído por Georg von Küchler, que tinha longa história de atividades anticomunistas, sem ser, porém, um comandante militar talentoso como Leeb. Era um sinal de que Hitler estava começando a favorecer a confiabilidade política em detrimento da competência militar ao escolher seus generais.

Talvez a mudança mais importante no alto comando alemão tenha acontecido em 10 de dezembro, quando Walther von Brauchitsch renunciou ao posto de comandante-em-chefe do exército alemão. Brauchitsch era um dos oficiais mais talentosos de sua geração.

Seu trabalho de decidir que estradas as diferentes unidades deveriam tomar, como deveriam avançar e como deveriam ser abastecidas fora fundamental para o sucesso na Polônia em 1939 e na França em 1940, bem como nos estágios iniciais da invasão da Rússia. Ainda mais importante, ele fora um dos poucos generais da alta hierarquia que se sentiam capazes fazer frente a Hitler. Sua mistura de lisonja, conciliação e contradição mais de uma vez induzira Hitler a alterar planos e objetivos. No final de 1941, essa capacidade estava diminuindo e pode ter sido o esgotamento causado por confrontos repetidos e mal-humorados com Hitler que tenha provocado o ataque cardíaco que forçou sua renúncia.

Hitler não substituiu Brauchitsch. Em vez disso, nomeou a si mesmo comandante-em-chefe do exército. No curto prazo, isso deu a Hitler um maior controle sobre a condução da guerra e deixou o exército mais complacente à sua vontade. No longo prazo, provou ser uma manobra ruim, pois Hitler era incapaz de dedicar à tarefa o tempo que esta exigia e o ditador se recusava a delegar poderes. Decisões foram desfeitas, políticas não foram aplicadas e os atrasos se multiplicaram. Em dezembro de 1941, tudo isso ainda era futuro. O que era importante naquele momento é que aquilo deixava Hitler como único responsável por decidir o que aconteceria em 1942.

Von Leeb (direita) e von Küchler do Grupo de Exércitos Norte.

Hitler com Wilhelm Keitel (esquerda) e Walther von Brauchitsch, discutindo estratégia no trem especial de comando do Führer, em 1941.

Hitler não só tinha relatórios do exército em sua mesa, mas também relatórios dos chefes de departamentos civis na Alemanha, mais aqueles das forças de ocupação nos países conquistados. Tudo isso pintava um quadro bastante desolador, com cada relatório exigindo mais homens, materiais e dinheiro.

Em parte, essas demandas eram tradicionalmente burocráticas e visavam a uma fatia maior do bolo, mas também refletiam o fato de a Alemanha estar sobrecarregada. O *OKW* estimou que precisaria de mais 800 mil homens para lançar uma ofensiva geral em larga escala na Rússia em 1942, mas Albert Speer, que estava no comando da indústria alemã, informou que se retirasse esse número de homens das fábricas, não haveria armas, nem munições, com que o exército pudesse lutar.

O principal relatório, no entanto, mostrou ser aquele sobre a demanda de energia na Alemanha. O relatório afirmava que o crescente esforço de guerra vinha consumindo quantidades muito maiores de carvão e petróleo que aquelas previstas. Previa, ainda, que se algo não fosse feito rapidamente, a indústria alemã de armamentos ficaria sem carvão e o exército alemão ficaria sem combustível. Hitler sabia que havia abundância de carvão na Ucrânia, com algumas reservas já em controle alemão, e que havia ainda mais petróleo no Cáucaso. Decidiu, então, que a principal arremetida da campanha alemã em 1942 seria no sul.

Ao decidir capturar o restante da Ucrânia e os campos petrolíferos do Cáucaso, Hitler também preparava o caminho para aquilo que esperava alcançar em 1943. Presumindo-se que tudo corresse bem em 1942, os exércitos alemães chegariam às margens do Mar Cáspio em Astrakhan. Dali, seria possível, em 1943, avançar para o norte até o vale do poderoso Volga. Os alemães poderiam, então, se voltar para oeste e tomar Moscou pela retaguarda, cercando e aniquilando os vastos exércitos russos na área. Como alternativa, poderiam desviar para o leste para tomar e destruir as fábricas restantes de tanques e armas dos soviéticos.

CAPÍTULO 3

Hitler parece ter considerado ambas as possibilidades em diferentes momentos, mas adiou uma decisão até que a campanha do Cáucaso estivesse terminada. Os alemães fariam um esforço menor ao norte, para capturar Leningrado e reunirem-se aos finlandeses. Nenhuma grande campanha estava planejada para o centro, devido à falta de recursos. Haveria, no entanto, ofensivas menores destinadas a abrir linhas de abastecimento confiáveis para as isoladas posições avançadas alemãs.

O Inverno Russo

Uma preocupação muito mais imediata do que todos esses planos para a campanha de 1942 era o problema do que fazer durante o inverno de 1941. Como haviam esperando que a guerra estivesse acabada até o outono, os alemães não tinham fabricado roupas de inverno suficiente para todos os seus homens, mas somente para o efetivo menor que deveria permanecer na Rússia como exército de ocupação.

Na Hungria, o almirante Horthy sabia exatamente o que fazer. Ele ordenou a todos os seus homens que voltassem para casa, prometendo a um indignado Hitler que os húngaros voltariam na primavera. Os alemães não tinham essa escolha. Em vez disso, Hitler ordenou que a o exército alemão permanecesse onde estava e lutasse.

Na esteira da ofensiva soviética de dezembro, isso significava manter uma linha altamente complexa, com alguns bolsões isolados. Os alemães se referiam à situação como um "ouriço", com cada península de território avançado em mãos alemãs ligada a um espinho do ouriço, com uma ponta aguçada e perigosa. A maneira como o avanço soviético se desenvolveu implicou penetrações maiores e mais profundas do Exército Vermelho em campo aberto, mas com pouco ou nenhum progresso contra cidades fortificadas ou fortemente defendidas pelos alemães. Cada prolongamento de território dominado pelos alemães tinha em sua ponta uma cidade como Vyazma, Orel, Kursk, Kharkov ou Briansk. Em muitos casos, os espinhos do ouriço continham uma estrada pela qual suprimentos poderiam ser transportados, mas em alguns casos as cidades periféricas tomadas pelos alemães não contavam com essa ligação.

Foi aí que a *Luftwaffe* entrou. Aeronaves de transporte

DIREITA: aeronave de transporte Junkers Ju52 é descarregada por soldados alemães em Demyansk, fevereiro de 1942.

OS PLANOS DE INVERNO

foram trazidas e bombardeiros convertidos às pressas para que comida e munição pudessem ser levadas para guarnições sitiadas e os feridos retirados pelo ar. Goering, chefe da *Luftwaffe*, superou a si mesmo no inverno de 1941 ao vencer enormes problemas técnicos e logísticos para manter as aeronaves de suprimentos voando. Ele foi grandemente ajudado pelo fato de a força aérea soviética ter sido praticamente aniquilada nos primeiros meses da guerra e estar apenas começando a se reconstruir. Foi a *Luftwaffe* e seus voos de abastecimento que permitiram que postos isolados do exército mantivessem sua posição.

No entanto, o duro desgaste dos voos longos e frequentes durante o rigoroso inverno foi exaustivo demais para pilotos e aeronaves, homens e máquinas. Durante a primavera de 1942, a *Luftwaffe* estaria mais preocupada com a própria reconstrução do que em combater os soviéticos no ar. Os russos conseguiram recuperar algum poder aéreo, que mais tarde ampliariam até obterem superioridade aérea em 1944. O processo estava apenas começando em 1942, mas já então as tropas alemãs no solo notavam um aumento na presença de aeronaves inimigas sobre eles.

Os soldados alemães, italianos e romenos no solo sofreram terrivelmente. O inverno russo é notoriamente frio, com muita neve e vento. Em geral, a maioria das tropas não contava com vestimentas boas o suficiente para suportar as baixas temperaturas por muito tempo. Gangrena por congelamento, letargia e exaustão se tornaram relativamente comuns. Havia ainda grandes problemas com o equipamento. O óleo usado para lubrificar o motor dos *panzer* congelava, a menos que os motores permanecessem funcionando por alguns minutos a cada duas horas. A infantaria italiana descobriu que o espaço entre o gatilho e sua proteção era pequeno demais para um dedo enluvado, então não poderiam disparar suas armas sem tirar uma luva e correr o risco de uma gangrena.

CAPÍTULO 3

As baixas não foram exageradas, mas o desconforto sim e, no decorrer do inverno, muitas unidades constataram que cada vez menos homens estavam aptos para o serviço.

Todos esses problemas fizeram com que o exército alemão não estivesse pronto para lançar suas ofensivas até o final de maio de 1942. A campanha de 1940 havia começado em 9 de abril, na Noruega, e a de 1941 em 6 de abril, na Iugoslávia. A data de início tardia era um sinal da crescente tensão no sistema militar alemão.

Uma casamata de gelo alemã em Orel, leste da Rússia, no início de 1942.

Operação Azul

Quando o plano para a ofensiva no sul finalmente emergiu do *OKW*, sob a influência pessoal de Hitler, recebeu o codinome de Operação Azul. O plano consistia em uma série de movimentos preliminares destinados a mascarar e ocultar uma única arremetida principal para sudeste. O primeiro movimento seria na Crimeia, onde dois bolsões de tropas soviéticas ainda resistiam. O grande porto naval de Sevastopol ficava no sudeste da Crimeia, com sua guarnição russa fortemente reforçada por homens evacuados de Odessa pela marinha soviética. A cidade estava cercada por maciças fortificações equipadas com numerosas armas pesadas. O cerco já havia começado, mas seria intensificado com o objetivo de capturar a cidade em meados do verão. No leste da Crimeia, os russos ainda resistiam na península de Kerch. Ali, o ataque deveria ser lançado em 8 de maio e o prazo para que a península fosse capturada era de uma semana. A captura da península era importante, não somente porque expulsaria os soviéticos da Crimeia, mas também porque bastava atravessar o estreito de Kerch para chegar ao continente e bem atrás das linhas soviéticas.

Para a parte principal da ofensiva, Hitler reforçou consideravelmente o Grupo de Exércitos Sul, para depois dividi-lo em duas novas formações: o Grupo de Exércitos A e Grupo de Exércitos B. A parte sul da frente foi dada ao Grupo de Exércitos A. Este consistia no 11º Exército, 17º Exército e o 1º Exército *Panzer* (antigo 1º Grupo *Panzer*), além do 4º Exército romeno. O comando foi dado a Wilhelm von List, que servira na Polônia, França e Grécia. List recebeu a tarefa de atingir a meta estratégica da campanha, capturando os campos petrolíferos do Cáucaso.

A parte norte da ofensiva ficou a cargo do Grupo de Exércitos B, comandado por Maximilian von Weichs, ex-comandante do 2º Exército do Grupo de Exércitos Centro. Weichs recebeu o 2º Exército, o 6º Exército, o 4º Exército *Panzer*, o 8º Exército italiano e 2º Exército húngaro. Sua tarefa era dupla: lançar ataques de abertura diversionários e, depois, proteger o flanco norte do Grupo de Exércitos

OS PLANOS DE INVERNO

A, para impedir ataques russos vindos do norte e, assim, preservar o avanço alemão rumo aos campos petrolíferos.

O Grupo de Exércitos B deveria se mover primeiro, partindo da linha entre Kursk e Kharkov e rumando para leste, para chegar ao rio Don em frente a Voronezh. Esse avanço poderia ter sido facilmente direcionado para irromper pelo Don, girar depois para o norte e atacar Moscou pelo sul. Esperava-se que os soviéticos supusessem que esse era o plano alemão, especialmente porque pequenos ataques seriam lançados em frente a Moscou, ao mesmo tempo. Se os soviéticos transferissem suas reservas para proteger o flanco sul de Moscou, facilitariam para os alemães a conquista de seu verdadeiro objetivo.

Ao alcançar o Don, o Grupo de Exércitos B deveria, então, girar para o sul até a margem do rio. As unidades alemãs deveriam liderar o caminho, expulsando os soviéticos da margem oeste e deixando para trás as unidades aliadas para protegerem o rio de um contra-ataque. Somente quando o Grupo de Exércitos B chegasse à grande curva do Don, abaixo de Voroshilovgrado, é que deveria atravessar o rio e rumar para leste. Neste ponto, havia uma estreita faixa de terra entre o Don e o Volga, um rio ainda maior. Weichs deveria, então, continuar a descer o Volga até o Mar Cáspio. A linha Don-Volga deveria ser mantida pelo Grupo de Exércitos B, isolando o Cáucaso do restante da União Soviética.

A cidade de Stalingrado ficava na margem oeste do Volga, ao lado da estreita faixa de terra entre os dois rios.

Sua captura era considerada desejável, mas não essencial. Uma boa linha defensiva ao sul da cidade seria o bastante.

Enquanto isso, o Grupo de Exércitos A deveria lançar sua ofensiva em meados de julho, uma vez que o Grupo de Exércitos B estivesse descendo o Don. Essa força deveria avançar até Rostov, cruzar o rio Don e depois avançar rápido pela vasta estepe de Kalmyk para chegar ao Cáspio e aos campos petrolíferos. Hitler esperava que a maior parte das reservas soviéticas teriam sido deslocadas para o norte para proteger Moscou, e List teria, assim, pouca dificuldade para atingir as distantes reservas de petróleo.

O Avanço Soviético

Os soviéticos também tinham feito um retrospecto de 1941 e tiraram lições para o planejamento de seus movimentos em 1942. Um jornal de Moscou resumiu o sentimento reinante na capital russa em dezembro de 1941.

"Os invasores nazistas estão sendo batidos não pelo frio, mas por nosso glorioso Exército Vermelho. E o frio, o verdadeiro frio russo, ainda está por vir. As hordas nazistas estão recuando. As estradas estão cobertas com corpos de soldados alemães, com seus veículos e armas queimados e destruídos. Esse é o fim inglório da segunda grande ofensiva contra Moscou, proclamada por Hitler. A paz prometida não se concretizou para o povo alemão. O descanso em casas aquecidas de Moscou, prometido às tropas alemãs, não aconteceu. A derrota das divisões de elite de Hitler, com novas baixas colossais, resultou em um completo fracasso de seus planos para capturar Moscou."

CAPÍTULO 3

General Georgy Zhukov (no centro à esquerda, com as pernas afastadas) supervisionando manobras em 1940. Zhukov viria a ser o melhor comandante soviético da guerra.

Encorajado pelo sucesso de sua ofensiva de dezembro em Moscou, os soviéticos estavam inclinados a lançar mais ofensivas em 1942. No sul, planejavam iniciar uma ofensiva na Crimeia. Enquanto os alemães pretendiam expulsar os russos da península de Kerch, os russos queriam usar a mesma península como trampolim para uma arremetida que empurraria os alemães para fora da Crimeia.

Mais ao norte, os soviéticos planejavam uma ofensiva atravessando o rio Volkhov em direção a Luga. O objetivo era chegar pela retaguarda das forças alemãs que sitiavam Leningrado pelo sul e forçá-las a uma retirada. A ofensiva ficou a cargo da Frente Volkhov.

O principal esforço soviético no verão tomaria, contudo, o formato de uma dupla ofensiva, com uma ramificação seguindo em direção a Kholm e outra visando Kharkov. A ofensiva contra Kholm deveria ser lançada por três frentes – Frente Noroeste, Frente Kalinin e Frente Ocidental – rumo a oeste entre o lago Ilmen no norte e Rzhev no sul. Esse ataque foi concebido como uma manobra convencional de infantaria, acompanhada por alguns tanques e precedida por barragem de artilharia. Seria um plano com que os homens nas trincheiras estariam familiarizados em 1916. A ofensiva contra Kharkov, no entanto, seria a primeira tentativa russa de copiar as táticas alemãs da *blitzkrieg* e deveria incluir a maior parte das unidades de tanques russos.

Essa ofensiva dupla e otimista fora concebida para infligir um golpe es-

OS PLANOS DE INVERNO

magador ao Grupo de Exércitos Centro alemão e iniciar a libertação da Rússia ocidental. Os russos chegaram mesmo a informar diplomatas britânicos em Moscou sobre o sucesso previsto do ataque. Um dos diplomatas telegrafou para Londres, informando que:

> *"Essa ofensiva forçará os nazistas a um longo recuo. Uma nova ofensiva alemã está prevista para a primavera, podendo fazer alguns progressos limitados na Rússia, mas não logrará muito. Em seguida, os russos pretendem dar o golpe de misericórdia no outono ou inverno. Não acredito que os russos parem nas fronteiras alemãs, mas que partam para uma derrota da Alemanha de forma conclusiva e definitiva."*

Naquele momento, a mensagem foi tratada com ceticismo por Londres. O exército alemão parecia ser tão superior ao Exército Vermelho que tais previsões pelos soviéticos foram consideradas como mera ilusão bombástica. Os eventos mostrariam que essa mensagem de janeiro de 1942 não seria tão ridícula, afinal.

Foram os soviéticos que atacaram primeiro, em 7 de janeiro, no Volkhov. A ofensiva foi liderada pelo 2º Exército de Choque, apoiada pela Frente Volkhov. A Frente Volkhov era comandada pelo marechal Kirill Meretskov, com o general Andrei Vlasov como seu segundo em comando. Os dois homens eram muito diferentes. Meretskov era um comandante da antiga escola, que havia sido preso durante a purga de Stalin e por pouco escapou da execução. Vlasov era um jovem e talentoso oficial em ascensão. Vlasov liderou o 2º Exército de Choque pessoalmente, organizando os homens cuidadosamente e treinando-os em novas táticas.

A ofensiva começou bem. Com a vantagem do clima de inverno, Vlasov conseguiu abrir uma fenda de 20 quilômetros de largura nas linhas alemãs e, nos dias seguintes, avançou de modo constante até finalmente chegar a 72 km de suas linhas iniciais. Meretskov, no entanto, enviou as unidades de apoio prometidas lentamente e com ordens de não progredirem demais. O avanço empacou. Quando a primavera chegou, os alemães contra-atacaram perto da base do avanço russo, isolando Vlasov e o 2º Exército de Choque. Stalin enviou um pequeno avião para resgatar Vlasov, mas ele recusou e ficou com seus homens. Ao todo, 35 mil homens do 2º Exército de Choque foram capturados, 30 mil foram mortos e apenas 8 mil escaparam. Mais tarde, Vlasov tentaria convencer os alemães a permitir que ele arregimentasse um exército de anticomunistas dentre o grande número de prisioneiros russos, mas a oferta seria recusada.

Dois dias após a malfadada ofensiva em Volkhov ter começado, teve início a ofensiva de Kholm, muito maior, comandada por Pavel Kurochkin. Do ponto de vista soviético, o ataque foi um grande sucesso. A linha de frente alemã caiu, permitindo que os russos avançassem em grandes formações.

O Bolsão de Demyansk

A cidade de Demyansk foi envolvida pela maré soviética, que cercou as 12ª, 30ª, 32ª, 123ª e 290ª Divisões de infantaria ale-

CAPÍTULO 3

mãs, além da Divisão *SS-Totenkopf*. Comandados pelo general Walter Graf von Brockdorff-Ahlefeldt, os alemães se entrincheiraram, construíram um campo de pouso temporário para assegurar o abastecimento e esperaram pelo ataque inevitável.

Enquanto isso, o avanço russo continuava em uma frente ampla, chegando a mais de 120 quilômetros para além das linhas iniciais, com algumas unidades alcançando quase 160 km desde seu ponto de partida. O general Konstantin Golubev capturou a cidade de Yaroslavets (Maloyaroslavets) no primeiro dia do ataque. Seu relatório informava:

> "Descobrimos tanques, carros blindados e canhões em boas condições literalmente a cada passo. Grandes depósitos de combustível e munições estavam intactos. Capturamos aproximadamente 50 tanques inimigos e carros blindados, 100 caminhões, mais de 60 canhões, mais de 150 metralhado-

Um *Panzer* III lidera a infantaria em Demyansk. Esse era o tanque alemão mais numeroso em 1939, mas já estava obsoleto em 1944.

OS PLANOS DE INVERNO

ras, 500 bicicletas e depósitos inteiros de projéteis, explosivos, cartuchos, granadas e combustíveis. O inimigo está fugindo e perdendo seus quadros de elite de soldados e oficiais."

Kurochkin estava exultante. Os suprimentos capturados foram entregues às unidades russas e se voltaram contra os alemães. Não sabia, porém, que seu sucesso se devia em grande parte à falta de defensores e reservas alemães. Quando estes começaram a chegar de trem em grandes números, o avanço soviético estacou. Os russos estavam, particularmente deficientes em tanques e, quando forças alemãs vieram, a falta de blindados soviéticos começou a transparecer. No entanto, os alemães na frente central não dispunham de meios para um grande contra-ataque e, por isso, as unidades em Demyansk permaneceram isoladas, sendo abastecidas pela *Luftwaffe*, que transportou milhares de toneladas de suprimentos, retirou os feridos e ainda trouxe reforços quando necessário. O que veio a seguir foi um épico de resistência militar, amplamente citado pelo ministério da propaganda alemão, chefiado por Josef Goebbels. Por razões políticas, muita ênfase foi colocada sobre as façanhas dos homens da SS em Demyansk, mas o soldado alemão comum também recebeu muito crédito.

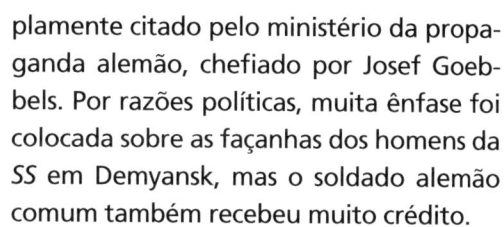

Um grande número de artigos de jornais e imagens de noticiários foram produzidos para reforçar os principais pontos que os nazistas queriam que o mundo soubesse sobre Demyansk. Feridos retirados do bolsão por via aérea eram remendados, recebiam uniformes novos e elegantes e colocados à disposição dos jornalistas de países neutros para entrevistas. Artigos com o perfil de homens em Demyansk e suas afetuosas famílias que os aguardavam foram destaque em jornais e revistas alemãs. De acordo com Goebbels, Demyansk era a história de um punhado de heroicos guerreiros arianos resistindo contra todas as adversidades e infligindo danos maciços aos bárbaros que tentavam espalhar os males do comunismo por toda a Europa. Era um material inspirador, causando grande impressão no público alemão e em Hitler, que apreciava o valor da propaganda na guerra.

Enquanto isso, foi realizado um grande desfile militar em Moscou para marcar o 24º aniversário do primeiro dia em que o Exército Vermelho entrou em combate: 23 de fevereiro de 1918. Stalin fez um longo discurso, concluindo:

"A força do Exército Vermelho reside sobretudo no fato de não travar uma guerra predatória imperialista, mas uma guerra patriótica, uma guerra de libertação, uma guerra justa. A

O Junkers Ju52 foi a espinha dorsal da ala de transportes da *Luftwaffe*, podendo levar 18 homens ou 2 toneladas de equipame[nto]

tarefa do Exército Vermelho é libertar o território soviético dos alemão invasores, os moradores de nossas cidades e aldeias que, antes da guerra, eram livres e viviam como seres humanos e que agora são oprimidos e sofrem com a opressão, a pilhagem e a fome e, por por fim, para libertar nossas mulheres dos ultrajes a que foram sujeitadas pelos demônios fascistas. O Exército Vermelho tem de aniquilar os ocupadores fascistas alemães que pretendem escravizar nossa Pátria, ou quando estiverem cercados e se recusarem a depor as armas e se render. O Exército Vermelho vai aniquilá-los porque querem escravizar nossa Pátria. O Exército Vermelho, como qualquer exército de quaisquer outras povos, tem o direito e a obrigação de aniquilar e os escravizadores de nossa Pátria."

O chefe da propaganda nazista, Goebbels, fez com que os defensores em Demyansk lessem o parágrafo final, para mostrar-lhes que não podiam contar com a misericórdia dos soldados soviéticos. Não era bem isso o que Stalin tinha em mente. Finalmente, em abril, um contra-ataque alemão iniciado pelo flanco norte das forças avançadas russas rompeu o cerco a Demyansk e os homens foram retirados.

Em 27 de fevereiro a ofensiva soviética na Crimeia começou na península de Kerch. O comandante local alemão, Erich von Manstein, do 11º Exército, tinha preparado bem suas defesas e o ataque russo malogrou, com terríveis baixas.

Os russos tentaram novamente em 15 de março e depois uma terceira vez em 16 de março, mas a cada tentativa seus esforços fracassaram, causando pesadas baixas.

Enquanto isso, todos os olhos se voltavam para a Ucrânia, onde russos e alemães tinham grandes operações planejadas.

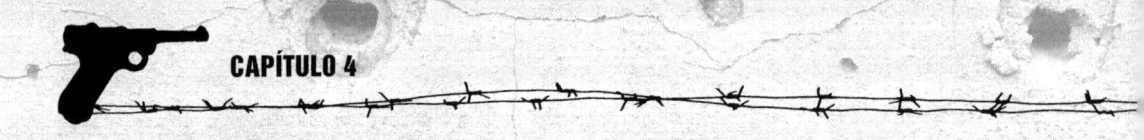

4. O PLANO AZUL

A ofensiva soviética para capturar Kharkov, a terceira maior cidade da União Soviética, e dali seguir para oeste era um plano cuidadosamente elaborado, mas com base em uma compreensão imperfeita de como uma blitzkrieg funcionava. Essa má interpretação seria desastrosa para os soviéticos.

O PLANO AZUL

A Segunda Batalha de Kharkov

Os russos haviam corretamente observado que ganhos iniciais eram geralmente obtidos por uma força combinada de tanques, infantaria e artilharia. Depois disso, tanques e infantaria motorizada iriam rapidamente à frente como uma unidade combinada, geralmente com apoio aéreo, para penetrar profundamente atrás das linhas inimigas, espalhando confusão e capturando pontos cruciais. Ao mesmo tempo, a infantaria convencional marcharia vindo da retaguarda para proteger linhas de abastecimento e sobrepujar toda a oposição restante. Os russos também observaram corretamente que as operações mais bem-sucedidas da Alemanha em 1941 envolveram duas colunas em pinça encabeçadas por tanques, que avançaram profundamente em território inimigo antes de girar para dentro e fechar o cerco aos infaustos defensores. ▶

Um canhão de assalto Stug III 75mm e um meia-lagarta SdKfz250 entram em Kharkov no verão de 1941.

CAPÍTULO 4

O ditador soviético Josef Stalin nomeou a si próprio Comissário da Guerra, mas, ao contrário de Hitler, não interferiu nas decisões de comando.

O PLANO AZUL

O que os planejadores da Rússia deixaram de considerar foram as estreitas comunicações por rádio estabelecidas e mantidas entre as várias unidades do exército e da *Luftwaffe*, além da necessidade de manter os *panzer* abastecidos de combustível e munições durante seu avanço, onde quer que fossem. O sistema de abastecimento soviético simplesmente não era suficientemente flexível para lidar com um avanço rápido e maleável, nem as redes de comunicações dos soviéticos eram capazes de manter as diferentes unidades em contato. O resultado foi que, embora o Exército Vermelho fosse capaz de seguir um plano bem o bastante, não poderia alterar sua disposição ou suas rotas de abastecimento rápido o suficiente para lidar com uma mudança de situação, sendo que a essência da *blitzkrieg* era a capacidade de se adaptar e tirar proveito das oportunidades que surgissem.

Stalin pôs Timoshenko no comando da operação para recapturar Kharkov e pôs à disposição dele forças consideráveis. Ao todo, a Frente Sudoeste foi recebeu 640 mil homens, 1.200 tanques e 950 aeronaves para a operação. Não somente Timoshenko teria mais tanques que os alemães que enfrentaria, mas também contava com quase todos os tanques T34 e KV1 que estavam prontos para combate. O tanque médio T34 se equiparava ao *Panzer* IV alemão, enquanto o KV1 era um tanque praticamente invulnerável, fortemente blindado, cujo único inconveniente era a sua baixa velocidade.

Timoshenko organizou essa força imensa em duas pinças. O movimento de pinça do norte rumaria para leste vindo de Volchansk e chegaria a oeste de Kharkov antes de virar para o sul, consistindo do 28º e 57º Exércitos, com aproximadamente 400 tanques. O movimento de pinça do sul consistia nos 6º e 9º Exércitos, com 800 tanques, baseado em Izyum, devendo rumar para leste em direção a Krasnograd. Uma vez lá, o 6º Exército soviético deveria girar para o norte, reunir-se à pinça norte e aprisionar os alemães em Kharkov. Enquanto isso, o 9º Exército iria para o sul em direção ao Mar Negro, para atrair as unidades alemãs na área.

O ataque foi lançado em 12 de maio, com Timoshenko emitindo uma Ordem do Dia que foi lida para cada unidade envolvida.

"Por meio desta, ordeno que as tropas iniciem uma ofensiva decisiva contra nosso inimigo mais vil, o exército alemão fascista, para exterminar seus homens e seus materiais de guerra e levantar nossa gloriosa bandeira soviética sobre as cidades e aldeias libertadas da Rússia."

Assim, a ofensiva começou bem. No norte, o 28º e o 57º Exércitos russos atacaram o 6º Exército alemão, comandado por Paulus. Sem quaisquer obstáculos naturais para ajudá-lo, Paulus optou por uma retirada estratégica, mantendo sua linha intacta, mas recuando lentamente antes do ataque. No sul, a principal força de blindados soviéticos se deparara com algumas unidades romenas, que foram logo sobrepujadas. Os soviéticos irromperam em grandes números, abrindo uma passagem de 48 km de largura nas linhas alemãs. Novamente, Paulus optou por se retirar lutando, enquanto Kleist,

CAPÍTULO 4

ao sul, deslocou suas unidades de modo a impedir que os russos alargassem a passagem ou girassem para o sul.

O repórter de um jornal soviético, que estava com as tropas principais da pinça sul, enviou a seguinte reportagem ao seu editor.

> "A primavera chegou e nossos exércitos avançam por campos já cobertos com um relvado novo. O barulho dos tanques enche o ar e nos céus, indo para oeste, zumbem esquadrilhas de nossos bombardeiros. Homens com bandeiras estão em nossas pontes, nas travessias de rios, orientando os veículos rumo ao combate. Em determinado ponto, soldados encontraram tempo para escrever em letras garrafais de pedra, colocadas em toda a encosta, as palavras 'Rumo ao oeste'. Voltando através de aldeias retomadas, estão infindáveis colunas de prisioneiros alemães, homens com rostos impávidos que ainda não entenderam o que aconteceu. Muitos deles são jovens de 18 anos. Eles são as reservas de Hitler."

O comandante do Grupo de Exércitos Sul, Bock, percebeu muito rapidamente que o ataque russo estava sendo liderado por uma massa de seus tanques mais modernos, mas supôs que faltaria apoio. Nisso ele estava correto. A maioria dos suprimentos para as unidades de tanques russas era transportada em carroças puxadas a cavalo, que simplesmente não conseguiam acompanhar os tanques. Além disso, os poucos caminhões de abastecimento não eram acompanhados por artilharia antiaérea sobre rodas e estavam, portanto, vulneráveis a um ataque aéreo. Bock queria atrair os blindados soviéticos, então contra-atacou a retaguarda das forças avançadas russas, para isolar suas principais unidades e cercá-las.

Bock telefonou para Franz Haider, chefe do Estado Maior Geral do Exército, (*Oberkommando des Heeres* ou *OKH*) para solicitar autorização para seu plano. Haider levou o plano a Hitler, pois achava que a operação era tão grande que precisava da permissão pessoal do *Führer*. Hitler olhou os mapas, leu os relatórios e, em seguida, corroborou a ideia de Bock, esboçando rapidamente que as unidades deveriam ser utilizadas e, posteriormente, afirmou que a ideia fora sua. Haider enviou a permissão de Hitler a Bock, seguida por uma torrente de instruções cada vez mais detalhadas sobre como a operação deveria ser conduzida. Essas foram, então, passadas para Paulus e Kleist, que pela primeira vez foram expostos à interferência de Hitler com detalhes.

Enquanto Paulus e Kleist movimentavam suas unidades conforme instruído por Hitler, os russos continuavam a avançar. O movimento de pinça do norte progredia apenas lentamente, mas ao sul, o principal avanço blindado progredia inconteste. Em 17 de maio, os dois exércitos se separaram, como planejado. O 9º Exército se viu em campo aberto, sem nenhum soldado alemão à vista. Os tanques continuaram avançando como se estivessem em um passeio e, ao anoitecer, estavam a 112 quilômetros de suas linhas iniciais.

As primeiras informações de problemas, no entanto, já chegavam ao quartel-general de Timoshenko. Um relatório vindo de uma unidade no flanco sul do

Um KV1 soviético queima perto de Voronezh, junho de 1942. Estes tanques pesados eram imunes às armas alemãs, mas atolavam no solo macio.

avanço para o sul informava sobre um grande número de tanques alemães avistados. Naquele momento, Timoshenko estava cada vez mais preocupado com um abastecimento adequado de suas principais unidades de tanques e essa nova ameaça o fez correr para o telefone. À meia-noite, contatou o *Stavka*, o quartel-general do exército russo, e falou com Georgy Malenkov, braço direito de Stalin no comando do todo-poderoso Comitê de Defesa do Estado. Timoshenko descreveu a posição e, em seguida, perguntou se poderia interromper seu avanço até haver protegido os flancos das tropas avançadas contra o que pareciam ser graves contraofensivas. Malenkov negou e disse secamente a Timoshenko para prosseguir na captura de Kharkov.

Na manhã seguinte, Kleist irrompeu pelo mal organizado flanco sul das tropas avançadas russas. Ao anoitecer, as forças russas estavam em confusão. Timoshenko novamente telefonou para o *Stavka*, desta vez informando que teve de recuar. Mais uma vez, foi-lhe dito para deixar de ser derrotista e para avançar sobre Kharkov. No dia seguinte, Paulus atacou ao sul e, em 23 de maio, as principais forças soviéticas da pinça do sul foram cercadas. O 6º e o 57º exército russos foram cercados, a não ser por algumas unidades. Seguiu-se uma semana de luta selvagem seguida e, no final, os dois exércitos soviéticos foram aniquilados. Os alemães tomaram 240 mil prisioneiros, deixaram aproximadamente 50 mil russos mortos nos campos e destruíram ou capturaram 950 tanques e 200 canhões, perdendo apenas 20 mil homens, entre mortos e feridos.

As batalhas também custaram as vidas de milhares de cavalos, que eram a base do exército soviético para o transporte de suprimentos na área de combate. Um funcionário da Sociedade Real Britânica para a Prevenção da Crueldade contra os Animais visitou um hospital veterinário na linha de frente como parte de uma missão de levantamento de informações para um movimento de captação de recursos na Grã-Bretanha, cujo objetivo era fornecer equipamentos para

CAPÍTULO 4

ajudar os cavalos russos. Quando retornou à Grã-Bretanha, escreveu

"Conversei com o oficial responsável pela implementação de serviços veterinários nas áreas retomadas dos alemães durante o avanço do Exército Vermelho. Fui informado que aproximadamente 60% dos casos de lesões em cavalos são nas pernas, seja por cortes em obstáculos ou inflamação das articulações. Quando perguntei se esses casos eram tratados localmente na área de combate, disseram-me que isso era impossível e que esses cavalos eram enviados para a retaguarda para tratamento. Trouxe da minha visita a impressão de que os homens tinham plena consciência do valor do trabalho feito pelos cavalos."

As batalhas em torno de Kharkov haviam produzido dois resultados que se mostrariam cruciais para a campanha de Stalingrado. Primeiro, Timoshenko perdera 80% de seus tanques e a maior parte de sua artilharia, assim como grande parte de seus homens. Levaria tempo para compensar essas perdas e com a principal ofensiva alemã prestes a começar, Timoshenko não tinha esse tempo.

O segundo resultado foi que Friedrich Paulus, comandante do 6º Exército alemão, foi elogiado pela imprensa alemã como um novo herói. A decisão do chefe da propaganda Goebbels de dar a Paulus um tratamento de estrela foi, em grande parte, política. Goebbels queria elevar o moral civil na Alemanha após o fracasso em derrotar a Rússia em 1941 e pensou que Paulus seria ideal. O general havia nascido filho de um professor pobre e tinha largado o curso universitário por falta de recursos. Ingressou, então, no exército e abriu caminho através pelas fileiras com trabalho duro e dedicação, ganhando notoriedade em ação nas trincheiras da Primeira Guerra Mundial. Ele poderia, portanto, ser apresentado como um ideal do triunfo sobre a adversidade e como um genuíno herói da classe trabalhadora, além de brilhante exemplo daquilo que os soldados arianos poderiam conquistar contra os russos subumanos. Por outro lado, o outro comandante envolvido, Kleist, era um aristocrata que gozara de todas as benesses da riqueza e do privilégio.

A Ofensiva de Verão Alemã

Com as ofensivas russas destruídas, Bock poderia se concentrar em seus próprios planos e fez um rápido levantamento de suas forças, decidindo que as perdas e contratempos que sofrera não tinham sido graves. A ofensiva principal seria lançada conforme planejado, em 28 de junho.

Soldados de infantaria são atingidos pela artilharia durante combates perto de Kerch, novembro de 1941.

O PLANO AZUL

Primeiramente, a península de Kerch havia sido liberada. Havia três exércitos soviéticos na península, o 44°, o 47° e o 51°, comandados por Dimitri Kozlov, que construíra fortes linhas defensivas após o fracasso de seus ataques no início do ano. Seu oponente, Manstein, iniciara a operação em abril, com bombardeios que reduziram seriamente o fluxo de suprimentos para os russos através do Estreito de Kerch.

Em 8 de maio, a *Luftwaffe* passara a bombardear posições de comunicação do comando soviético, destruindo a maioria delas até o entardecer. No amanhecer do dia seguinte, a ofensiva por terra começou, com os *panzer* abrindo furos nas defesas, já fustigadas pelos bombardeiros de mergulho *Stuka*.

Já quase sem alimentos e munições e, então, sem receber ordens, as forças soviéticas fugiram. Kozlov ordenou, então, que a península fosse evacuada por mar e conseguiu retirar 110 mil homens antes que os tanques alemães capturassem o porto de Kerch em 20 de maio. Os soviéticos perderam 130 mil homens mortos ou capturados. Manstein perdeu apenas 600 homens mortos e 2.600 feridos. Foi um movimento de abertura auspicioso na grande ofensiva de verão.

Um segundo passo preliminar foi dado em 10 de junho, quando os alemães atravessaram o rio Donets, em Izyum, para em seguida virar para o norte em direção a Belgorod, garantindo uma fatia do território na margem leste do rio. Para essa área, rumou não somente o 6° Exército, de Paulus, mas também o 1° Exército *Panzer*, de Kleist. Ao norte do 6° Exército, perto de Kursk, o 4° Exército *Panzer* e o 2° Exército perfilaram-se. Escrevendo de Moscou, um repórter britânico concluiu:

Quando as forças soviéticas retomaram Kerch, em dezembro de 1941, encontraram centenas de civis mortos pelos ocupantes alemães.

CAPÍTULO 4

"O renovado ataque de Von Bock na área de Kharkov era, evidentemente, uma operação preliminar. Seu sucesso foi pequeno e seu custo foi alto. Se e quando uma grande ofensiva vier, essas operações preliminares podem ter roubado muito de sua força. A Rádio de Moscou comentou o fracasso dos panzer contra o novo poder de canhões antitanques e chega à conclusão de que tentativas de penetrações profundas com avanços blindados não são prováveis no futuro. Isso, é claro, significa operações mais lentas que as do ano passado."

Como os acontecimentos mostrariam, tratou-se de mera ilusão ou propaganda por parte dos soviéticos.

O *Stavka* (alto comando militar soviético) registrou o grande número de tanques alemães que destruíram sua ofensiva em Kharkov e concluiu que a principal ofensiva alemã teria lugar nessa área, especulando se ela atacaria o leste para atravessar o Don em Voronezh antes de rumar para o norte até Moscou ou para o sul até as reservas petrolíferas do Cáucaso. Voronezh era ligada a Moscou por uma linha ferroviária que poderia transportar suprimentos e reforços e, assim, Timoshenko recebe ordens de manter a cidade a todo custo.

As primeiras unidades alemãs a se movimentarem foram o 2º e o 4º Exércitos *Panzer*, que atacaram a leste de Kursk. O 40º Exército soviético desmoronou quase que imediatamente quando os tanques de Hoth romperam a linha de frente, passando a acossar e destruir os centros de comando e as linhas de abastecimento. Dois outros exércitos, o 21º e o 28º, foram empurrados de volta, mas conseguiram manter-se razoavelmente intactos. O 13º Exército, no norte, sofreu menos e recuou mais para o norte. Em seguida, o 2º Exército alemão empreendeu uma arremetida curta, mas poderosa, para o norte, como se estivesse rumando para Moscou. O movimento alarmou Stalin, que convocou todas as reservas russas para se concentrarem em torno da capital soviética. A manobra fora, naturalmente, um engodo concebido para obter exatamente esse resultado.

Dois dias depois do primeiro ataque, o 6º Exército e o 1º Exército *Panzer* também se deslocaram. Novamente, se dirigiram para o leste, em direção a Cherkovo. E mais uma vez, a resistência soviética à sua frente ruiu, fazendo com que o avanço alemão enfrentasse pouquíssima resistência. O terreno favorecia os alemães, já que a área consistia em enormes planícies abertas, cobertas por pastagens ou campos de cereais. Não havia pântanos ou florestas para impedir o progresso dos tanques e, apesar do que dizia a Rádio de Moscou, o Exército Vermelho tampouco poderia impedi-los.

Em uma semana, os alemães estavam no Don e cruzaram o rio para tomar Voronezh. Timoshenko tinha ordens para resistir na cidade, então lançou uma contraofensiva que recuperou Voronezh dos alemães, para quem a cidade era apenas um alvo secundário. Então, o 2º Exército *Panzer* girou para sudeste ao longo do Don, removendo a resistência soviética, com o 2º Exército marchando logo atrás para esmagar qualquer oposição remanescente. Os húngaros, por sua vez, traba-

O PLANO AZUL

lhavam na retaguarda do 6º Exército para entrincheirarem-se ao longo do Don em posições defensivas e protegerem o flanco e a retaguarda dos alemães. Ao mesmo tempo, o 1º Exército *Panzer* chegara a Cherkovo e girara para sul em direção a Rostov e ao baixo Don, enquanto o 6º Exército marchava no leste para se unir ao 4º Exército *Panzer*. Nesse ponto, o 17º Exército avançou ao longo da costa do Mar Negro para marchar sobre Rostov, com o objetivo de chegar àquela cidade ao mesmo tempo que o 1º Exército *Panzer*.

A Destituição de Bock

O contra-ataque de Timoshenko em Voronezh teria um profundo efeito na campanha, embora intencional. Bock, comandante do Grupo de Exércitos Sul, ficou impressionado com a força do contra-ataque. Como comandante do Grupo de Exércitos Centro, em 1941, o general vira mais de uma vez como uma poderosa presença soviética em seu flanco havia forçado o avanço alemão a desacelerar e, por vezes, ameaçara interrompê-lo completamente. Bock, portanto, pretendia lidar com o forte efetivo soviético, comandado por Nikolai Vatutin, perto de Voronezh.

Em 12 de julho, Bock sugeriu a Halder no *OKH* que o 2º Exército e parte do 4º Exército *Panzer*, de Hoth, deveriam ser enviados para o norte sobre o Don, para esmagar essa ameaça ao seu flanco. Enquanto isso, o 6º Exército continuaria a descer o rio Don e o restante do 4º Exército *Panzer* correria à frente rumo ao Volga, capturando a faixa de terra entre os dois rios e a cidade de Stalingrado. Considerando que a resistência soviética ao longo do Don não mais existia, o plano tinha seus méritos.

Tanques soviéticos entram em combate em Voronezh, julho de 1942. A contraofensiva soviética ali retardou o avanço alemão inicial rumo a Stalingrado.

CAPÍTULO 4

O pedido de Bock despertou a fúria de Hitler. Bock era, sem dúvida, um dos altos comandantes mais talentosos da Alemanha, mas já havia enfurecido Hitler duas vezes. A primeira rixa deu-se em agosto de 1941, quando Hitler ordenou aos *panzer* de Guderian que rumasse para o sul e ajudassem Rundstedt em Kiev. Bock argumentou longa e enfaticamente que Rundstedt deveria lutar suas próprias batalhas e Guderian deveria seguir pela estrada aberta até Moscou. Naquele momento da guerra, Hitler ainda estava aberto a propostas alternativas apresentadas por seus generais, mas estava se tornando intolerante com aqueles que não concordavam com ele após ter tomado sua decisão e Bock continuou argumentando por mais tempo do que seria sensato fazê-lo.

A segunda rixa parece ter sido mais grave, pelo menos para Hitler, embora tivesse sido aparentemente menos dramática e, certamente, mais curta. Durante o inverno de 1941, Bock enviara um protesto formal por escrito ao *OKW* sobre a maneira como a *SS*, a *Gestapo* e outras unidades paramilitares vinham tratando a população civil em áreas conquistadas da União Soviética. Este tratamento era excessivamente brutal, com execuções em massa de judeus, estupros e assassinatos generalizados e o uso de trabalho escravo em condições terríveis sendo lugar-comum. Ao contrário de muitos oficiais do exército mais abaixo na cadeia de comando, Bock tinha de saber sobre esses fatos. O general considerava essas manifestações físicas da ideologia racial nazista não só moralmente erradas, mas

Fedor von Bock liderou a campanha de 1942, até ser destituído por Hitler.

também militarmente contraproducentes, porque atiçavam a resistência.

Hitler, é claro, respaldava totalmente os assassinatos, as mortes e maus-tratos dos russos "subumanos" e ficou furioso com o protesto de Bock.

O pedido de Bock para retornar a Voronezh veio em um momento particularmente ruim, quando Hitler estava esfuziante com os relatórios de colapso da resistência soviética ao longo de toda a frente sul. Vastas novas conquistas estavam sendo feitas e avanços enormes sendo empreendidos. Um Hitler furioso destitui Bock sem hesitar. Daquele momento em diante, List, comandante do Grupo de Exércitos A, e Weichs, comandante do Grupo de Exércitos B, passariam a ser

O PLANO AZUL

totalmente independentes, sem nenhum comandante geral do Grupo de Exércitos Sul coordenando as suas ações.

A Crescente Importância de Stalingrado

Quatro dias depois de Bock ser demitido, o *Stavka* soviético emitiu ordens para as autoridades em Stalingrado. A cidade deveria estar preparada para se defender. Esse foi o primeiro sinal dado pelo *Stavka* de que um avanço contra Stalingrado era considerado uma possibilidade real. Quando as autoridades locais começaram a evacuar mulheres e crianças, barricar as ruas e estocar alimentos, ordens foram dadas para que reservas fossem transferidas para a cidade.

O general Vasily Chuikov ainda estava tentando reorganizar o 64º Exército soviético em em Tula quando recebeu ordens de prosseguir para Stalingrado até 19 de julho e assumir posições defensivas.

No ato, Chuikov percebeu que as ordens eram impossíveis. Não somente a maioria dos homens era de reservistas que mal se acostumaram aos uniformes que vestiam, independente de suas habilidades em manobras táticas, como tiveram de marchar 200 quilômetros a pé em apenas dois dias. Bravamente, o general objetou as ordens. Em resposta, foi dito a ele que poderia se posicionar, então, até 21 de julho. Na verdade, Chuikov só chegaria a seu destino em 23 de julho. Outras tropas também foram aparecendo. Quando chegou, Chuikov encontrou o 21º Exército soviético ocupando posições ao norte de Stalingrado. A defesa Soviética ainda estava incompleta e não teria sido capaz de resistir a nem sequer um exército alemão, mas foi se fortalecendo a cada dia.

Com Bock fora do caminho, Hitler começou a intervir ainda mais do que o habitual na condução da campanha. Em 23 de julho, novas ordens foram enviados para a List e Weichs. List informou que enfrentava uma crescente resistência na área aberta em frente a Rostov. Hitler também notara que seus exércitos já não conseguiam fazer prisioneiros em grandes números, como fora a regra em 1941. Isto deveu-se em parte ao fato de haver menos soldados soviéticos na área e em parte à manobra de Timoshenko, que recuou em vez de ficar e ser cercado. Agora Hitler percebia uma chance de infligir graves perdas aos soviéticos e ordenou ao 4º Exército *Panzer*, de Hoth, que girasse para o sul e atacasse Rostov pelo leste, cercando os soviéticos que enfrentavam o 1º Exército *Panzer*, de Kleist, e o 17º Exército. O 6º Exército continuaria a pé rumo ao leste, para capturar Stalingrado.

Yasily Chuikov comandou a defesa de Stalingrado.

75

CAPÍTULO 4

Essa ordem foi crucial por dois motivos. Primeiro, afastou Hoth de seu objetivo principal de dominar a linha Don-Volga. Originalmente, caberia aos rápidos e contundentes *panzer* a tarefa de capturar e estabelecer um flanco defensivo, com a infantaria assumindo quando as posições tivessem sido consolidadas. Segundo, foi a primeira vez que a captura de Stalingrado se tornara, de fato, um objetivo principal. Antes disso, o objetivo mais importante seria capturar a margem sul do Volga, com a tomada de Stalingrado sujeita às possibilidades.

Se o motivo da primeira alteração pode ser facilmente entendido (o desejo de Hitler de uma vitória em Rostov), os motivos da segunda não são tão claros. Em retrospecto, a decisão de atacar e capturar Stalingrado se mostraria um grande erro e, sendo assim, os generais alemães que sobreviveram à guerra estavam ansiosos por evitar responsabilidades e pôr a culpa em Hitler. Alguns sugeriram que Hitler acreditava que a linha do baixo Volga não poderia ser defendida de contra-ataques soviéticos, a menos que Stalingrado fosse capturada primeiro. Outros teorizaram que foi o nome da cidade que atraiu Hitler. A cidade recebera o nome de Tsaritsyn quando foi fundada em 1589, mas após a queda do regime tsarista, foi renomeada para homenagear Stalin, assim como São Petersburgo foi renomeada para homenagear Lenin. Outra escola de pensamento apregoa que Hitler queria lançar uma ofensiva até o vale do Volga em 1943 e

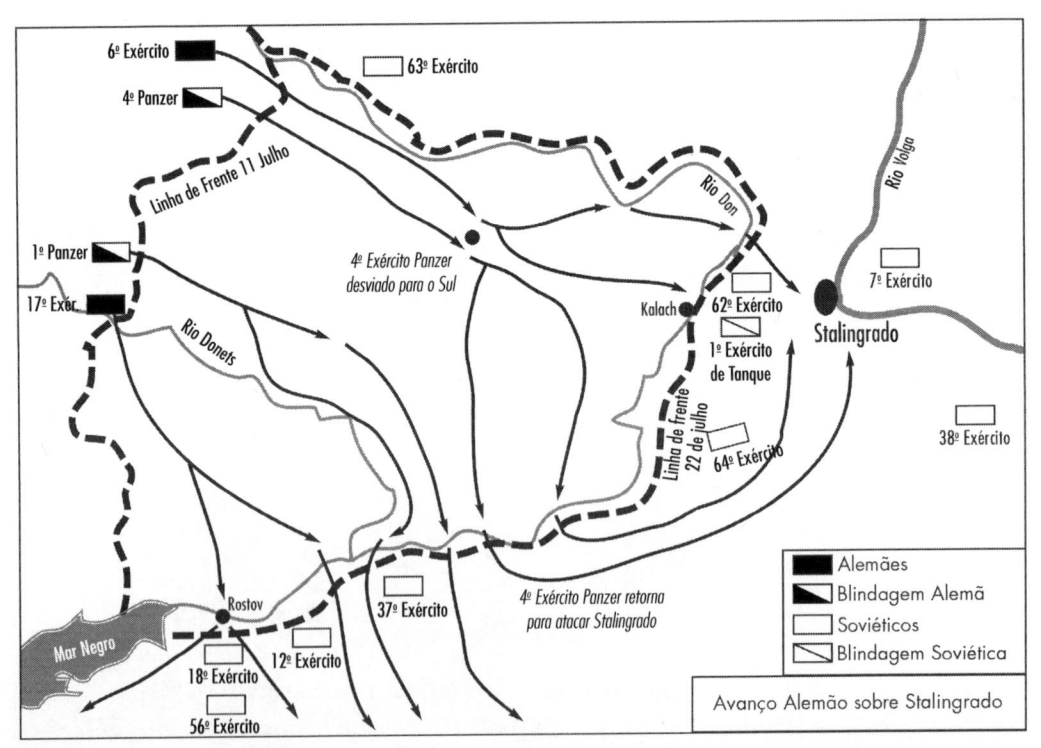

O avanço alemão contra Stalingrado foi interrompido pelo desvio do 4º Exército Panzer para Rostov e o baixo Don.

via a captura de Stalingrado como uma medida preventiva necessária.

Há sempre a tentação de explicar grandes eventos em função de grandes ambições, mas a verdade sobre Stalingrado pode ser muito mais simples. Nas ordens de 23 de julho, Stalingrado era apenas um entre muitos outros alvos e objetivos. Não tinha nenhuma prioridade óbvia sobre os demais. Pode ser que a primeira tentativa fracassada de capturar a cidade tivesse redundado no envio de reforços para fazer uma segunda tentativa, que também fracassou. Mais reservas foram, então, enviadas para compensar as falhas anteriores. Dessa forma, mais e mais homens e recursos foram comprometidos, um a um, até que a batalha assumiu uma prioridade própria, que nada tinha a ver com o valor real do suposto objetivo. Prestígio e teimosia se tornaram o motivo de a batalha continuar, não a captura de Stalingrado em si.

Não seria a primeira vez que algo assim aconteceria. A grande batalha de Gettysburg, que decidiu a guerra civil americana, foi outro exemplo. Um regimento de soldados confederados invadira a cidade para capturar uma fábrica de calçados, que eram escassos entre eles. Antes que pudessem levar os sapatos, foram expulsos por uma divisão da União. Os confederados chamaram reforços e contra-atacaram, fazendo com que os unionistas convocassem seus próprios reforços. Não demorou muito para que os dois exércitos principais estivessem envolvidos em um combate mortal que não haviam previsto, nem queriam. Parece que a mesma coisa aconteceu em Stalingrado.

Hermann Hoth (primeiro plano) comandou o 4º Exército Panzer.

Quando recebeu os despachos de 23 de julho, Hoth estava indo para Kalach, já no caminho para Stalingrado. O general, então, se voltou para o sul em direção ao baixo Don e se posicionou na retaguarda dos soviéticos que enfrentavam Kleist. No entanto, Timoshenko havia ordenado a seus homens que recuassem novamente e abandonassem o Don inteiramente. Quando Hoth chegou, não havia nenhum soviético à vista, nem sequer para combater. Em vez disso, deu de frente com os tanques de Kleist, que se espalhavam ao longo do Don em busca de uma ponte intacta ou um baixio que pudessem usar. Kleist ficou furioso. Após a guerra, ele escreveu:

> "O 4º Exército Panzer estava avançando naquela linha, à minha esquerda. Poderia ter tomado Stalingrado sem luta no final de julho, mas foi desviado para o sul para me ajudar na travessia do Don. Eu não precisava dessa ajuda, que só serviu para congestionar as estradas que eu estava usando. Quando rumou para o norte novamente, duas semanas mais tarde, os russos já haviam reunido forças suficientes em Stalingrado para um confronto."

Na verdade, Kleist já pusera infantaria e blindados às margens do rio em 25 de julho e, quando Hoth chegou, os engenheiros se ocupavam da construção ou do reparo de pontes. Os primeiros *panzer* atravessaram o rio em 27 de julho. Em 29 de julho, Hoth recebeu novas ordens. Deveria deixar a 16ª Divisão Motorizada em Elista para cobrir a brecha entre os dois exércitos de tanques e, em seguida, levar a maior parte de suas forças para o norte e atacar Stalingrado pelo sul, enquanto Paulus e seu 6º Exército atacaria pelo oeste.

A Corrida pelo Petróleo

Enquanto Hoth se voltava para o norte rumo a Stalingrado, o Grupo de Exércitos A avançava em direção ao seu objetivo de capturar os campos petrolíferos, com Kleist e seus *panzer* na liderança. Aparentemente, sua tarefa seria simples. O terreno à sua frente era bem aberto e ideal para a guerra de tanques. Além disso, as forças soviéticas, após expulsas de Rostov, dificilmente oporiam qualquer resistência. O ritmo do avanço acelerou. Em 29 de julho, caiu Proletarskaya; em 31 de julho, Salsk; em 5 de agosto, Stavropol; em 7 de agosto, Armavir; e em 9 de agosto, os alemães entravam nos campos petrolíferos de Maikop. Os russos, é claro, haviam destruído o equipamento de perfuração e refinação de petróleo tanto quanto puderam, mas seria apenas uma questão de poucas semanas até que os engenheiros alemães pusessem tudo funcionando novamente.

Na realidade, a tarefa designada a Kleist estava sendo alterada de tal forma que se tornaria efetivamente impossível. O mesmo conjunto de ordens que havia mencionado pela primeira vez a captura de Stalingrado também ampliou a abrangência do avanço no sul. Hitler, agora, queria que o Grupo de Exércitos de List capturasse não apenas os campos petrolíferos, mas todo o Cáucaso, até as fronteiras turca e persa, e o leste do Mar Cáspio. Essa era uma tarefa muito maior para List, mais até do que se podia ver num mapa. Sua intenção fora tomar os campos petrolíferos e, em seguida, garantir suas conquistas empurrando os russos sem munição para as colinas e montanhas, onde enfrentariam um inverno de fome. Agora, teria que persegui-los nas montanhas, naquilo que seria uma campanha muito dura.

Não só List recebera uma tarefa muito maior, como as ferramentas com que podia contar para realizá-la estavam sendo tiradas dele. Manstein e seu 11º Exército foram enviados para o norte para engrossar o cerco a Leningrado. Para piorar, duas das melhores Divisões de *Panzergrenadiere* (infantaria motorizada) também deveriam se separar do Grupo de Exércitos A

O PLANO AZUL

Tropas alpinas alemãs perto Teberda, no Cáucaso, no verão de 1942. As unidades alpinas de elite usavam armas leves, adequadas às trilhas das montanhas.

no final de agosto. Em 19 de agosto, os Aliados haviam atacado o porto francês de Dieppe com tanques, artilharia e forte apoio naval e aéreo. O ataque foi repelido com grandes perdas, mas Rundstedt, agora em comando na França, temia que esse fosse o primeiro de uma série de ataques desse tipo. Hitler concordou e enviou-lhe duas divisões de *panzergrenadiere* para reforçar as defesas da costa ocidental.

Walter Warlimont, segundo em comando do *OKW* na época, foi mordaz sobre essa decisão após a guerra.

"Hitler frequentemente subestimava os russos. O pior erro desse tipo aconteceu em agosto de 1942 quando, por conta dos desembarques em Dieppe, Hitler perdeu a calma e ordenou que as às divisões SS-Leibstandarte e Gross-Deutschland fossem transferidas para oeste. Apesar das objeções de Haider (chefe do OKH) e de Jodl (chefe de operações da OKW), Hitler insistiu em sua ordem. Somente a Leibstandarte nunca chegaria realmente à Frente Ocidental. A Gross Deutschland ainda estava na Rússia quando foi transferida novamente para o Grupo de Exércitos Centro. Foi um grande erro."

List fez objeções a Haider, que passou as dúvidas de List para Hitler. Mais uma vez, Hitler não quis ouvir e respondeu que o 8º Exército italiano, o 2º Exército húngaro e os 3º e 4º Exércitos romenos estavam rumando para sudeste para aderir à campanha, o que compensaria com folga as unidades removidas. No papel, isso era verdade, mas essas unidades aliadas eram seriamente deficientes em termos de equipamentos e treinamento. Em particular, tinham pouca artilharia e quase nenhuma arma especializada antitanque. Os generais alemães do alto escalão estavam bem cientes dessas deficiências e, para acalmar seus temores, Hitler prometeu que o 6º Exército alemão de elite defenderia a ligação por terra entre o Don e o Volga, cabendo a seus aliados apenas defender as linhas pluviais, onde poderiam contar com a vantagem adicional de fortes defesas naturais à sua frente. Não só isso, mas algumas unidades alemãs seriam postas em reserva na retaguarda, para fechar qualquer brecha que surgisse.

Rumo a Stalingrado

Fatalmente, as coisas não funcionaram como Hitler planejara. Enquanto Hoth e seu 1º Exército *Panzer* prosseguiam em seu infrutífero avanço ao sul para Rostov, o 6º Exército avançava o mais rápido que podia. Com sua infantaria, Paulus não estava realizando a tarefa de avançar ligeiro que deveria ter sido cumprida por Hoth, enquanto sua própria tarefa de limpar bolsões de resistência foi repassada para os romenos, cuja missão deveria ter sido apenas manter a linha defensiva estabelecida pelo 6º Exército. Os resultados seriam fatais.

Enquanto avançava rápido ao longo do Don, o 6º Exército deixou atrás de si vários pequenos bolsões de russos na margem sul. Essas áreas estavam isoladas em curvas contorcidas e continha apenas um pequeno número de soldados do Exército Vermelho, batidos e alquebrados pelo avanço alemão. Em sua pressa de chegar ao Volga e a Stalingrado, Paulus achou por bem ignorá-los. Pelo padrão da *blitzkrieg*, bolsões como esses seriam eliminados pelo avanço da infantaria na retaguarda. Mas agora os romenos eram essa infantaria e suas ordens não haviam mudado. Eles ainda deveriam simplesmente entrincheirar-se e fortalecer as linhas deixadas para eles pelos alemães. Assim, os bolsões soviéticos na margem sul do Don persistiram.

Os homens de Paulus estavam ficando cansados, por causa da marcha constante. A resistência russa era tão fraca quanto aquela que Kleist encontrara no sul, porém as ocasionais ações soviéticas na retaguarda, em cidades pequenas ao longo do caminho, obrigavam os alemães a deixarem de marchar para combater e depois marchar de novo, com exaustiva frequência. A necessidade de avançar em velocidade fez com que, muitas vezes, várias unidades não conseguissem voltar devidamente à formação de marcha antes de avançar, tornando qualquer manobra seguinte ainda mais confusa e irritante. No momento em que o 6º Exército cruzou a curva do Don para o sul, o exército estava altamente desorganizado e desorientado, sem nenhuma condição de lutar uma batalha importante.

Em 25 de julho, Paulus estava sobre o Don e decidiu tentar chegar a Stalingrado sem primeiro esperar e reorganizar seu disperso 6º Exército e, sendo assim, avançou suas divisões conforme chegavam. Entretanto, pela primeira vez, os soviéticos estavam entrincheirados e lutando vigorosamente. Após quatro dias, Paulus cancelou o assalto para esperar a chegada de Hoth e seus tanques. Hoth assumiu posição em 14 de agosto e a grande ofensiva para capturar Stalingrado, dominar a margem sul do Volga e iniciar o avanço para Astrakhan estava programada para começar em 19 de agosto.

Enquanto isso, no sul, Kleist estava louco de raiva. Durante sua longa e rá-

O PLANO AZUL

pida arremetida para os campos petrolíferos, o general recebera ajuda do 8º Corpo da *Luftwaffe*. A força aérea havia sido de valor inestimável. Aviões de reconhecimento voaram muito à frente dos *panzer*, localizando forças soviéticas e descobrindo que pontes estavam intactas e que estradas estavam desobstruídas. Os bombardeiros, especialmente os *Stuka*, atacaram pontos fortificados soviéticos, abrindo um caminho através do qual os tanques puderam avançar em velocidade e sem baixas. Os caças haviam dominado os céus, derrubando qualquer aeronave soviética que ousasse decolar. A unidade era comandada por Wolfram Freiherr von Richthofen, primo do famoso Barão Vermelho da Primeira Guerra Mundial, que insistia em um alto padrão de treinamento de seus homens na cooperação com o exército.

Agora, Richthofen e suas aeronaves eram tirados de Kleist e enviados para o norte para se juntarem à nova ofensiva contra Stalingrado. Falando depois da guerra, Kleist disse:

"A causa final do insucesso foi que minhas forças foram removidas, pouco a pouco, para ajudar no ataque a Stalingrado. Além de parte da minha infantaria motorizada, tive de desistir de todo o meu corpo antiaéreo e toda minha força aérea, além dos esquadrões de reconhecimento. Essa subtração contribuiu para o que, na minha opinião, foi uma causa adicional do fracasso. Os russos de repente concentraram uma força de 800 bombardeiros em minha frente, operando de aeródromos próximos a Grozny. Embora apenas aproximadamente um terço desses bombardeiros estivesse em ordem, foi o suficiente para frear meu avanço, ainda mais considerando minha falta de armas antiaéreas e caças."

Os problemas de Kleist eram graves e ficavam cada vez piores. Mas não foram nada comparados ao que estava prestes a acontecer com Paulus e Hoth em Stalingrado.

Wolfram von Richthofen (à direita) comandou a *Luftwaffe* na campanha de Stalingrado.

CAPÍTULO 5

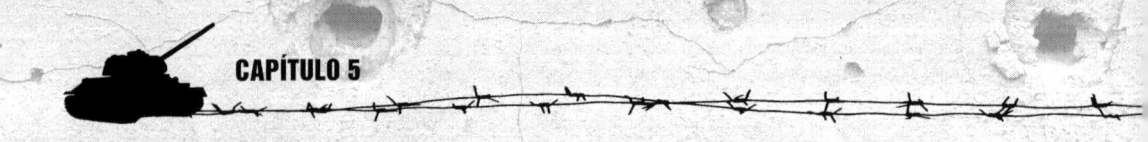

5. EM STALINGRADO

Conforme progredia o avanço dos alemães rumo a Stalingrado, estes rapidamente perdiam o que tinha sido, até aquele momento, uma de suas principais vantagens na guerra contra a Rússia. A guerra até aquele instante tinha sido caracterizada por avanços radicais alemães, liderados por unidades panzer que se moviam de forma rápida e, no que tange aos soviéticos, inesperada. Uma divisão de blindados poderia estar rumando para nordeste de manhã e, de repente, mudar de direção para o sudeste na hora do almoço, correr e destruir uma força russa que esperava apenas uma tarde tranquila. A flexibilidade do avanço alemão também funcionou numa escala maior. A captura de 600 mil soviéticos em Vyazma foi tanto resultado de mudanças de rumo dos alemães quanto de seu do poder de fogo.

EM STALINGRADO

Vantagens Perdidas

Nos estágios iniciais da campanha de 1942, os russos reagiram com cautela ao avanço alemão, porque sabiam que os *panzer* poderiam mudar de direção sem aviso prévio. Foi por isso que Stalin insistiu em manter suas principais reservas perto de Moscou, e Vatutin estava tão ansioso em recapturar e depois defender Voronezh. Ao manterem as forças soviéticas dispersas, os alemães tornaram sua própria tarefa muito mais fácil. Eles poderiam atacar através de setores fracamente defendidos da frente, cercar áreas fortemente defendidas e, depois, repetirem todo o processo adiante. Os comandantes soviéticos foram incapazes de usar seus números superiores de modo eficiente. Os alemães puderam escolher quando e onde atacar, reunindo suas unidades no ponto crucial, que eles chamavam de *Schwerpunkt*, para alcançar uma superioridade esmagadora de números e poder de fogo no setor que mais importava. ▶

Soldados alemães, tripulando uma peça de artilharia leve, vigiam o Volga perto de Stalingrado, outono de 1942.

CAPÍTULO 5

Entretanto, conforme ficava cada vez mais claro que a ofensiva estava se voltando para Stalingrado, todas essas vantagens foram perdidas. Em vez de manterem suas reservas dispersas para cobrir as várias opções de avanço dos alemães, os soviéticos agora podiam concentrar suas reservas e forças no caminho que os alemães necessariamente seguiriam. Dada a posição de Stalingrado no Volga, com o Don a apenas 64 km a oeste, a margem de manobra dos alemães ficava cada vez mais restrita conforme se aproximavam da cidade.

Cada ataque levava as forças alemãs para mais próximo da cidade, mas com custos cada vez mais altos e ganhos cada vez menores. Os alemães agora sabiam que era impossível abrir uma brecha nas defesas russas pela qual as unidades motorizadas pudessem passar. Esse não era um estilo de luta para o qual os alemães estavam equipados ou treinados. O, um tanto antiquado, Exército Vermelho estava mais preparado para essas arremetidas contundentes do que os alemães. E as coisas só iriam piorar.

Havia outra grande desvantagem com que os alemães tinham de lidar conforme avançavam para Stalingrado, embora demorassem a perceber. Em uma *blitzkrieg* de blindados, a principal força militar era concentrada na ponta do avanço. Era ali que os poderosos tanques eram necessários para explodir as forças de oposição em pedaços, irromper pelas posições defensivas e espalhar destruição o mais amplamente possível. Por trás desse punho blindado se estendia um longo braço composto de unidades de infantaria e artilharia menos eficazes. Sempre houvera uma preocupação entre os generais de espírito mais convencional de que se o punho avançasse muito à frente do braço, seria cercado e destruído. Essas preocupações vieram à tona durante a ocupação da Polônia e, mais seriamente, durante a invasão da França, quando mais de uma vez os *panzer* receberam ordens de parar temporariamente. Na prática, porém, desde que as unidades blindadas no punho fossem mantidas em movimento e ao inimigo não fosse dada nenhuma chance de se reagrupar ou reorganizar, não havia perigo de cerco.

No avanço lento para Stalingrado, todavia, o punho blindado não estava se mantendo em movimento, nem aos soviéticos foi negada a chance de se concentrarem e se organizarem. Em 1939 a situação teria causado preocupação no *OKH*, embora talvez nem tanto entre as tropas que avançavam. Em 1942, a situação era diferente. Os generais tinham se acostumado a pontas de lança blindadas seguramente protegidas contra ataques pelos flancos e, assim, demoraram a perceber o perigo. Talvez o mais importante tenha sido o fato de Hitler já ter destituído, até aquela data, a maioria dos oficiais mais convencionais no *OKH* e no *OKW*, e ter intimidado até a subserviência aqueles que foram deixados em seus postos.

"Nem um Passo para Trás"

Enquanto isso, a abordagem soviética da defesa de Stalingrado foi endurecendo. Em 22 de julho, Stalin e seu chefe de estado-maior, o marechal Aleksandr Vasilevsky, haviam elaborado a Ordem Geral nº 227 do *Stavka*. Essa seria conhecida mais tarde como a ordem "Nem um passo para trás" e era uma peça verdadeiramente aterrorizante de disciplina militar. Depois de um preâmbulo esboçando o curso da guerra até aquele momento, a ordem ia direto ao assunto.

> "Não há ordem e disciplina em companhias, batalhões, regimentos, unidades de tanques e esquadrilhas. Esta é a nossa principal deficiência. Devemos estabelecer em nosso exército a ordem mais rigorosa e sólida disciplina, se quisermos salvar a situação e proteger nossa Pátria. É impossível tolerar comandantes e comissários permitindo que unidades deixem suas posições. É impossível tolerar comandantes e comissários que admitem que alguns disseminadores de pânico determinem a situação no campo de batalha, levando consigo outros soldados na fuga e abrindo a frente para o inimigo. Disseminadores de pânico e covardes devem ser exterminados onde estiverem. Doravante, a lei sólida de disciplina para cada comandante, soldado do Exército Vermelho e comissário deve ser a norma – nem um passo para trás, sem ordem do alto comando.
>
> **Portanto, todos os comandantes do exército deverão:**
>
> *a)* Remover incondicionalmente de seus corpos e exércitos quaisquer comandantes e comissários que aceitaram o recuo de tropas de posições ocupadas sem ordem do comando do exército e encaminhá-los aos conselhos militares nas frentes para corte marcial;
>
> *b) Formar, dentro dos limites de cada exército, de 3 a 5 pelotões de defesa bem armados (até 200 pessoas em cada), colocá-los diretamente atrás de divisões instáveis e obrigá-los, em caso de pânico e retiradas dispersas de elementos das divisões, atirar nos disseminadores de pânico e covardes e, assim, ajudar os soldados honestos da divisão a levarem a cabo seu dever para com a Pátria;*
>
> *c) Formar, dentro dos limites de cada exército, até 10 (dependendo da situação) companhias penais (de 150 a 200 pessoas em cada) às quais serão designados soldados comuns e comandantes de baixo escalão que tenham sido considerados culpados de violação da disciplina por covardia ou confusão, e colocá-los em setores difíceis do exército para dar-lhes uma oportunidade de redimir com sangue seus crimes contra a Pátria."*

A implementação dessa ordem provaria ser extremamente sangrenta. Sempre que um ataque era ordenado, haveria um "pelotão de defesa" armado com metralhadoras, ou um tanque posicionado logo atrás da unidade atacante. Qualquer homem que fosse visto recuando seria morto a tiros e se fosse considerado que a unidade não atacava com suficiente vigor, o pelotão de defesa abriria fogo.

Não era incomum que uma unidade do Exército Vermelho se visse metralhada pelos alemães à frente e por seus próprios companheiros por trás. Houve ocasiões em que batalhões inteiros foram dizimados desta maneira.

CAPÍTULO 5

O massacre não parou por aí. Como tanto oficiais quanto soldados sabendo que seriam baleados no ato se mostrassem qualquer sinal que pudesse ser interpretado como covardia, ordens para atacar não podiam ser questionadas, muito menos desobedecidas. Durante o avanço para Stalingrado, uma unidade alemã se viu atacada por um regimento soviético cujas tropas arremeteram para frente sem disparar suas armas. Os alemães ceifaram os infelizes russos às centenas. Posteriormente, alguns dos menos gravemente feridos foram levados para interrogatório. Verificou-se que os homens não haviam disparado suas armas porque tinham sido enviados para o ataque sem nenhuma munição. O oficial alemão que escreveu o relatório expressou sua surpresa e desgosto com o fato de os russos estarem dispostos a desperdiçar a vida de seus homens de forma tão brutal e sem sentido.

As companhias penais provaram ser outro método pelo qual os soviéticos infligiram pesadas baixas em si mesmos. Muitos comandantes do alto escalão consideravam que os homens enviados para companhias penais tinham sorte de não terem sido fuzilados e, assim, designavam-lhes missões quase suicidas. Alguns eram postos para trabalhar cavando valas antitanque quando os *panzer* já se aproximavam. Outros tinham a tarefa de limpar campos minados alemães marchando através eles para detonar as minas. Não foi surpresa que o número de baixas fosse espantosamente alto e, em muitos casos, atingisse 100% em apenas alguns dias. Ao todo, 422 mil homens do Exército Vermelho foram enviados para as companhias penais. Mais tarde na guerra, os soviéticos esvaziariam as prisões e enviariam os presos para a frente para servir e morrer em companhias penais. Estima-se que 850 mil civis tenham morrido dessa forma.

O entusiasmo com que o *NKVD* (Comissariado do Povo para Assuntos Internos) levou a cabo as ordens de Stalin de acabar com a covardia e destruir espiões foi ainda mais longe. O quartel-general de cada divisão soviética tinha uma força anexada de 20 agentes do *NKVD* e 30 homens liderados por um oficial superior do *NKVD*. Essa unidade deveria construir uma rede de informantes em toda a divisão, utilizando-os para reprimir conversas derrotistas, atividades anticomunistas e covardia, com direito a julgar e executar qualquer membro da divisão sem consultar o oficial comandante general. Agentes do *NKVD* estavam sob intensa pressão para acabar com a covardia e o derrotismo e, assim sendo, muitos expressavam seu zelo pelo número de homens que executavam.

Fortaleza Stalingrado

Os civis soviéticos também começaram a sofrer. A evacuação da cidade, prática usual quando os alemães se aproximavam, foi interrompida. Em vez disso, os civis foram organizados em "unidades de trabalho", baseadas no local em que moravam, e enviados para fora da cidade. Lá, recebiam pás, picaretas e outras ferramentas e recebiam ordens de ajudar o exército a preparar suas defesas. Valas antitanque de 1,8 metros de profundidade foram escavadas para deter os temidos *panzer*. Edifícios e árvores foram removidos para proporcionar áreas de

EM STALINGRADO

Civis constroem defesas antitanque perto de Stalingrado. A parede vertical de terra era alta demais para que os panzer alemães atravessassem.

disparo desimpedidas para as armas antitanque.

Árvores também foram serradas e usadas na construção de *bunkers* e plataformas de armas. As rações fornecidas às unidades dos trabalhadores eram básicas ao extremo, e fome e doença eram comuns. Além disso, o *NKVD* havia confiscado todos os barcos no rio Volga para seus próprios fins, tornando impossível a evacuação de crianças e idosos. Aproximadamente 400 mil civis ainda estavam na cidade.

Nessa época, houve uma mudança de comando no Exército Vermelho. Timoshenko foi transferido para o norte, para um setor calmo da linha, e foi substituído por Andrey Yeremenko. A administração civil da cidade foi posta nas mãos de Nikita Khrushchev, que escapara por pouco de ser capturado em Kiev. Juntos, os dois homens começaram a planejar a defesa de Stalingrado e começaram a conversão da própria cidade em uma base fortificada, incluindo as defesas estáticas circundantes. Algumas ruas foram obstruídas para bloquear os veículos alemães, enquanto outras foram deixadas abertas para atrair o inimigo e levá-lo a emboscadas cuidadosamente preparadas.

Casas e fábricas foram destruídas para que pudessem ser convertidas em ninhos de metralhadoras e posições de canhões antitanque. Buracos foram feitos nas paredes entre as casas, muitas vezes em sótãos ou porões, de modo que os homens pudessem passar facilmente de uma casa para outra, indo de um extremo ao outro, ou de um lado ao outro de uma rua, sem realmente emergirem.

CAPÍTULO 5

Nikita Khrushchev (esquerda) e Andrei Yeremenko (direita) foram responsáveis, respectivamente, pelas forças civis e militares em torno de Stalingrado.

O Ataque Começa

Em 19 agosto de 1942, o tempo esgotou-se para os russos. Os alemães estavam a caminho.

Dois exércitos alemães foram envolvidos no ataque a Stalingrado. O primeiro foi o 6º Exército, comandado por Paulus; o segundo, o 4º Exército *Panzer*, comandado por Hoth. Embora os *panzer* devessem proporcionar o impacto da ofensiva principal, Paulus era o general mais graduado e, portanto, a operação estava sob seu comando. Paulus operava sob controle geral de Weichs, no Grupo de Exércitos B, e todos respondiam ao *OKH* e, portanto, a Hitler, que interferiu desde o início. Quando as coisas estavam indo bem nos três primeiros anos da guerra, o ditador alemão contentara-se em decidir sobre a estratégia geral como um todo e deixar os detalhes táticos para seus generais. Era assim que o sistema militar alemão deveria operar, com o homem no local decidindo a melhor forma de atingir os objetivos estabelecidos para ele com os recursos à sua disposição.

Entretanto, com a comunicação por rádio permitindo acesso instantâneo a informações e ordens, Hitler era capaz de tomar conhecimento das implementações táticas em nível de regimentos e, conforme a maré da guerra virou contra a Alemanha, ficou cada vez mais inclinado a se envolver nos detalhes das decisões táticas. Isso levou seus generais à distração. Hitler interferia constantemente em qualquer situação pela qual se interessasse; em outras áreas, porém, adiava decisões por não ter tempo para tomá-las. Assim, oportunidades cruciais foram perdidas e erros foram cometidos. A campanha de Stalingrado demonstra-

EM STALINGRADO

ria esses aspectos do controle cada vez maior de Hitler sobre assuntos militares – e a tendência só passaria a piorar.

O plano preparado por Paulus envolvia uma ofensiva convencional contra uma defesa preparada. Em seu centro, posicionou as nove divisões de infantaria do 6º Exército. Em seu flanco norte, posicionou três divisões *panzer* e duas divisões de infantaria motorizada. No flanco sul, posicionou duas divisões *panzer* e duas divisões motorizadas. Paulus contava com a preponderância da força. Os soviéticos tinham aproximadamente 50 mil homens na margem oeste do Volga: Paulus contava com pelo menos o dobro de homens posicionados.

A posição soviética a ser atacada estava a aproximadamente 80 quilômetros adiante, mas como se curvava para adiante em direção aos alemães, a distância ao longo da frente real era de 129 quilômetros. A esquerda, ou extremo sul, da linha ficava no Volga; a direita, no Don. Dentro deste meio anel defensivo estavam o 62º Exército e o 64º Exército, além de várias brigadas e divisões díspares que foram recuadas para Stalingrado conforme os alemães avançaram para o vale do Don.

As forças soviéticas na região eram comandadas por Andrey Yeremenko, mas não demorou muito até que Stalin seguisse sua prática usual de enviar um comandante confiável para assumir o controle temporário de um ponto de crise. Nesse caso, enviou Georgy Zhukov, que organizara a defesa de Moscou no inverno anterior e, desde então, dividia seu tempo entre Moscou e setores da frente no norte. Zhukov trouxe consigo um especialista em artilharia, Nikolai Voronov, e o comandante da força aérea, Novikov. A mão firme e impiedosa de Zhukov estaria claramente visível em muito dos acontecimentos que sucederam.

O ataque alemão logo passou a ter problemas, particularmente os tanques no lado sul, perto do Lago Sarpa. Os generais soviéticos e alemães puseram a culpa no comportamento cauteloso das tropas na linha de frente, especialmente os *panzer*. Muitos homens acreditavam que a guerra estava quase terminada.

Zhukov (à esquerda) planejou a defesa soviética no Volga.

CAPÍTULO 5

General Walther von Seydlitz (segundo à direita), que liderava o LI Corpo do 6º Exército. Foi capturado em Stalingrado e desertou para os soviéticos.

Parecia haver uma relutância em correr riscos fatais quando todos poderiam estar voltando para casa e suas famílias em poucas semanas. Havia também o fato de Hitler ter ordenado a Hoth que desviasse um de seus três corpos para o sul do Cáucaso. Seja qual for a razão para o início lento, os alemães logo retomaram o passo.

Os principais sucessos foram obtidos pelo XIV *Corpo Panzer*, comandado pelo general Gustav von Wietersheim. Operando na extrema esquerda da linha alemã, Wietersheim atravessou as defesas soviéticas e avançou rapidamente através das pastagens levemente onduladas à sua frente. Ao anoitecer, rumou para os subúrbios ao norte de Stalingrado. No dia seguinte, a principal unidade de Wietersheim, a 16ª Divisão *Panzer*, comandada pelo general Hans-Valentim Hube, chegou ao rio Volga no norte da cidade. Os canhões dos *panzer* dominaram toda a vasta largura do rio, afundando sete barcaças ou outras embarcações nas primeiras horas. Uma delas era uma balsa levando mulheres e crianças para segurança na margem leste. Os alemães fizeram um cessar-fogo para permitir que os russos montassem um esforço de resgate. Foi um incidente raro de cavalheirismo na Frente Oriental.

Correndo para aproveitar a brecha criada pelos tanques, vieram a infantaria e a artilharia do 51º Corpo, um dos quatro corpos do 6º Exército. Esse corpo era comandado pelo general Walther von Seydlitz, membro de uma das famílias de militares mais famosas da Alemanha. Conforme a infantaria surgia nas margens do Volga, Paulus acreditou que seu plano dava frutos e que a cidade logo seria sua.

Para abrir caminho até a cidade, Paulus pediu a Richthofen que bombardeas-

EM STALINGRADO

se a cidade e suas defesas. O ataque foi o maior da guerra até aquele momento. Richthofen não somente empregou todo o seu 4º Corpo da *Luftwaffe*, como também convocou todos os bombardeiros que pudessem alcançar a cidade. Ele estava ansioso para terminar a campanha o mais rápido possível. Seus homens haviam voado em uma sucessão de missões de baixa altitude para atacar tanques soviéticos. Fora um trabalho exaustivo e perigoso, muito diferente do tipo de bombardeio tático para o qual as tripulações da *Luftwaffe* tinham sido treinadas. Mesmo seus caças haviam sido usados em missões de ataque ao solo. Se Stalingrado pudesse ser tomada rapidamente, os homens de Richthofen voltariam para tarefas menos perigosas. Ao todo, 1.200 aeronaves tomaram parte no grande ataque a Stalingrado, algumas delas voando duas ou mesmo três surtidas.

As cargas de bombas lançadas sobre Stalingrado eram metade de alto explosivo, metade incendiária. Era uma mistura mortal. Os explosivos destruíram ou danificaram edifícios, quebrando janelas, arrancando telhados e derrubando paredes. Em seguida, vieram as bombas incendiárias, ateando fogo às madeiras de telhados e tábuas do assoalho expostas aos explosivos. Casa após casa, fábrica após fábrica, bloco de apartamentos após bloco de apartamentos, todos foram consumidos pelas chamas. Prédios intocados pelas explosões eram frequentemente consumidos pelos incêndios que se espalhavam dos prédios vizinhos. Uma vasta nuvem de fumaça se erguia acima da cidade em chamas. A noite caiu e um oficial alemão, a 48 km da cidade, registrou em seu diário que podia ler seu jornal à noite graças à luz das chamas de Stalingrado.

Coluna de fumaça cobrindo Stalingrado, vista da margem leste do Volga, após um bombardeio alemão em agosto de 1942.

CAPÍTULO 5

Estado de Sítio

A destruição generalizada vista em Stalingrado não influenciou a luta feroz em torno da cidade. Os avanços alemães continuaram, mas o progresso era dolorosamente lento. Contudo, combinados com o avanço de Wietersheim no Volga, afetaram Stalin. O Comitê do Partido em Stalingrado foi instruído a declarar estado de sítio na cidade. Cartazes com a declaração eram vistos em todos os lugares:

> *"Queridos camaradas! Cidadãos de Stalingrado! Nossa cidade está passando por dias difíceis, como aconteceu há 24 anos. Hitleristas sanguinários romperam caminho até a ensolarada Stalingrado e o grande rio Volga. Cidadãos de Stalingrado! Não deixemos que os alemães profanem nossa cidade natal. Levantemo-nos unidos para proteger nossa amada cidade, nossos lares e nossas famílias. Vamos, deixem suas casas e construam barricadas intransponíveis em cada rua. Façamos de cada quarteirão, cada casa, cada rua, uma fortaleza inexpugnável. Façamos como nossos antepassados que, em 1918, defenderam Tsaritsyn e façam por merecer nossa comenda da Ordem da Bandeira Vermelha de Stalingrado! Todos às barricadas! Todo aquele que puder portar um fuzil deve proteger sua cidade natal e seu lar!"*

Não era apenas uma questão de afixar cartazes. A evacuação de mulheres, crianças e idosos que vinha acontecendo foi interrompida. Gerentes das fábricas receberam ordem de parar o desmonte de máquinas que seriam remetidas para segurança. Em vez disso, todos os equipamentos deveriam ficar na cidade, juntamente com todos os civis. Stalin queria parar qualquer movimentação que desse a entender que o Exército Vermelho contemplava a perda de Stalingrado para os alemães. O *NKVD* recebeu a tarefa de impedir que qualquer um saísse da cidade, levada a cabo com o emprego de métodos assassinos.

O *NKVD* também foi encarregado de organizar todos os civis adultos em "Batalhões da Milícia de Trabalhadores". Num primeiro momento, homens e mulheres que trabalhavam nas fábricas de armamentos de Stalingrado foram inicialmente dispensados de servir na Milícia de Trabalhadores, mas isso mudaria posteriormente. O *NKVD* se importava pouco com o bem-estar de seus novos recrutas. Um Batalhão da Milícia de Trabalhadores foi enviado para contra-atacar a 16ª Divisão *Panzer* no norte, embora aproximadamente 20% de seus homens não tivessem armas, tendo sido instruídos simplesmente a pegar as armas de seus companheiros quando estes fossem mortos. As baixas foram enormes entre os russos, enquanto o efeito nos *panzer* foi mínimo. Na verdade, os alemães conseguiram um pequeno avanço que rendeu enormes benefícios, quando capturaram um comboio inteiro de equipamento norte-americano enviado para ajudar o Exército Vermelho. Oficiais requisitaram alegremente Jeeps americanos para substituir os carros Volkswagen que usavam até aquele momento.

Fechando o Anel

Choveu forte em 27 de agosto. Como de costume, isto provocou uma calmaria súbita no combate, mas temporária, conforme as estradas viravam um lamaçal. Hoth usou o atraso forçado para estudar os mapas, fazer um balanço cuidadoso da situação e avaliar as posições soviéticas. Dois dias depois, o solo estava seco e o general atacou, dessa vez abrindo um buraco nas linhas soviéticas, e começou um avanço até o Volga. Em determinado momento, parecia que seus *panzer* poderiam se aproximar do 64º Exército soviético e cercá-lo completamente. No entanto, Yeremenko se deslocou muito rapidamente e emitiu ordens para uma retirada de emergência de volta para os subúrbios.

No norte, os soviéticos estavam reunindo três exércitos para lançar um contra-ataque aos *panzer* de Wietersheim e expulsá-los do Volga. O 24º e o 66º Exército, além do 1º Exército de Guardas, se movimentavam ao redor de Frolovo, norte do Don. Em 29 de agosto, Zhukov chegou para supervisionar o ataque e ficou horrorizado com o que encontrou. Os três exércitos não contavam com artilharia e tanques suficientes, tinham um número desproporcional de reservistas mais velhos e estavam, de qualquer forma, irremediavelmente desorganizados depois da viagem para a frente por trem. O baixo nível do moral foi evidenciado pela 64ª Divisão, que rompeu formação e fugiu quando foi pega em campo aberto por aviões alemães. Quando conseguiu reunir os homens novamente, seu general comandante os enfileirou, carregou sua pistola e disparou numa dúzia deles, matando-os no local. Zhukov telefonou para o *Stavka* e convenceu Stalin a dar-lhe tempo para organizar as coisas antes de o ataque começar.

Em 3 de setembro, um renovado avanço alemão, ainda que menor, liderado por Hoth finalmente fechou o anel em torno de Stalingrado. Os *panzer* agora estavam nas margens do Volga ao sul da cidade, bem como ao norte. Paulus estava encantado e escreveu um telegrama congratulando a si próprio a ser enviado a Weichs no QG do Grupo de Exércitos e a Hitler.

A mesma notícia fez com que Zhukov fosse chamado ao telefone para falar com um irritado Stalin, que ordenou ao general que atacasse imediatamente, independentemente da condição das forças envolvidas no ataque. "Atraso", vociferou Stalin, "é o mesmo que um crime." Zhukov manteve a calma e ganhou um adiamento de 48 horas. Quando o ataque foi feito contra o corpo *panzer* de elite, que protegia o flanco norte da linha de Paulus, fracassou. Os russos terminaram a ofensiva em seu ponto de partida. Os alemães alegaram que haviam feito 26.500 prisioneiros e destruído 350 canhões e 830 tanques, além de infligirem perdas enormes, mas não especificadas.

Discutindo a Estratégia

Zhukov estava de volta onde começara, mas com muitos homens a menos. O general parecia reconhecer que, naquele momento, atacar os alemães era inútil. Em vez disso, decidiu defender Stalingrado alimentando diariamente apenas o número suficiente de homens para repor as perdas e impedir um colapso total da defesa. Ele atrairia o inimigo para um cerco combatido nas ruas da cidade, onde a artilharia mais sofisticada dos alemães e seus *panzer* perderiam a vantagem de que tinham gozado em campo

CAPÍTULO 5

aberto, onde haviam conquistado a maioria de suas espetaculares vitórias. Sem saber, Zhukov escolheu exatamente a estratégia certa, pois Paulus arquitetava um plano que só faria contribuir para a jogada do general russo.

Em 12 de setembro, Paulus e Weichs foram convocados para uma reunião com Hitler para explicarem seus planos em detalhes e ouvir o que Hitler pensava deles. Os generais viajaram para oeste de trem até o complexo que era o novo quartel-general avançado de Hitler, de codinome "*Werwolf*", construído perto da cidade ucraniana de Vinnitsa. O centro de comando fortemente defendido consistia principalmente em casas de madeira robustamente construídas, embora houvesse uma grande *bunker* de concreto no subsolo, como proteção contra qualquer tentativa de bombardeio pelos russos. Enquanto o acesso à área em que os oficiais trabalhavam fosse relativamente simples, a Casa do *Führer*, onde ficava Hitler, tinha apenas uma porta estreita na qual ficava um oficial da *SS*, dia e noite. Ninguém podia entrar com uma arma ou sem permissão especial. O complexo interno incluía uma horta pequena, porém intensamente cultivada, para que Hitler pudesse apreciar uma variedade de frutas e legumes de sua preferência, frescos e colhidos no dia em que fossem servidos.

Em sua chegada, Paulus e Weichs foram recebidos por Haider e depois levados para o encontro com Hitler. Os registros oficiais da reunião seriam perdidos posteriormente, mas de acordo com Paulus a reunião começou com Hitler descrevendo os últimos relatórios dos serviços de informações sobre as condições do Exército Vermelho e da União Soviética. Segundo Hitler, esses relatórios mostravam que a União Soviética estava chegando ao fim de sua resistência. Recursos de homens e materiais estavam se esgotando e, embora o Exército Vermelho ainda pudesse lançar mais homens e tanques em contra-ataques, esses seriam os últimos lances de um regime em ruínas. Em seguida, veio uma série de informações mais breves ainda sobre o andamento da luta em outras frentes, como Leningrado, onde tudo ia bem segundo Hitler.

Depois, aconteceu uma discussão aprofundada sobre Stalingrado. Paulus explicou seu plano. Ele enviaria duas colunas atacantes para a metade sul da cidade, com o objetivo de capturar os principais terminais de balsas que os russos usavam para trazer reforços e suprimentos para a cidade sitiada. A coluna mais ao sul era a mais forte das duas e deveria tomar posição no subúrbio de Yelshanka, em seguida, rumar para nordeste, cidade adentro. Essa força consistia na 94ª Divisão de Infantaria e 29ª Divisão Motorizada, com a 14ª e a 24ª Divisão *Panzer* dando apoio com tanques e artilharia autopropulsada. A força ao norte era composta pela 71ª, 76ª e 295ª Divisões de infantaria e deveria avançar pelo leste para Gumrak, com a Praça Vermelha no centro da cidade sendo seu objetivo principal. Uma vez que o terminal de balsas e as áreas adjacentes estivessem em suas mãos, disse Paulus, as forças soviéticas restantes em Stalingrado não teriam meios de abastecimento e seriam forçadas à rendição.

Hitler perguntou a Paulus quanto tempo a operação levaria. De acordo com Haider (Paulus mais tarde contestaria esse relato), Paulus respondeu que levaria 10 dias para capturar os terminais

EM STALINGRADO

de balsas e as seções ao redor da cidade, depois outros 14 a 16 dias para limpar o resto da cidade. Hitler declarou que "A coisa vital, agora, é concentrar todos os homens disponíveis e capturar o mais rápido possível toda Stalingrado e as margens do Volga até o Mar Cáspio". Disse, então, a Paulus que receberia três divisões de infantaria descansadas que começariam a chegar na área de Stalingrado em 18 de setembro.

Paulus afirmaria mais tarde que levantou, então, a questão das forças protegendo seus flancos e sua retaguarda (Haider diria que ele não o fez). Hitler deixou a questão de lado, afirmando que os exércitos aliados de Itália, Romênia e Hungria poderiam facilmente cuidar da defesa dos flancos. Eles estavam, disse Hitler, mais bem equipados do nunca e eram apoiados por unidades alemãs mantidas em reserva. De qualquer forma, Hitler repetiu, os soviéticos não estavam em condições de montar uma grande ofensiva em Stalingrado.

Subestimando o Inimigo

Na verdade, a estimativa das informações do *OKH* sobre o poder soviético não era nem tão claras, nem tão precisas, como Hitler levou Paulus e Weichs a acreditar. Os relatórios dos serviços de informações vindos do *OKH* indicavam que os soviéticos tinham conseguido intensificar sua

A formidável aeronave soviética de ataque ao solo Ilyushin 112 era equipada com dois canhões de 23 mm, três metralhadoras e meia tonelada de bombas.

CAPÍTULO 5

produção de tanques, aviões e armas. De particular interesse para os alemães era o Ilyushin *Shturmovik*, um avião de ataque ao solo armado com oito foguetes de 82 mm que eram capazes de nocautear um tanque. A aeronave foi usada pela primeira vez pouco antes da invasão alemã em 1941 e, no verão de 1942, começava a entrar em serviço em grandes números. Os soviéticos viriam a construir 36 mil exemplares do *Shturmovik*.

A outra preocupação era o aperfeiçoado tanque T34, também sendo fabricado em grandes números. Uma das fábricas que produziam o T34 ficava em Stalingrado. A fábrica continuou a fabricar tanques durante a batalha, com o T34 saindo da linha de produção direto para o combate. Exatamente quantas dessas novas armas e os modelos existentes que os soviéticos estavam produzindo era uma questão de discussão nos círculos dos serviços de informação alemães. Certamente, os números eram maiores do que a produção alemã de armas semelhantes, mas muitos, incluindo Hitler, constantemente subestimavam a capacidade de produção dos soviéticos.

O *OKH* também estava ciente de que o Exército Vermelho estava realmente se expandindo naquele momento. Novamente, houve muita controvérsia nos círculos alemães sobre a rapidez e eficácia com que o Exército Vermelho vinha crescendo. Relatórios da linha de frente continuavam a destacar a fraca qualidade dos soldados russos, sua formação e seus oficiais. Havia, no entanto, uma coisa com a qual o alto comando concordava unanimemente, ou seja, onde os soviéticos se concentravam para sua próxima ofensiva.

Caindo na Armadilha Soviética

Desde o fracasso do avanço alemão sobre Moscou e o contra-ataque soviético, a área central da Frente Oriental estivera em grande parte inativa. Ambos os lados tinham construído grandes defesas estáticas ali, incluindo sistemas de trincheira, abrigos e *bunkers* de comando que tinham mais em comum com a Primeira Guerra Mundial que com a Segunda. Os alemães usaram essa zona de calmaria para descansar divisões e unidades que haviam se envolvido em combates pesados em outros lugares.

Os soviéticos, no entanto, usaram o mesmo setor de calmaria como primeira posição para as unidades de novas e inexperientes. Os alemães, é claro, notaram a presença dessas novas unidades, que geralmente contavam com equipamento melhor e mais atualizado que as unidades mais antigas. Os alemães viram uma sucessão de unidades soviéticas chegando ao norte da linha de Kursk, permanecendo por algumas semanas e depois se afastando novamente. Acreditando que os soviéticos agiam como agiriam em circunstâncias semelhantes, os alemães concluíram que o Exército Vermelho estava familiarizando as unidades a experiência com um setor onde brevemente lançariam uma ofensiva. Os alemães acreditavam que, uma vez que essas unidades passassem algum tempo na linha de frente, seriam transferidas para a reserva na retaguarda do mesmo setor.

Assim, em setembro de 1942, os alemães concluíram que os soviéticos estavam planejando lançar uma grande ofensiva em algum lugar em torno de Briansk ou Smolensk. Com base no destino de ofensivas soviéticas semelhantes,

EM STALINGRADO

incluindo aquela de Zhukov perto de Stalingrado cumprindo ordens de Stalin, os alemães acreditavam que o Grupo de Exércitos Centro era perfeitamente capaz de derrotar, ou pelo menos limitar, tal ofensiva. É quase certo que Hitler e o *OKH* estivessem corretos em prever uma vitória do Grupo de Exércitos Centro que, com dois exércitos *panzer* e dois exércitos de infantaria, era suficientemente forte para defender suas posições.

No entanto, os soviéticos não estavam se concentrando para nenhum ataque. Assim que uma unidade ganhou alguma experiência de combate, era retirada da área do Grupo de Exércitos Centro para se juntar à reserva geral do Exército Vermelho. De lá, a unidade poderia ser usada quase em qualquer lugar que Stalin desejasse. O que os alemães haviam interpretado como preparativos de uma grande ofensiva na região central durante o inverno não era nada disso.

Como Weichs e Paulus deixaram o *Werwolf* para retornar a seus respectivos quartéis-generais, havia um aspecto da reunião sobre a qual ninguém comentara. No decorrer da ofensiva inicial contra a União Soviética e, desde então, Hitler vinha insistindo que as ordens sempre enfatizassem a importância do não envolvimento em combates de rua em áreas urbanas.

Hitler e seus generais sabiam que as armas e táticas alemãs rendiam uma grande vantagem quando se tratava de deslocamentos rápidos e batalhas móveis travadas em campo aberto e que essa vantagem era perdida em combates urbanos de curta distância. Foi por essa razão que, muito acertadamente, Hitler e seu alto comando insistiram em ignorar cidades e vilas. E ainda assim, Hitler naquele momento concordava com o plano de um general do alto escalão que envolvia os alemães em uma luta urbana e estática.

A isca em que se tornara a poderosa Stalingrado, com sua posição estratégica e seu nome, já fisgara o que havia de melhor entre os planejadores alemães. Stalingrado não valia os riscos que sua captura implicava.

Chuikov

Quis o destino que os soviéticos realizassem uma conferência no dia seguinte àquele em que Paulus e Weichs se reuniram com Hitler e Haider. Dessa vez, foi Vasily Chuikov, comandante do 64º Exército, que foi chamado ao quartel-general. Lá, reuniu-se com Yeremenko e Khrushchev. Os dois homens do alto escalão começaram descrevendo a situação militar do 62º Exército, então isolado no centro da cidade, enfatizando que não poderia haver rendição, nem fuga, com poucos reforços. Em seguida disseram a Chuikov que precisavam de um novo comandante para o 62º Exército e pensaram em Chuikov, mas primeiro precisavam fazer-lhe uma pergunta.

"Camarada Chuikov", disse Khrushchev, "como você interpreta a tarefa do novo comandante do 62º Exército?"

Chuikov olhou mais uma vez para o mapa da cidade, então disse, "Defender Stalingrado ou morrer".

"Correto", disse Yeremenko, que em seguida entregou a Chuikov sua nomeação como comandante do exército sitiado. Naquela noite, Chuikov cruzou o Volga em uma balsa de abastecimento carregando tanques T34 e munição de artilharia, chegando no exato momento em que a grande ofensiva por Paulus se iniciava.

CAPÍTULO 6

6. RATTENKRIEG

Mesmo enquanto Paulus e Weichs retornavam do Werwolf, a ofensiva já começara. A artilharia e os bombardeiros alemães castigavam as linhas de frente soviéticas. Chuikov, em seu bunker de comando, estava coberto da terra que caía da superfície. Até meados da tarde, todas as conexões telefônicas com suas unidades e com Yeremenko, na margem leste do rio Volga, haviam sido cortadas. Homens enviados para repará-las foram mortos, e as linhas foram novamente cortadas. Depois de anoitecer, Chuikov abandonou seu bunker e se mudou para um túnel antigo mais profundo que ia do desfiladeiro de Tsaritsa até as margens do Volga. O túnel era ainda mais subterrâneo, embora não tão convenientemente situado.

RATTENKRIEG

Homens Lutando nas Ruas

Às 6h45, o ataque por terra começou, a barragem da artilharia e dos bombardeiros continuava, mas mudou para leste, para evitar atingir acidentalmente as tropas alemãs. A 295ª Divisão, ponta de lança da coluna norte, esperava chegar ao Volga antes do anoitecer. Isso não aconteceu. A resistência russa foi mais forte do que o esperado e os alemães rapidamente descobriram que seu treinamento em luta de rua não os preparara para a dura realidade. Acostumados a avançar quilômetros por dia, agora contavam seu progresso em metros. Ao anoitecer de 13 de setembro, os soldados da divisão abriram caminho lutando até o lado leste do grande parque aberto chamado Mamayev Kurgan. Seus companheiros da 71ª Divisão desviaram-se para o sul e se aproximavam da borda do desfiladeiro Tsaritsa. ▶

Metralhadora pesada dá apoio a atiradores soviéticos sob fogo alemão em campo aberto, outono de 1942.

CAPÍTULO 6

No *Werwolf*, o clima era de júbilo. O ataque prosseguia do modo como planejado, senão de forma espetacular. Zhukov estava em Moscou informando Stalin da situação quando um telefonema de Yeremenko deu a notícia sobre o avanço alemão. Zhukov saiu às pressas da sala para embarcar em um avião rumo ao sul, enquanto Stalin ordenava que uma divisão adicional, a 13ª de Guardas, cruzasse o rio até a cidade.

Antes do amanhecer em 14 de setembro, Chuikov lançou um contra-ataque para pressionar os flancos do avanço alemão. O ataque foi dolorosamente lento, embora tenha obrigado os alemães a interromperem seu avanço por algumas horas. Em seguida, os *Stuka* vieram e bombardearam com precisão impressionante as casas onde os soviéticos se abrigavam. Em meados da manhã, Chuikov havia perdido tudo o que conquistara, e o avanço alemão recomeçava. Às 11 horas, os alemães capturaram a principal estação ferroviária de Stalingrado, que seria recapturada pelos russos meia hora depois, somente para ser perdida de novo para os alemães às 13 horas e retomada por volta das 17 horas. Àquela altura, Chuikov havia empregado suas últimas reservas, um esquadrão de 19 tanques, e não tinha mais o que usar.

Nessa fase do ataque a Stalingrado, os alemães estavam empregando as mesmas táticas urbanas que foram bem-sucedidas durante os limitados combates de rua em que tinham se envolvido até aquela data. Cada grupo atacante era formado por uma companhia de soldados (cujo efetivo total era de 80 homens, embora esse raramente fosse o caso) ou às vezes duas companhias, além de um grupo de três ou quatro tanques. As vidas dos homens eram valiosas, assim como os *panzer*, portanto, foi elaborada uma abordagem que custasse aos alemães o mínimo de ambos.

Primeiro, a infantaria se infiltraria lentamente em uma rua, a fim de identificar casamatas inimigas, pontos fortes e edifícios ocupados. Essa força deveria prestar especial atenção à localização de quaisquer armas antitanques. Muitas

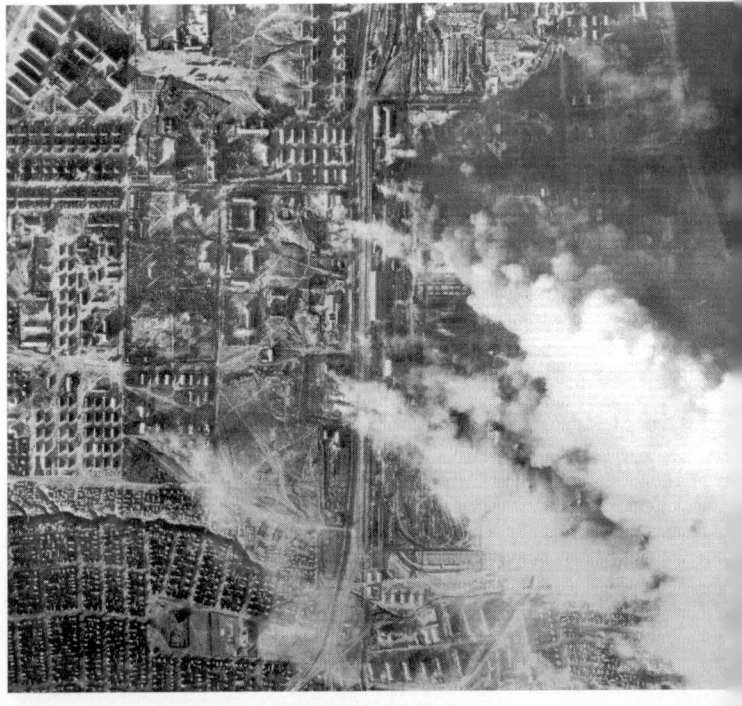

Fotografia aérea alemã revela as ruínas destelhadas de Stalingrado, outono de 19

vezes, as posições inimigas eram localizadas apenas quando o inimigo abria fogo contra a infantaria, razão pela qual esse avanço inicial era geralmente lento, com os homens se mantendo próximo a pontos de abrigo, sempre que possível. Uma vez que as posições inimigas fossem localizadas, os *panzer* entrariam em cena. Os tanques normalmente avançariam em pares, com um terceiro tanque mantido atrás para cobrir a retaguarda. O tanque líder se posicionaria onde pudesse usar sua arma principal para atacar o inimigo. O segundo tanque seguiria a uma curta distância logo trás, mas sem disparar. Em vez disso, seu comandante deveria verificar continuamente a área à procura de posições inimigas ocultas que a infantaria não tivesse notado e, especialmente, armas antitanque que pudessem ameaçar o tanque líder. O segundo tanque, então, só abriria fogo se esses alvos fossem identificados.

Os *panzer* continuavam a levar alguma quantidade de sua habitual munição perfurante de blindagem, para o caso de encontrar um tanque inimigo na área de combate. No entanto, em combates de rua, também levavam munição de artilharia mais convencional. Ao contrário da munição perfurante, a munição convencional explodia no impacto, demolindo prédios e espalhando fragmentos letais em todas as direções.

As tripulações dos tanques preferiam manter distância da luta, para disparar na zona de combate. A principal razão disso era que a blindagem da platafor-

Ponto de vista de um comandante de tanque em Stalingrado. A necessidade de evitar armas soviéticas antitanque escondidas retardava o avanço na luta urbana.

CAPÍTULO 6

ma traseira superior de um *panzer*, atrás da torre, era notoriamente fina. Em um combate normal, aberto e dinâmico, para o qual os tanques tinham sido projetados, isso não chegava a ser um problema. A maioria dos disparos era feita em trajetória baixa e vindos pela frente. As chances um disparo descendente vindo de trás eram mínimas. Numa luta urbana, porém, esse tipo de disparo era muito mais provável, especialmente se o tanque se aventurasse em uma rua estreita, onde poderia ser atacado por cima, dos andares superiores das construções.

Se qualquer posição defensiva particularmente forte fosse encontrada, os *panzer* e a infantaria recuariam, enquanto *Stuka* seriam convocados para bombardear o inimigo. Depois disso, o avanço por terra poderia ser retomado.

Inevitavelmente, o progresso no combate urbano era lento. O inimigo deveria ser expulso de cada aposento, de cada edificação, em cada rua, antes que essa pudesse ser declarada capturada. Mesmo que não houvesse russos ali, esse era um processo que poderia levar algumas horas. Com o perigo de morte instantânea a qualquer momento, os soldados se moviam com cautela e lentamente, assim como os *panzer*. Era um estilo de luta enervante e terrível. Os alemães o chamaram de *Rattenkrieg*, ou guerra de ratos.

No entanto, naquele momento, o 6º Exército recém chegara ao combate com quase todo o seu efetivo junto e estava confiante na vitória. Os ataques alemães produziram ganhos constantes em termos de terreno conquistado e, embora seja impossível ter certeza, os alemães ainda pareciam sofrer menos baixas do que os russos.

Os defensores soviéticos estavam sendo espremidos sem piedade. Chuikov tinha apenas 80 tanques restantes, dos quais um terço estava incapaz de se mover, tendo sido incorporados às defesas como posições fixas de artilharia. Ao contrário dos atacantes alemães, os defensores russos vinham na maior parte de unidades alquebradas que já haviam sido derrotadas uma vez e tinham se retirado para Stalingrado. A milícia local era mal treinada e estava mal armada, cedendo ao longo de todos os 16 km da que restava a Chuikov.

A salvação para Chuikov veio quando uma figura tão coberta de lama e sujeira que seu uniforme mal podia ser identificado entrou cambaleante em seu túnel de comando. Ele era o general Aleksandr Rodimtsev, comandante da 13ª Divisão de Guardas, chegando para relatar que as primeiras unidades de seus 10 mil homens estavam desembarcando das balsas e apenas aguardavam seu apoio de artilharia antes de entrarem em ação. No caminho para o túnel de comando de Chuikov, Rodimtsev fora forçado a mergulhar em crateras e valas em quatro ocasiões para evitar ataques dos *Stuka*. Chuikov replicou que não havia tempo para a artilharia, e os homens de Rodimtsev teriam de entrar em ação apenas com suas armas pessoais. Rodimtsev retornou apressadamente ao terminal de balsas e liderou seus homens num ataque contra a 71ª Divisão alemã.

Chuikov Assume o Comando Total

Em seguida, Chuikov convocou o coronel A. Sarayev, chefe do *NKVD* em Stalingrado. Sarayev comandava 7 mil homens do *NKVD* ou mais na cidade, além de vários

O general Aleksander Rodimtsev (à esquerda) dá ordens à sua 13ª Divisão de Guardas em seu *bunker* de comando. Noventa e cinco por cento de seus homens foram mortos.

batalhões da Milícia de Trabalhadores. Como era habitual na União Soviética, Sarayev devia lealdade ao NKVD e a mais ninguém, respondendo somente ao feroz Lavrentiy Beria, que organizara os expurgos de Stalin e que acredita-se que tenha executado pessoalmente mais de mil pessoas durante sua carreira. Chuikov disse a Sarayev que, até os alemães serem derrotados, só poderia haver um comandante em Stalingrado, que este homem era ele, Chuikov, e que seria melhor para Sarayev se acostumar a obedecer suas ordens.

O comandante do NKVD ficou chocado. Tal situação era inédita na Rússia. Um oficial do exército reivindicando precedência sobre um oficial do Partido Comunista era algo que atingia a base do sistema soviético. Além disso, apenas um ano antes, Beria ameaçara atirar pessoalmente em qualquer oficial do NKVD que obedecesse a uma ordem militar sem autorização prévia do quartel-general do NKVD. Houve um silêncio tenso que durou vários segundos, enquanto os dois homens olharam um para o outro. Então, Sarayev assumiu a posição de sentido e bateu continência.

Esse provou ser um evento crucial. Agora, Chuikov era incontestavelmente responsável por todos os aspectos da defesa de Stalingrado. Se até mesmo o oficial local do NKVD obedecia suas ordens, ninguém mais ousaria questioná-lo. A defesa da cidade certamente precisava de um comando único e uma estratégia unificada. Foi bom para os soviéticos que Chuikov fosse um comandante talentoso na defesa.

CAPÍTULO 6

O evento aconteceu no momento exato, pois em torno das 15 horas de 14 de setembro os alemães romperam as defesas russas. O feito foi conseguido pela 76ª Divisão, aproveitando-se dos avanços obtidos pela 71ª e 285ª Divisão. Um oficial russo registrou:

> "Caminhões carregados com infantaria e tanques correram céleres para o centro da cidade. Os alemães devem ter pensado que já tinham conquistado Stalingrado. Todos eles correram para o Volga tão rápido quanto podiam e, em seguida, começaram a apanhar coisas aqui e ali como lembranças. Vi um grupo de alemães, que pareciam bêbados, dançando pelas calçadas, enquanto um deles tocava uma música em uma harmônica."

As unidades avançadas alemãs estavam a apenas 183 metros do *bunker* de comando de Chuikov. Uma metralhadora pesada disparava em linha reta contra o principal terminal de desembarque das balsas, onde os homens de Rodimtsev tentavam chegar à terra. As balsas abandonaram o terminal e começaram a desembarcar os homens dentro do rio, para que chegasses à terra por si. Os projéteis cortavam a água e as baixas foram pesadas, mas a 13ª Divisão de Guardas continuou a desembarcar.

Conforme cada unidade desembarcava, Rodimtsev lhes apontava a direção que deveriam tomar e onde deveriam assumir uma posição defensiva ao lado daqueles que já estavam sofrendo os golpes do ataque alemão. "Lembrem-se", gritava para cada unidade "para nós, não há terra por trás do Volga". Dentro de 24 horas, 3 mil de seus 10 mil homens estariam mortos ou feridos. Mas Rodimtsev estava certo. Para ele e todos os seus homens, não importa o quão gravemente feridos estivessem, não havia perspectiva de recuar sobre o Volga. Se quisessem viver, tiveram de expulsar os alemães de Stalingrado.

A 13ª Divisão de Guardas conseguiu deter o avanço alemão e empurrar de volta as poucas unidades que haviam atingido o Volga. O terminal de balsas não estava mais sob fogo de metralhadora e o fluxo de materiais, munições e homens chegando recomeçou.

Mamayev Kurgan

Em 15 de setembro, o foco dos combates mudou para o parque Mamayev Kurgan. Esta área grande e aberta ficava centralizada em torno de um morro, na verdade, um enorme monte de aterro com aproximadamente 90 metros de altura, que tinha sido construído séculos antes pelos tártaros. Os alemães queriam proteger o topo do morro com uma posição de artilharia, de que poderiam varrer todo o Volga, destruindo qualquer embarcação que tentasse cruzá-lo. O morro já havia sido atingido por bombas e granadas e, assim, todas as árvores tinham sido derrubadas e o solo estava marcado por crateras. Agora, infantaria e tanques avançavam para capturar o parque. Ao anoitecer de 5 de setembro, a maioria do parque Mamayev Kurgan, incluindo seu importante morro, estava em mãos alemãs. Um soldado da 295ª Divisão vinha trazendo consigo uma bandeira vermelha, branca e preta do Partido Nazista durante toda a campanha. Agora, ela es-

RATTENKRIEG

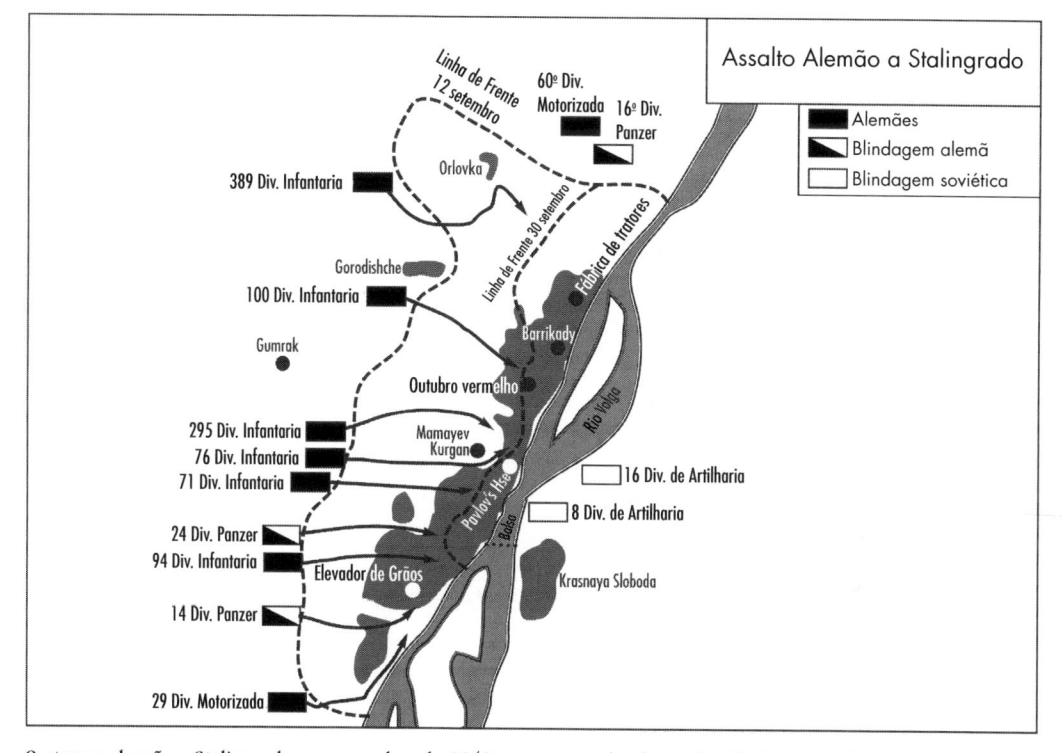

O ataque alemão a Stalingrado em setembro de 1942 tomou grandes áreas da cidade, mas não conseguiu capturar toda a margem oeste do Volga.

tava amarrada ao galho de uma árvore caída e erguida no topo do morro.

Os russos lançaram um contra-ataque na madrugada de 16 de setembro. Homens da 13ª Divisão de Guardas e um batalhão do *NKVD* avançaram em meio do fogo pesado para recapturar parte do parque. Ao anoitecer, os russos lançaram um ataque contra o morro em Mamayev Kurgan e chegaram até o cume, onde um homem chamado Kentya, da 13ª Divisão de Guardas, chutou a bandeira nazista e pisoteou-a na lama. Em seguida, a 295ª Divisão alemã contra-atacou e retomou o cume do morro, mas perdeu-o novamente no dia seguinte. A luta travada nos dias seguintes avançou e recuou, com as baixas aumentando em ambos os lados.

No final, a batalha pelo morro deu uma trégua em 27 de setembro, com ambos os lados ocupando parte do parque, mas incapazes de capturar a colina, nem de usá-la corretamente. Àquela altura, já não havia mais grama no morro, pois estava completamente removida do chão por explosões e balas. Depois da guerra, um estudo encontraria mais de mil lascas de metal em cada metro quadrado do solo.

O Elevador de Grãos

Enquanto isso, o efetivo alemão ao sul vinha fazendo progressos constantes em direção ao centro da cidade. Essa área de Stalingrado consistira em grande parte de casas de madeira, cuja maioria fora queimada após o grande ataque aéreo

CAPÍTULO 6

de alguns dias antes. A paisagem era ali um sinistro amontoado de madeira carbonizada, intercalada com chaminés de tijolos ainda de pé, como os galhos eretos. Dominando toda a área estava um enorme elevador de grãos feito de concreto que se erguia alto para o céu, cobrindo todo um quarteirão e de construção tão sólida que era efetivamente imune ao fogo de artilharia. O avanço alemão contornou o elevador de grãos, mas dentro dele soldados russos ainda resistiam.

Na noite de 17 de setembro, apenas 52 soviéticos ainda estavam vivos dentro do elevador de grãos. Andrey Khozyaynov, um marinheiro que recebera um fuzil e fora enviado à cidade para lutar, era um dos defensores. Mais tarde, ele escreveria seu relato sobre o que aconteceu.

"Lembro que, na noite do dia 17, fui chamado ao posto de comando do batalhão e recebi ordens de levar um pelotão de metralhadores até o elevador de grãos e... manter a posição a todo custo. Chegamos naquela noite e nos apresentamos ao comandante da guarnição. Naquele momento, o elevador estava sendo defendido por um batalhão de não mais de 30 a 35 guardas. Agora, dezoito homens bem armados chegavam de nosso pelotão.

Ao amanhecer, tanques e infantaria inimigos, que nos superavam em aproximadamente dez para um, lançaram um ataque pelo sul e pelo oeste. Após o primeiro ataque ser repelido, o segundo começou, depois um terceiro, enquanto um avião de reconhecimento circulava sobre nós, corrigindo o fogo e relatando nossa posição. Ao todo, dez ataques foram repelidos em 18 de setembro.

No elevador, o grão estava em chamas, a água de refrigeração nas metralhadoras evaporara, os feridos estavam com sede, mas não havia água. Foi assim que nos defendemos 24 horas por dia durante três dias. Calor, fumaça e sede, nossos lábios estavam rachados. Durante o dia, muitos de nós subiam até os pontos mais altos do elevador e de lá disparavam nos alemães. Durante a noite, descíamos e formávamos um anel defensivo ao redor do edifício. Não tivemos nenhum contato com outras unidades.

Ao meio-dia de 20 de setembro, 12 tanques inimigos chegaram pelo sul e pelo oeste. Nossos fuzis antitanque estavam quase sem munição e não tínhamos mais nenhuma granada. Os tanques se aproximaram do elevador por dois lados e começaram a disparar contra nossa guarnição à queima-roupa. Mas ninguém vacilou. Nossas metralhadoras e submetralhadoras continuaram a disparar contra a infantaria inimiga, impedindo-a de entrar no elevador. Então, uma Maxim, juntamente com o artilheiro, foi explodida por uma bomba, e a carcaça da segunda Maxim foi atingida por estilhaços... Só nos sobrou uma metralhadora leve.

Ao amanhecer, um tanque alemão carregando uma bandeira branca se aproximou pelo sul. Ficamos imaginando o que poderia ter acontecido. Dois homens saíram do tanque, um oficial nazista e um intérprete. Através do intérprete, o oficial tentou convencer-nos a nos render ao 'heroico exército alemão', que a defesa era inútil e que não seríamos capazes de manter nossa posição por mais tempo. 'É melhor entregarem o elevador', disse o oficial alemão. 'Se recusarem, serão tratados sem piedade. Dentro de uma hora, vamos explodi-los da face do planeta.'

'Que desaforo', pensamos, e demos ao tenente nazista uma breve resposta: 'Diga a todos os seus nazistas que podem ir para o inferno! Você pode voltar, mas somente a pé.' O tanque alemão tentou bater em retirada, mas uma salva de nossos dois fuzis antitanque o impediram. Os alemães fizeram 10 ataques ao elevador, todos falharam. Conforme o grão queimava, a água de refrigeração nas metralhadoras evaporava, deixando todos com sede, especialmente os feridos. As explosões quebravam o concreto, o grão estava em chamas. Não podíamos ver uns aos outros por causa da poeira e da fumaça, mas animávamos uns aos outros com gritos. Soldados alemães com submetralhadoras apareceram por trás dos tanques. Eram uns 200 deles e atacaram com muita cautela, jogando granadas à frente. Conseguimos pegar algumas das granadas e lançá-las de volta. No lado oeste do elevador, os alemães conseguiram entrar no prédio, mas imediatamente votamos nossas armas para as partes que ocupavam. A luta irrompeu no interior do edifício. Sentíamos e ouvíamos a respiração e os passos dos soldados inimigos, mas não conseguíamos vê-los na fumaça. Atirávamos contra os sons. À noite, durante uma pausa curta, contamos nossa munição.

Não parecia haver sobrado muita coisa. Decidimos romper o cerco. No começo, tudo correu bem. Passamos por uma sarjeta e cruzamos uma linha férrea, mas em seguida demos de cara com uma bateria de morteiro inimiga. Os alemães fugiram, deixando para trás não só suas armas, mas também pão e água. 'Algo para beber!', era tudo em que podíamos pensar. Bebemos o quanto pudemos na escuridão. Em seguida, comemos o pão ... e seguimos adiante.

Mas, infelizmente, o que aconteceu com meus companheiros, não sei, pois a próxima coisa de que me lembro foi ter acordado em um porão escuro e úmido. Uma porta se abriu e, contra a luz do sol brilhante, pude ver um soldado de uniforme negro segurando uma submetralhadora. Havia um crânio em sua manga esquerda. Eu tinha caído nas mãos do inimigo."

O que não aparece no relato de Khozyaynov é que depois que ele e seus companheiros entraram no elevador de grãos, o comissário do regimento ordenou que todas as portas e janelas fossem emparedadas para que os homens lá dentro não conseguissem sair.

O elevador de grãos caiu finalmente nas mãos dos alemães, mas no setor sul, bem como no norte, o avanço estacara. O ataque conseguira chegar ao Volga e capturar o Desfiladeiro Tsaritsa, forçando Chuikov a mudar seu posto de comando pela segunda vez, mas já perdera força. A chegada da 13ª Divisão de Guardas fora o suficiente para impedir que Stalingrado caísse durante o primeiro ataque. Zhukov enviou a 284ª Divisão para reforçar a defesa.

CAPÍTULO 6

Preocupações Alemãs

O quanto observadores contemporâneos podiam estar certos sobre algumas coisas e, ainda assim, errados sobre outras, é demonstrado por um relatório britânico sobre a situação em Stalingrado, enviado alguns dias após o término as ofensivas de setembro. O relatório dizia que:

"Com von Bock concentrando o grosso de suas forças na frente do Volga e forçando seu ataque a Stalingrado a qualquer custo, a situação em meados de setembro se tornou mais séria do que nunca. A resistência russa continuou magnífica e o fim dos transportes pelo rio era um sinal de que a batalha seria travada sem pensar em retirada.

A primeira arremetida de Von Bock contra a cidade pelo oeste parecia que teria sucesso, mas foi recebida por fortes contra-ataques e derrotada. Em seguida, o ataque vindo de Kotelnikov parecia ser mais perigoso, mas foi impedido pela obstinada defesa russa. As perdas de ambos os lados foram de um nível impressionante."

O relatório, embora breve, deu uma descrição razoavelmente precisa da luta, mas estava errado em um aspecto crucial. Bock fora removido do comando quase dois meses antes e a notícia de sua saída ainda não tinha chegado aos russos. Na guerra, o sigilo é fundamental e isso se aplica às mudanças no alto comando. Se o inimigo sabe que um general com reputação de ser habilidoso no ataque foi transferido para outra seção da frente, então pode concluir que um ataque ali é iminente.

Em 18 de setembro Zhukov tentou aliviar a pressão sobre os homens de Chuikov, encenando uma ofensiva limitada ao norte da cidade. O ataque falhou, servindo apenas para dar aos homens da 16ª Divisão *Panzer* algo em que atirar. O evento, no entanto, teve algumas consequências graves.

O general von Wietersheim havia derrotado o avanço soviético com facilidade, mas estava preocupado. O corredor ocupado pelos alemães que levava até o Volga era estreito, e a infantaria não conseguira ampliá-lo. Durante o ataque, os tanques de Wietersheim tiveram pouco espaço para manobrar, o que dificultou suas táticas preferidas ao lidarem com os tanques T34 soviéticos. Além disso, o fogo da artilharia russa viera de ambos os la-

DIREITA: A maior parte do sul de Stalingrado consistia em subúrbios com casas de madeira com jardins, cercas e sebes, o que retardava o avanço.

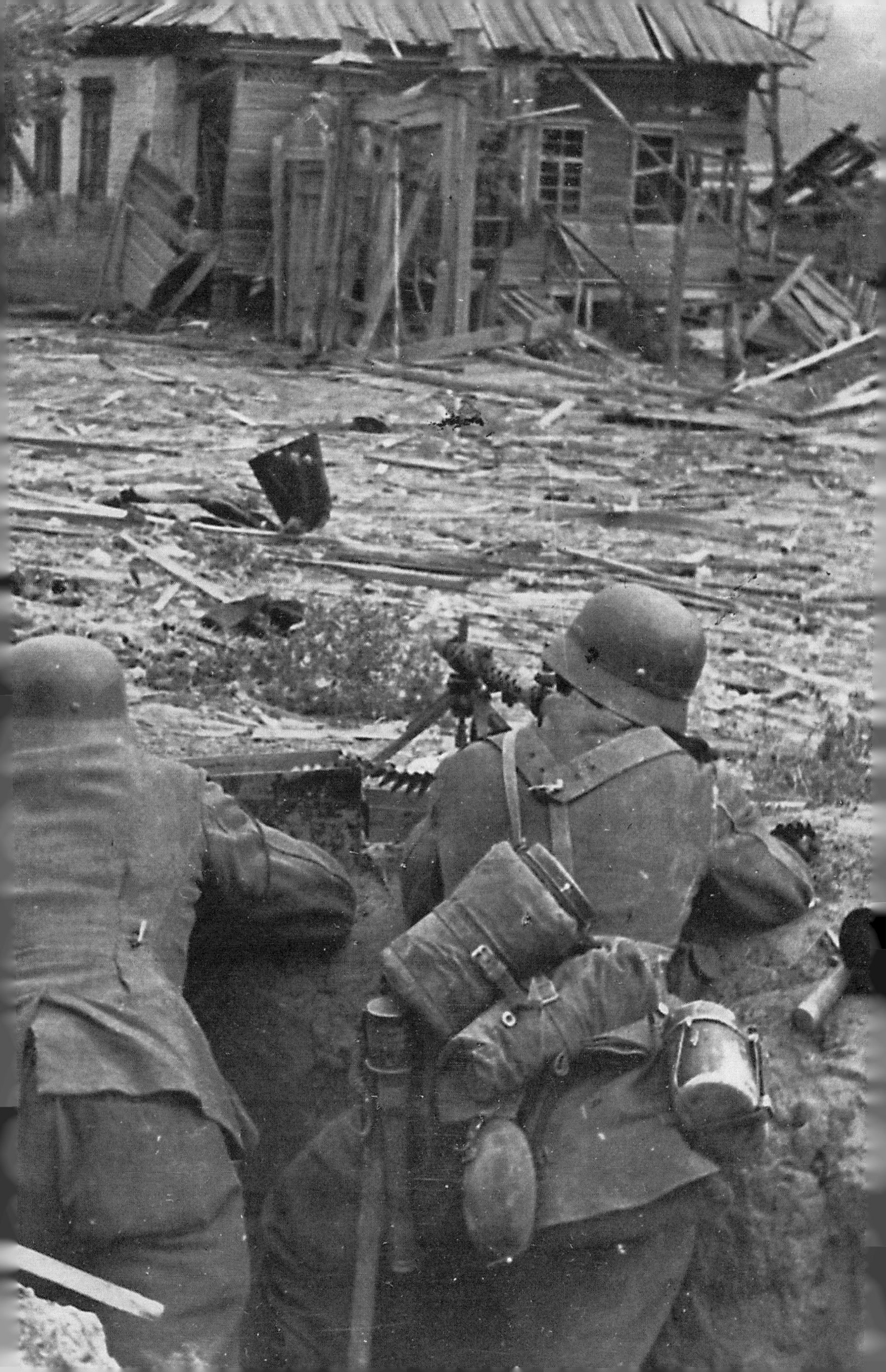

CAPÍTULO 6

dos do corredor alemão, impedindo que houvesse qualquer área de segurança na retaguarda onde as unidades alemãs pudessem se reagrupar para retomar um ataque ou apoiar uma defesa.

Wietersheim estava convencido de que a área ao redor de Rynok era imprópria para uma batalha defensiva combatida por tanques. Uma vez que seus pedidos anteriores de reforços para atacar e ampliar o corredor foram todos rejeitados, Wietersheim agora sugeria que seus *panzer* fossem retirados do corredor e empregados em outro lugar e que a área em Rynok fosse protegida por um corpo de infantaria reforçado com apoio de artilharia. O pedido chegou até Paulus, que ficou furioso, acusou Wietersheim de derrotismo e recomendou a Hitler que fosse destituído do comando. Dias depois, Wietersheim foi transferido para a ignóbil posição de comandar um grupo de caminhões de abastecimento, um trabalho muito abaixo de sua posição e experiência. Mais tarde, Wietersheim seria completamente destituído e enviado de volta para a Alemanha, não recebendo nenhuma designação até o fim da guerra.

Também preocupado estava o general Viktor von Schwedler, comandante do 4º Corpo *Panzer* ao sul da cidade. Sua preocupação era bem diferente. Ele acreditava que o uso de tanques em combates urbanos de curta distância em Stalingrado era um desperdício de homens e equipamentos, acreditando que a infantaria poderia fazer um bom trabalho se apoiada pela artilharia e pelos *Stuka*. Mais importante ainda, pensava Schwedler, era o fato de se os *panzer* fossem perdidos em combates de rua, estariam indisponíveis para enfrentar o próximo ataque soviético pelos flancos. Schwedler preparou um relatório solicitando que seus tanques fossem retirados da cidade e realocados para o sul, onde linhas pouco compactas tinham a planície de Kalmyk aberta diante de si.

Schwedler respaldou seu pedido fazendo referência a uma preocupação que tinha sido compartilhada por generais alemães em 1939 e 1940, mas desde então fora esquecida. Ressaltou que uma vez que a ponta de lança blindada de um ataque *blitzkrieg* deixasse de se mover, o inimigo poderia ter tempo para pensar, se reagrupar e atacar o corredor fracamente defendido na retaguarda da ponta de lança. Assim como Wietersheim, Schwedler endereçou seu relatório a Paulus e, novamente como Wietersheim, foi prontamente destituído de seu comando.

Schwedler e Wietersheim não foram os únicos a sofrer. Uma parte da ofensiva soviética lançara ataques simultâneos em pequena escala em outros pontos ao longo da frente sul. Um deles atingiu uma seção da linha que estava sendo protegida por unidades italianas. Escrevendo após a guerra, o general Günther Blumentritt explicou o que aconteceu em seguida. Naquele momento, Blumentritt estava baseado no *OKH*, onde era encarregado de suprimentos e transportes na Frente Oriental. O general atuara anteriormente como Chefe do Estado-Maior do 4º Exército e tinha sido um oficial de infantaria bem-sucedido. Segundo o relato de Blumentritt:

RATTENKRIEG

"Fui enviado para o setor oeste italiano de Stalingrado depois que um relatório alarmante chegou, informando que os russos tinham penetrado e feito uma brecha grande. Na chegada, descobri que o ataque fora feito por apenas um batalhão russo, mas uma divisão italiana inteira havia recuado. Tomei medidas imediatas para fechar a brecha, preenchendo-a com uma divisão alpina e elementos da 6ª Divisão alemã.

Passei dez dias naquele setor e, após retornar, enviei um relatório escrito informando que não seria seguro manter flanco defensivo tão longo durante o inverno. Os terminais ferroviários estavam a até 200 km atrás da frente e a própria natureza do terreno implicava pouca madeira disponível para a construção de defesas. As divisões alemãs disponíveis no momento estavam protegendo linhas de frente de 50 ou 60 km. Não havia trincheiras apropriadas, nem quaisquer posições fixas.

O general Haider leu o relatório e concordou com ele, sugerindo a Hitler que o ataque para capturar Stalingrado fosse interrompido, tendo em conta a resistência crescente que encontrava e os sinais cada vez maiores de perigo para o flanco tão distendido. Mas Hitler não quis ouvir. No final de setembro, a tensão entre o Führer e Haider aumentou e suas discussões ficaram cada vez mais ásperas. Ver o Führer discutindo planos com Haider era uma experiência interessante. O Führer costumava mover suas mãos em grandes varreduras sobre o mapa: 'avance aqui', ele dizia, ou 'avance ali'. Era tudo vago e desconsiderando problemas práticos. Não havia dúvida de que teria gostado de destituir todo o Estado-Maior do general se pudesse, pois sentia que eram indiferentes a suas ideias.

Por fim, o general Haider deixou claro que se recusava a assumir a responsabilidade de continuar o ataque com a aproximação do inverno. Foi demitido no final de setembro e substituído pelo general [Kurt] Zeitzler.

Naquele momento, uma retirada não seria problema. As tropas alemãs já estavam devidamente equipadas para o combate no inverno e haviam superado o medo do desconhecido que experimentaram no outono anterior. Mas elas não estavam fortes o bastante para manter as posições que ocupavam e a força dos russos crescia a cada semana. Hitler, entretanto, não se mexia. Seu instinto estivera certo no ano anterior e o Führer acreditava que acertaria novamente. Assim, insistiu em que não haveria retirada."

Oficialmente, Haider não foi demitido, provavelmente por ser considerado demais por outros oficiais do alto escalão para que Hitler admitisse abertamente uma rixa com ele. Em vez disso, Haider foi transferido para a "reserva do Führer", uma espécie de sala de espera para altos comandantes aguardando um novo posto. Essa inovação permitia que generais permanecessem na lista ativa, com antiguidade, remuneração e outros benefícios que isso implicava, mesmo que não tivessem um comando

CAPÍTULO 6

Zeitzler assumiu o Estado-Maior alemão em setembro de 1942, mas suas habilidades não se mostraram à altura da tarefa de abastecer o 6º Exército.

real. A maioria dos generais passou pela reserva do *Führer* em algum momento, geralmente por apenas algumas semanas. Haider nunca a deixou e ainda estava oficialmente nela quando a guerra terminou.

Zeitzler Assume o *OKH*

O homem que Hitler trouxe para substituir Haider como chefe do *OKH* foi Kurt Zeitzler, que havia sido chefe de Estado-Maior de Kleist e Rundstedt. Zeitzler era muito diferente de Haider, 11 anos mais novo e com experiência direta em unidades *panzer*, especialmente quando fora chefe de Estado-Maior de Kleist. Enquanto Haider era um estrategista talentoso e respeitado, Zeitzler não tinha qualquer talento nessa área, sendo melhor em táticas. Seu principal talento, no entanto, era a logística.

Durante a invasão inicial da Rússia em 1941, o grupo *panzer* de Kleist começara rumando para leste, para depois virar ao sul em direção ao Mar Negro para cortar a retirada dos soviéticos nos Cárpatos. Em seguida, o grupo girou para o norte para se reunir a Guderian no vasto cerco a Kiev, antes de se voltar para o sul novamente para avançar até a bacia do Donets e isolar as forças russas na Crimeia. Quando Hitler felicitou Kleist por seus sucessos, o general foi generoso o suficiente para dizer que suas vitórias não teriam sido possíveis se Zeitzler não tivesse providenciado um abastecimento adequado. Hitler, então, chamou Zeitzler e pediu ao jovem oficial que desse uma palestra no *OKH* sobre como tinha feito isso. Hitler se lembrou de Zeitzler e agora o nomeava em detrimento de vários generais mais graduados.

Havia mais nisso do que simplesmente querer um homem mais jovem, mais enérgico e com a experiência em tanques como responsável pelo *OKH*. Um traço de Hitler que transparecia cada vez mais conforme a guerra progredia era promover homens inesperadamente e usá-los para realizar tarefas desagradáveis ou controversas. Hitler calculava, muitas vezes com razão, que os homens ficariam muito gratos por sua inesperada promoção que alegremente realizariam a tarefa designada. Se, quando chegasse a hora, estes também começassem a ter escrúpulos em relação ao que foram solicitados a fazer, também poderiam ser substituídos por outros homens, cuja rápida promoção, novamente, os tornaria gratos a Hitler.

A tarefa que Hitler exigia de Zeitzler era implementar sua estratégia de continuar a ofensiva em Stalingrado no próximo inverno. Hitler acreditava que qualquer ataque de inverno soviético em grande escala atingiria o Grupo de Exércitos Centro e, assim, poderia manter suas forças no sul para a ofensiva. Também sabia que muitos de seus próprios generais discordavam e queriam que os exércitos do sul recuassem para uma linha mais facilmente defensável, bem mais atrás de suas posições atuais. A questão não era tanto se Zeitzler agiria como ordenado, mas se Hitler estava certo ou não. E o mais crucial, o que aconteceria se estivesse errado.

Enquanto isso, a terrível luta em Stalingrado continuava.

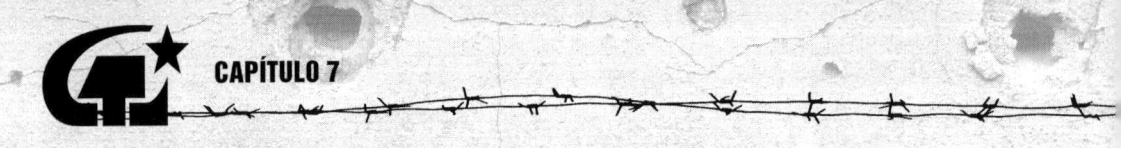

7. A FÁBRICA DE TRATORES

No início de outubro de 1942, o General sir Charles Gwynn, oficial reformado do exército britânico, foi convidado por uma revista britânica a escrever uma análise de como a guerra decorrera no verão de 1942 e suas expectativas para o decorrer do inverno.

A FÁBRICA DE TRATORES

Stalingrado, a Obsessão de Hitler

Gwynn não era tolo. O oficial fizera parte dos *Royal Engineers* em 1889 e fizera carreira em três continentes antes de se juntar ao serviço de informações militar, tendo sido agraciado com diversas comendas, incluindo a *Distinguished Service Order*, e fora nomeado Comandante Cavaleiro da Ordem do Banho ao se aposentar em 1931. Seus trabalhos sobre combate de guerrilha foram padrão de leitura em colégios militares em todo o mundo durante décadas e são lidos ainda hoje. ▶

Infantaria alemã entrincheirada nas ruínas de uma fábrica no final do outono de 1942.

CAPÍTULO 7

O artigo que Gwynn escreveu foi longo e exaustivo, até mesmo reservando um parágrafo para Madagáscar, onde os franceses livres e os britânicos tentavam arrancar a ilha da França de Vichy antes que Pétain permitisse que os japoneses construíssem uma base de submarinos ali. A seção sobre Stalingrado foi bastante longa. Depois de analisar a situação até aquele momento, e comentando sobre o aparente desperdício de homens e equipamentos perdidos no ataque, Gwynn continuou:

"De um ponto de vista estritamente militar, os alemães devem ter começado a duvidar se realmente vale a pena empregar homens e materiais na tentativa de concluir a captura da cidade com um ataque. Já atingiram grande parte de seu objeto, pois praticamente destruíram Stalingrado como centro de indústrias de guerra e conquistaram uma posição que lhes permite interromper a navegação no Volga. É evidente que a consecução de seu objeto completo não será tarefa simples, implicando mais perda de tempo e infligindo mais baixas a seu próprio exército do que ao inimigo.

Se mantiverem uma força de ocupação em Stalingrado para manter a vantagem que já obtiveram, não poderiam então desviar a maior parte de sua força de ataque para um objetivo que valha mais a pena? Seu exército pressionando em direção ao campo petrolífero de Grozny e ao Mar Cáspio está retido às margens do rio Terek. Se fosse fortemente reforçando, não poderia ser posto novamente em movimento? Durante o inverno, poderia muito bem ser mais importante manter os aeródromos no Mar Cáspio, de onde os navios transportando petróleo de Baku e material de guerra do Irã para os Aliados poderiam ser atacados, do que se estabelecer nas margens do Volga congelado. Desde que capturaram Novorossiysk, suas tropas não conseguiram fazer mais progressos. Não precisam, então, de mais reforços para capturar Tuapse e, assim, restringir ainda mais as atividades da frota russa no Mar Negro? A cessação dos ataques a Stalingrado, em qualquer hipótese, aliviaria a pressão sobre as comunicações e rotas de abastecimento dos alemães, permitindo-lhes dar mais atenção às operações no Cáucaso.

Mas será que Hitler consentiria em tais movimentos? O prestígio da Reichswehr estaria profundamente comprometido e não tomar Stalingrado depois do fracasso em capturar Leningrado e Moscou seria uma nova prova de que a organização militar alemã não seria invencível."

Sem dúvida, Gwynn estava correto em todos os aspectos. O esforço feito em Stalingrado estava despojando exércitos alemães em outros lugares de homens e armas de que precisavam para completar suas missões. Para os alemães, teria sido muito melhor interromper seus ataques a Stalingrado, deixar uma força menor para vigiar os soviéticos e transferir reservas para outras tarefas. Gwynn também estava correto ao ressaltar que, naquele momento, Hitler estava tão obcecado pela cidade que se recusaria a

A FÁBRICA DE TRATORES

contemplar qualquer coisa que não fosse sua captura rápida. Menos de uma semana após o artigo de Gwynn ser publicado, o Ministério da Propaganda alemão emitiu uma declaração para a imprensa de países neutros em Berlim, intitulada "Stalingrado será tomada".

O banho de sangue em Stalingrado continuaria inexorável.

Nesse momento crítico, Hitler teve uma briga homérica com seu chefe de Estado-Maior operacional do *OKW*, general Alfred Jodl. Como veremos no capítulo 9, a discussão foi motivada pelos acontecimentos no Cáucaso, mas teria um impacto direto sobre a campanha de Stalingrado. Na esteira da disputa, Hitler pediu ao chefe do Estado-Maior de pessoal do exército, general Rudolf Schmundt, que elaborasse uma pequena lista de homens com habilidades e experiência para substituir Jodl se Hitler decidisse destituí-lo. No topo da lista estava um oficial administrativo altamente talentoso, mas que não era um comandante de campo tão competente, o general Friedrich Paulus. Schmundt foi enviado a Stalingrado para falar com Paulus e ver se estaria interessado.

Schmundt chegou em um momento crucial. O primeiro ataque na cidade fora interrompido e Paulus estava delineando planos para um segundo ataque, que esperava ser definitivo. Schmundt chegou e anunciou que trazia boas notícias de Hitler para Paulus. Paulus presumiu que os reforços que solicitara tantas vezes estavam, finalmente, a caminho e se lançou em um discurso longo e inflamado sobre falta de equipamentos, cansaço de seus homens e os materiais insuficientes, antes de concluir que atingira todos os seus objetivos originais, mas que agora também recebera a missão de capturar Stalingrado. Quando Paulus terminou, Schmundt pôs seus comentários de lado e, então, deu-lhe a notícia de uma possível transferência para substituir Jodl. Paulus fez algumas considerações modestas e autodepreciativas sobre como seus talentos não estavam realmente à altura de tal posto, mas deixou bem claro que aceitaria imediatamente se Jodl fosse destituído.

Quando Schmundt retornou a Hitler em *Werwolf*, Paulus ordenou imediatamente ao seu pessoal que apressasse os planos para o novo ataque. Dessa vez, a parte norte de Stalingrado seria o foco do ataque. Os alvos principais da ofensiva eram três estruturas grandes, solidamente construídas, que dominavam a paisagem urbana ao derredor.

Elas ficavam em uma linha a algumas centenas de metros da margem oeste do Volga. Se pudessem ser capturadas, os canhões alemães poderiam varrer o Volga e o centro da cidade. Os três edifícios eram a Fábrica de Tratores Dzerzhinsky, a Fábrica de Canhões Barrikady e a Siderúrgica Outubro Vermelho.

Mais ou menos naquele momento, o poeta soviético Konstantin Simonov foi enviado a Stalingrado para escrever uma série de artigos para a imprensa soviética. Em seus primeiros artigos, descreveu sua chegada:

"Atravessei o Volga até Stalingrado. O campo de batalha se estendia à minha frente no breve crepúsculo do sul: rolos de fumaça, ruas em chamas. Os

sinalizadores de luz branca do inimigo iluminavam o céu.

Sentado ao meu lado na balsa estava uma menina ucraniana de 20 anos, assistente de um médico. Era sua quinta viagem à cidade, ajudando a evacuar os feridos. Enfermeiras e assistentes de médicos trabalham na própria linha de frente, providenciando para que feridos sejam transportados até a parte extrema da cidade, para o cais, onde há um serviço de transporte de balsas e outras embarcações que transportam os feridos na direção oposta.

'Acho que já deveria estar acostumada com isso', disse-me a menina de repente, quando nos aproximamos da margem em Stalingrado. Mesmo assim, cada vez que venho, tenho medo de desembarcar. Fui ferida duas vezes, uma gravemente, mas nunca pensei que fosse morrer, porque vi tão pouco da vida...'

Seus olhos estavam arregalados, mas tristes. Imaginei como ela se sentiria aos 20 anos e já ferida duas vezes, tendo estado em uma guerra por quinze meses e fazendo sua quinta viagem a Stalingrado. Dali a quinze minutos ela estaria abrindo seu caminho através de casas em chamas, forçando a passagem por ruas laterais bloqueadas por escombros, sem se importar com fragmentos de bombas, procurando os feridos para levá-los dali."

As Táticas Alemãs

Para ajudar os seus homens se preparam para o novo ataque, Paulus concebera novas táticas e trouxe para o combate uma nova arma devastadora: Dora. Por trás desse singelo nome, Dora, estava de fato um dos canhões de cerco mais poderosos e letais já construídos. Tratava-se da arma raiada com o maior calibre (80 cm, 31 polegadas) da história da artilharia e seus projéteis de 7 toneladas eram os mais pesados já disparados. Era tão grande que somente poderia ser disparada de um vagão especial, montado em linhas duplas de transporte ferroviário lado a lado. O canhão inteiro pesava 1.350 toneladas, com 47 metros de comprimento e 7,1 metros de largura, podendo disparar conchas com precisão a uma distância de 38 quilômetros, embora só pudesse disparar 14 vezes por dia. Fora projetado para postos de comando, posições concretadas e outros alvos de que a artilharia mais móvel não pudesse dar cabo.

Para ajudar a desimpedir as ruas como precisava, Paulus recebeu diversas unidades de engenharia especializadas. Essas unidades incluíam equipes de demolição de edifícios e sapadores. A infantaria também fora novamente treinada e reformada para emular as táticas bem-sucedidas das tropas de choque que tinham sido usadas para irromper pelas trincheiras dos Aliados durante a ofensiva alemã de março de 1918. Grupos de uma dúzia de homens foram equipados com metralhadoras e amplos suprimentos de granadas, enquanto um homem manejava uma metralhadora pesada e outro um lança-chamas. Essas tropas de choque iriam na frente, liderando o ataque. Sua tarefa era atravessar a linha de frente soviética em pontos fracos, deixando os pontos fortes intocados, para então estabelecerem uma nova linha de frente em que os soviéticos não pudes-

A FÁBRICA DE TRATORES

Modelo do canhão Dora, empregado contra Stalingrado. Tinha um calibre de 80 centímetros e foi a maior peça de artilharia jamais usada em combate.

sem deslocar suprimentos ou reforços. Por trás dessa nova linha de frente, a infantaria e os tanques alemães se encarregariam de eliminar os pontos fortes isolados.

Bombardeiros *Stuka* seriam usados para destruir qualquer ponto forte que as forças no solo não conseguissem anular. Outros bombardeiros atacariam as áreas de retaguarda por trás das linhas de frente soviéticas, para interromper o fluxo de suprimentos e reforços.

Táticas Soviéticas

Os soviéticos também tinham criado novas táticas. Ordens enviadas do novo quartel-general de Chuikov, uma caverna escavada nas falésias que descem para o Volga, instruíam os oficiais da infantaria sobre como montar um ataque contra posições alemãs.

"Aproxime-se do inimigo. Engatinhe, usando crateras e ruínas. Cave sua trincheira durante a noite e cubra com camuflagem durante o dia. Acumule forças para o ataque furtivamente e sem fazer barulho. A surpresa deve estar do seu lado.

Cada homem deve portar uma submetralhadora e doze granadas. Dois homens entram em uma casa juntos. Você e um granadeiro, ambos com equipamentos leves. Você sem sua mochila e o granadeiro sem equipamento. Envie o granadeiro primeiro, siga depois. Percorra a casa toda, sempre com o granadeiro primeiro, em cada aposento, e siga logo atrás. Existe uma regra estrita: mantenha espaço para seus cotovelos. A cada passo o perigo espreita. Não se preocupe, lance uma granada primeiro em cada sala, depois entre com sua arma. Uma granada, depois você. Sempre e sempre, continuamente! Uma sala? Uma granada! Uma curva de corredor? Uma granada! E mantenha-se sempre em movimento.

119

CAPÍTULO 7

Lembre-se de que o combate dentro de um edifício é sempre frenético. Portanto, esteja sempre preparado para o inesperado. Fique sempre atento. O inimigo pode tentar um contra-ataque. Não tenha medo. Você tem a iniciativa. Seja impiedoso com sua granada, sua arma, sua faca, sua pá."

Atiradores de elite também estavam sendo empregados em números cada vez maiores. Já era prática no Exército Vermelho que o melhor atirador de uma unidade fosse designado como atirador de elite. Sua tarefa era se esconder em algum lugar e tentar atingir oficiais inimigos. Os atiradores de elite mais bem sucedidos recebiam fuzis especiais equipados com mira telescópica.

Em 22 de setembro, o 1047º Regimento de Fuzileiros chegou a Stalingrado e com ele o atirador do regimento, sargento Vasily Zaytsev. Zaytsev tinha um tiro certeiro, mas sua real habilidade estava em saber esconder-se perfeitamente enquanto mantinha um campo de visão claro das linhas inimigas. Ele era hábil em esconder-se à noite embaixo de pilhas de tijolos, em esgotos, por trás do lixo ou em qualquer tipo de lugar improvável. Uma vez escondido, permanecia absolutamente imóvel durante todo o dia, às vezes por dias a fio, até que um alvo aparecesse, quando então dispararia apenas uma vez. Um segundo tiro atrairia a atenção dos alemães e, assim, após ter feito uma vítima, Zaytsev permaneceria deitado, completamente imóvel, até que a escuridão permitisse

Vasily Zaytsev com seu famoso rifle Mosin-Nagant.

Com a sua experiência de caçador, Vasily Zaytsev (à esquerda) era o homem ideal para treinar atiradores de elite soviéticos nas habilidades necessárias para matar.

A FÁBRICA DE TRATORES

sua movimentação. Zaytsev trabalhava em equipe com um assistente chamado Nikolay Kulikov, que permanecia escondido ao alcance de um grito e agia como olheiro para Zaytsev, prestando atenção em coisas que o atirador não pudesse ver.

VASILY ZAYTSEV

Em 31 de janeiro de 2006, o atirador russo Vasily Zaytsev foi enterrado ao lado do enorme memorial de guerra no centro de Volgogrado (antiga Stalingrado). Como se poderia esperar em se tratando de um soldado russo altamente condecorado, os militares russos compareceram em peso à ocasião. Um tanto surpreendentemente foi que militares americanos também estavam lá, vestidos para a ocasião, para colocar uma coroa de flores no túmulo. O motivo de Zaytsev ter sido tão altamente considerado tanto em vida quanto na morte não era tanto o seu histórico de guerra, por mais espetacular que fosse, mas suas habilidades como professor.

Zaytsev nasceu em 1915 e cresceu em uma área rural dos Urais com seu avô, que ganhava a vida como caçador. Mais tarde, Zaytsev alegaria ter disparado em seu primeiro lobo quando tinha apenas cinco anos de idade e certamente, em sua adolescência, já era um caçador de cervos renomado. Mais tarde, entrou para a marinha soviética e quando a Segunda Guerra Mundial eclodiu, trabalhava como funcionário burocrático no porto de Vladivostock, no Pacífico. Buscando ação, foi transferido para o 1047º Regimento de Fuzileiros e logo ganhou reputação como atirador preciso.

Em setembro de 1942, o 1047º Regimento de Fuzileiros foi enviado para lutar em Stalingrado, então sitiada pelo 6º Exército alemão. Um dia, Zaytsev estava em ação quando seu oficial comandante apontou um oficial alemão a aproximadamente 800 metros e perguntou se ele poderia acertar o inimigo. Zaytsev mirou cuidadosamente com seu fuzil Mosin-Nagant padrão e acertou o oficial. Segundos depois, um soldado alemão veio para cuidar do oficial. Zaytsev pôs o fuzil de volta ao ombro e também atingiu o segundo alemão. Para esse feito, recebeu um fuzil Mosin especialmente adaptado para um atirador de elite, com mira telescópica.

Nos dias que se seguiram, a contagem de alemães mortos por Zaytsev aumentou de forma constante. Exatamente quantos homens matou, não se sabe ao certo. A propaganda soviética quase certamente exagerou suas habilidades e o fato repetidamente alardeado de que sua média era de seis alemães mortos por dia em outubro de 1942 não deve ser levado muito a sério. Zaytsev foi, no entanto, claramente um atirador de elite altamente bem-sucedido e bom organizador. Muito de seu sucesso em combate se deveu a sua parceria com Nikolay Kulikov, que divisava os alvos para Zaytsev. No final de outubro, os dois homens foram retirados da linha de frente pelo general Chuikov, comandante do 62º Exército em Stalingrado, e receberam ordens de ensinar suas táticas a outros atiradores.

Foi na Fábrica de Produtos Químicos de Lazur que Zaytsev estabeleceu o que viria a ser a Escola de Atiradores de Elite, onde centenas de atiradores soviéticos seriam treinados. Os homens treinados por Zaytsev chamavam a si mesmos de "Pequenas Lebres", uma brincadeira com a palavra russa para lebre, *zayats*, que soa parecido com Zaytsev. Os homens aprendiam que, para o atirador de elite, o melhor era trabalhar em pares, junto com um observador. Esses homens deveriam assumir posições de modo que entre eles houvesse um amplo campo de visão de todo o campo de batalha. Zaytsev dava grande ênfase à camuflagem, insistindo que os atiradores deveriam se posicionar durante a noite e depois permanecerem deitados e absolutamente imóveis durante o dia até que o alvo surgisse. O atirador, segundo ele, deveria atirar apenas uma vez, pois um segundo tiro revelaria sua posição. Só depois de permanecer deitado por um longo tempo, o atirador poderia se mover para buscar outro esconderijo.

Mais tarde, Zaytsev e Kulikov receberam permissão para voltar à linha de frente e lutaram durante todo o resto da guerra. Zaytsev terminou a guerra com 224 mortes confirmadas, embora fontes soviéticas aleguem que tenha abatido mais de 600 alemães, romenos e italianos em sua carreira. Depois da guerra, fez carreira como engenheiro têxtil e morreu em 1991. Seu funeral foi discreto, mas seu corpo foi mais tarde exumado para ser enterrado com honras militares em Stalingrado, já então rebatizada de Volgogrado.

As táticas de atirador de elite desenvolvidas e ensinadas por Zaytsev permanecem em uso até hoje. Os russos empregaram-nas na Chechênia em 1999 e os americanos puseram-nas em prática no Iraque em 2011.

*Zaytsev foi interpretado pelo ator Jude Law no filme **Círculo de Fogo** (Enemy at the Gates, 2001), dirigido por Jean-Jacques Annaud*

Chuikov também emitiu uma recomendação que viria a ser conhecida como "abraçar o inimigo". Os soviéticos haviam notado que o lugar mais seguro era muitas vezes perto da infantaria alemã. Os *Stuka* e a artilharia evitavam atacar lugares muito próximos de seus próprios homens, para não atingi-los, preferindo alvos a pelo menos 46 metros de seus companheiros. Assim, Chuikov deu ordens para que sua infantaria sempre tentasse permanecer dentro de um raio de 46 metros de um alemão. Isso fez com que inimigos fossem capazes de ouvir um ao outro respirar, falar ou andar, sem saberem exatamente onde seus opositores estavam. A luta terrível em Stalingrado ficava cada vez mais mortal e cruel a cada dia.

A Ofensiva Começa

Às 6 horas de 27 de setembro, a ofensiva alemã começou. À esquerda estava a 389ª Divisão de Infantaria, que recebera a tarefa de capturar o subúrbio de Orlovka e, em seguida, Barrikady. À direita, a 24ª Divisão *Panzer* tinha como objetivo capturar um pequeno aeródromo e, depois, avançar para o centro da cidade. Mais à direita, a 100ª Divisão *Jäger* (uma unidade austríaca) deveria tomar a vila de operários ligada à Fábrica Outubro Vermelho.

O ataque foi precedido por um bombardeio de artilharia pesada e dos *Stuka*, que investiram contra posições soviéticas na linha de frente e as defesas na retaguarda. Quando a 389ª Divisão lançou seu ataque às casas dos operários, foi surpreendida por centenas de mulheres e crianças

A FÁBRICA DE TRATORES

aparecendo de repente e correndo em direção às linhas russas. Presumivelmente, estavam se abrigando em porões. Mas não foram longe. As metralhadoras soviéticas que disparavam contra os atacantes alemães mataram a maioria delas em poucos minutos. Os alemães que viram o incidente ficaram horrorizados. Ao anoitecer, os alemães haviam avançado em todas as áreas, mas o progresso foi lento.

Ao amanhecer do dia seguinte, a *Luftwaffe* chegou em grande número para atacar as embarcações no Volga. Os civis ainda tentavam sair da cidade. Um barqueiro soviético registrou a cena:

"Havia pessoas na praia, incluindo muitas crianças. Usando pequenas pás, além das próprias mãos, elas cavaram buracos para se protegerem das balas e da artilharia. Ao amanhecer, aviões alemães apareceram sobre o Volga. Mergulhando em turnos, voavam sobre uma balsa, bombardeando e abrindo fogo com suas metralhadoras. De cima, os pilotos podiam ver muito bem que havia civis na praia. Muitas vezes vimos pilotos inimigos agindo como assassinos profissionais. Eles abriam fogo contra mulheres e crianças desarmadas e contra seus alvos, de modo a maximizar o número de pessoas mortas. Os pilotos lançavam bombas contra uma multidão no momento em que as pessoas começavam a subir a bordo de um barco, depois disparavam contra o

Bombardeio de mergulho Junker Ju87 Stuka em Stalingrado. Com o combate corpo a corpo na cidade, era difícil para os pilotos distinguirem amigos de inimigos.

CAPÍTULO 7

convés das embarcações e contra ilhas apinhadas de centenas de feridos. As pessoas atravessavam o rio não só em barcos e barcaças. Elas navegaram em barcos superlotados, usavam até mesmo toras, barris e placas amarradas com arame. E os fascistas abriam fogo do ar contra qualquer alvo flutuante. Eles estavam massacrando as pessoas."

O ataque foi brutal, mas conseguiu afundar cinco das seis balsas grandes. Os soviéticos, agora, só podiam usar barcos de pesca e botes a remo para transportar homens e suprimentos no Volga.

Enquanto isso, Paulus enviara a 60ª Divisão de Infantaria Motorizada para apoiar a 389ª Divisão em seu ataque a Orlovka. As novas tropas entraram em ação em 29 de setembro e sua presença foi sentida imediatamente. A maioria do subúrbio foi capturada, mas levaria mais nove dias até que todo o processo fosse concluído. No centro da cidade, o morro Mamayev Kurgan foi novamente capturado pelos alemães, mas depois foi perdido novamente.

Zhukov decidiu que Stalingrado estava em perigo e se esforçou para aliviar a pressão. Calculando com sangue-frio, ele fez o mínimo possível para evitar um desastre completo e manteve a maioria de suas reservas cada vez maiores bem na retaguarda, fora da vista dos alemães. A 39ª Divisão de Fuzileiros da Guarda foi enviada através do rio para Stalingrado, junto com alguns regimentos da 308ª Divisão de Fuzileiros, mas isso foi tudo. Ao norte, em *Rynok*, uma ofensiva foi lançada em 30 de setembro, mas novamente a 16ª *Panzer* a repeliu sem grandes dificuldades.

A Casa de Pavlov

Também em 30 de setembro, os combates começaram em torno de um anônimo bloco de apartamentos que futuramente ficaria famoso como a "Casa de Pavlov". O bloco de apartamentos fora identificado pelo pessoal de Chuikov como um dos pontos fortes que se oporiam ao avanço alemão.

O sargento Yakov Pavlov, com as ruínas ao fundo do edifício que defendeu com seus homens

A FÁBRICA DE TRATORES

A importância da estrutura de quatro andares vinha do fato de estar na esquina da grande e aberta Praça 9 de Janeiro, de onde duas estradas retas seguiam para norte e sul por 914 metros, uma terceira ia para leste até o Volga e uma quarta rumava para oeste por aproximadamente 550 metros.

Um pelotão da 13ª de Guardas, comandado pelo tenente Ivan F. Afanasiev, fora enviado para defender o prédio e passou vários dias fortificando-o. Afanasiev ordenou que minas e armadilhas, além de densas moitas de arame farpado, fossem espalhadas por todas as estradas que levavam à praça, e na praça em si. Fuzis leves antitanques foram instalados em posições protegidas por sacos de areia no telhado, enquanto mais de duas dúzias de metralhadoras foram montadas em ninhos cuidadosamente escondidos, para dispararem através da praça e ao longo das ruas. Dentro do prédio, foram abertos buracos nas paredes para permitir a circulação rápida entre o que antes haviam sido apartamentos separados. Por fim, foi construída uma rede de trincheiras indo dos fundos da edificação até as áreas de retaguarda, por onde suprimentos poderiam ser trazidos.

No primeiro dia dos combates, Afanasiev foi ferido e depois evacuado. Isso deixou os 45 homens que ocupam o prédio sob o comando do sargento Yakov Pavlov, daí o apelido do edifício. Quando a ofensiva alemã chegou a Casa de Pavlov, as tropas de choque alemãs tentaram cercá-la, mas foram bloqueadas ou varridas pelos tiros vindos do prédio. Um ataque direto à Casa de Pavlov falhou, assim como um segundo e um terceiro.

O comandante da unidade de Pavlov enviava homens e suprimentos até o prédio pelo sistema de trincheiras todas as noites, mas nunca tentou remover os homens que já estavam lá. Em nenhum momento houve mais de 50 homens com vida no edifício, embora o número de homens mortos fosse muitas vezes maior.

Quando, por fim, os alemães se retiraram da Praça 9 de Janeiro e da Casa de Pavlov, somente Pavlov e três outros membros da esquadra original, além de duas mulheres residentes, estavam vivos.

Muitas lendas nasceram no Exército Vermelho sobre a Casa de Pavlov. Uma dizia que Pavlov destruíra pessoalmente 12 tanques, atirando com um fuzil antitanque do telhado. Outra dizia que, à noite, os defensores tinham que rastejar até a Praça 9 de Janeiro para derrubar as pilhas de alemães mortos, para que não fossem usadas como cobertura em um ataque posterior. O que se sabe ao certo é que muitas vezes Chuikov disse jocosamente que Hitler perdera mais homens atacando a Casa de Pavlov do que atacando Paris.

Em outros locais, o combate foi igualmente selvagem, embora muitas vezes mais fluido, com edifícios trocando de mãos várias vezes. A proximidade das duas forças combatentes é mostrada em um dos relatórios enviados de Stalingrado pelo poeta Simonov.

"Hoje passei o dia em um posto de comando do batalhão, no norte da cidade. Estava acompanhado por um oficial do quartel-general de Chuikov que conhecia o caminho. Fomos lá ontem à noite, encobertos pela escuridão. O posto de

CAPÍTULO 7

Infantaria soviética avançando por uma rua em ruínas, no início da batalha.

comando fica numa fábrica destruída. A rua que leva ao norte, em direção às linhas alemãs, está sob fogo constante de morteiros. É um lugar perigoso.

O dia raiou e o céu ficou pálido, depois azul. Fomos até um ponto de observação que assomava um setor principal. 'Fiquem à vontade, aqui tem uma poltrona confortável' disse o homem de plantão. O lugar costumava ser um apartamento bem mobiliado no quinto andar. Agora, está a céu aberto, sem teto e com uma parede de pé, em ruínas. Podemos ver tanques alemães se deslocando no final da rua. Um motociclista alemão passa correndo. Em seguida, aparecem soldados de infantaria e uma mina na rua explode. Meu acompanhante diz que precisamos deixar aquela posição e voltar ao posto de comando do batalhão. Fiquei ali enquanto mensageiros iam e vinham com notícias de um ataque alemão rua abaixo, que foi repelido."

Em 1º de outubro, homens da 295ª Divisão alemã descobriram um esgoto que contornava o flanco direito das posições da 13ª Divisão de Guardas soviética, subiram por ali com dificuldade naquela noite e, de madrugada, saíram para atacar a retaguarda da 13ª de Guardas. O ataque atingiu o Volga, mas quando pôs todas as suas reservas no combate, Rodimtsev conseguiu repelir os alemães do rio e proteger seu flanco direito.

No dia seguinte, um petardo alemão atingiu um reservatório de armazenamento de petróleo perto da caverna que servia de quartel-general de Chuikov. O óleo pegou fogo, escorreu do reservatório e cascateou pelas ruas, derramando-se sobre a falésia e no Volga. A torrente em chamas varreu a boca da caverna e destruiu todas as antenas do rádio que Chuikov vinha usando para manter contato com suas unidades e com Zhukov. Os soviéticos em Stalingrado ficaram sem liderança. Na margem oposta do Volga os homens viram a cachoeira de fogo, presumiram que Chuikov e seu quartel-general tivessem sido destruídos e alertaram o quartel-general de Zhukov sobre o desastre.

Zhukov ordenou que seu operador de rádio mantivesse um fluxo constante de sinais para tentar contatar Chuikov. Por fim, um sinal fraco foi recebido em resposta. "Onde você está?", perguntou Zhukov, achando que Chuikov não estava em seu quartel-general quando o desastre aconteceu, mas em outro lugar de Stalingrado.

"Bem", foi a resposta de Chuikov. "Está vendo todas aquelas chamas?" Óleo incendiado passara pela direita da caverna e, milagrosamente, sem ferir ninguém.

As Lições de Verdun

No lado alemão, as comparações com a Batalha de Verdun, na Primeira Guerra Mundial, estavam se tornando cada vez mais comuns. Aquela batalha, travada em 1916, deixara uma cruel cicatriz na memória coletiva do exército alemão. O comandante alemão em 1916, Erich von Falkenhayn, concluíra que os sistemas de trincheiras na Frente Ocidental eram tão fortes que os alemães não poderiam atravessá-los.

Em vez disso, tentou destruir o exército francês em uma enorme batalha de atrito, escolhendo Verdun porque a cidade marcava uma saliência na linha se projetando em território alemão e, assim, a artilharia alemã poderia ser posicionada em três lados das forças francesas. Além disso, linhas ferroviárias corriam perto das linhas alemãs, garantindo um fluxo abundante de suprimentos e munição para a ofensiva. Falkenhayn também sabia que Verdun nunca havia caído perante um ataque inimigo, nem mesmo de Átila, o Huno. Os franceses estariam dispostos a fazer qualquer sacrifício para manter Verdun e o objetivo de Falkenhayn era fazer com que o preço disso fosse realmente muito alto.

Seu plano inicial era submeter Verdun a uma barragem maciça de artilharia, seguida de ataques por infantaria ligeira, o que levaria os franceses a acreditar que um ataque era iminente, trazendo mais tropas para a posição, que seriam mortas por novos bombardeios da artilharia alemã. A campanha começou em fevereiro e correu exatamente como planejada, até que o *Kaiser* se deixou entusiasmar pelos relatórios e insistiu em ataques totais de infantaria, que fizeram as baixas alemãs aumentarem.

Os combates continuaram por meses, com os franceses sofrendo as baixas mais pesadas. Por fim, Falkenhayn interrompeu a batalha, já que seus próprios homens vinham sendo mortos em grande número e os franceses não mostravam sinais de colapso. Só depois da guerra, os alemães viriam a saber que o exército francês estivera à beira de um desastre. Divisões inteiras haviam se amotinado em meio ao alvoroço e se recusado a marchar para Verdun. Mais uma semana ou duas de esforço e a Alemanha poderia ter vencido a guerra.

Os alemães aprenderam duas lições em Verdun. A primeira foi que batalhas de prestígio podem ser terrivelmente custosas, com pouco ganho. A segunda foi que, em uma guerra de atrito, o lado que fosse capaz de mobilizar suas reservas por último seria o vencedor. Se Stalingrado se tornasse uma segunda Verdun, duas perguntas precisavam de resposta: que lado estaria perdendo homens mais depressa e que lado seria capaz de mobilizar suas reservas por último? Para os homens no campo de batalha, era a perspectiva de enfrentar uma morte horrível em um combate de atrito desgastante que ocupava a mente de todos.

A Fábrica Barrikady

A Fábrica Barrikady era defendida pela 308ª Divisão de Fuzileiros. Os homens tinham sido recrutados na Sibéria e mesmo no Exercito Vermelho tinham reputação de serem tenazes e impiedosos. Seu comandante o coronel Leonid Gurtiev, era ainda mais duro. Quando treinava

CAPÍTULO 7

seus homens para cavar trincheiras, esperava até que tivessem terminado e, em seguida, ordenava a um tanque T34 que passasse por cima das escavações, com os homens encolhidos em seu interior. E isso era apenas o treinamento.

O ataque à Fábrica Barrikady foi precedido por ataques dos *Stuka* e bombardeio de alto nível, que duraram todo o dia. Na manhã seguinte, os *Stuka* voltaram, seguidos por disparos de artilharia. Tão logo o bombardeio da artilharia cessou, os *panzer* avançaram, acompanhados da infantaria. Os siberianos saltaram de suas trincheiras para atacar, mas foram saudados por uma cortina assassina de disparos que os abateu em grandes números. A manobra, contudo, serviu para interromper o avanço dos *panzer*, que logo foram atacados por fogo antitanque dos canhões siberianos de 96 mm ocultos nos escombros. Os *panzer* recuaram e os *Stuka* voltaram. Naquela noite, os siberianos avançaram rastejando com minas antitanques, para espalhá-las na área aberta pelos alemães. Tanques T34 chegaram para se unirem aos siberianos em seus contra-ataques limitados e serem escondidos nas ruínas para atuarem como armas antitanque.

Um relatório do Exército soviético relata um incidente na ofensiva norte de Paulus. O relatório foi escrito pelo comandante de uma bateria antiaérea instalada na Ilha de Penkovatyj, no Volga.

"Relatório do comandante da bateria antiaérea, 1051º Regimento de Fuzileiros, 300ª Div. de Inf.

No amanhecer de 20 de outubro de 1942, o posto de observação relatou: na névoa na área de Tomilino, pode-se ouvir o barulho de motores de embarcações. Estão se aproximando da ilha 2 barcos de assalto e 12 botes a remo transportando aproximadamente um batalhão de soldados alemães. Os artilheiros da bateria antiaérea soaram o alarme. Quando os barcos inimigos estavam a 150 metros de distância, a bateria iniciou um fogo destruidor. As companhias de fuzileiros e metralhadoras do 1º Batalhão, 1049º Regimento de Fuzileiros, também começaram a atirar. A artilharia alemã começou a responder o fogo com vigor. Metralhadoras inimigas na margem direita e nos barcos dispararam contra nossas defesas. As armas da bateria destruíram os barcos de assalto alemães e a dupla de metralhadoras, com ajuda dos fuzileiros, destruíram os barcos a remo. Os comandos alemães foram completamente destruídos na água. Nenhum soldado alemão pôs os pés na ilha. Baixas: 1 morto, 6 feridos.

Os seguintes soldados mostraram particular coragem:

1. Sargento Kuzmenko – Comandante da arma antiaérea.
2. Sargento Temirgalyjev – Operador de mira.

Assinado: **Tenente I. Chenin.**"

Paulus via seu ataque romper caminho de forma constante, mas lenta, então convocou a 94ª Divisão de Infantaria e a Divisão *Panzer* a se juntarem à investida. Paulus percebeu, talvez tardiamente, que a artilharia pesada soviética na margem leste do rio Volga vinha dificultando o abastecimento de seus homens na

Soldados do Exército Vermelho patrulham defesas de terra e madeira perto de Stalingrado. Foi em defesas como essas que os soviéticos desafiaram os alemães.

linha de frente, além de causar um forte estrago entre seus combatentes. Ao contrário dos artilheiros alemães, os soviéticos não tinham escrúpulos em bombardear as linhas de frente, mesmo que isso significasse infligir baixas entre seus próprios homens.

Em 5 de outubro, Chuikov recebeu um visitante que não era muito bem-vindo. O general Filipp Golikov era chefe do serviço de informações e vice-comandante de Yeremenko. Golikov atravessou o Volga sob o fogo para entregar pessoalmente a Chuikov uma mensagem direta de Stalin e enfatizar sua importância. A mensagem de Stalin começava elogiando Chuikov e seus homens por sua determinação e habilidades em combate. Depois, vinha a parte ruim. Stalin ordenava a Chuikov que retomasse as partes do centro da cidade que estavam em mãos alemãs. Chuikov sabia que já teria sorte se conseguisse manter o que tinha sem reforços, e expulsar os alemães era impossível. Contudo, ficou quieto. Discutir com Stalin nunca fora uma boa ideia.

A Fábrica de Tratores

Dois dias depois da curta visita de Golikov, a 14ª Divisão *Panzer* lançou uma grande investida para tomar a fábrica de tratores, com apoio da 60ª Divisão Motorizada. Na extremidade sul do ataque, os alemães conseguiram um avanço limitado e rumaram para uma oficina subterrânea onde eram feitos os reparos e a manutenção dos tanques T34. O poeta Simonov registrou o que aconteceu a seguir:

"Os trabalhadores ouviram que tanques alemães tinham rompido as defesas e rumavam direto para a fábrica. Os diretores e o superintendente

CAPÍTULO 7

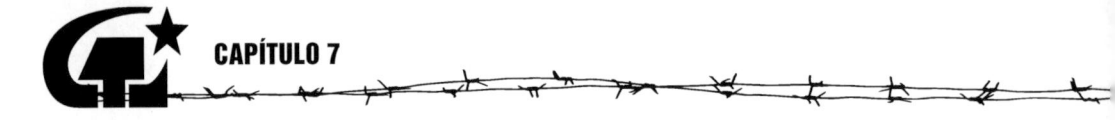

da oficina convocaram os trabalhadores para uma reunião. Várias tripulações de tanques foram selecionadas. Em seguida, os reparos em alguns tanques que estavam em fase de conclusão foram acelerados. Quando o trabalho estava terminado, os trabalhadores saltaram para os tanques e partiram para enfrentar o inimigo, seguidos por destacamentos de seu companheiros com fuzis e granadas. Eles encontraram os alemães em uma ponte de pedra que cruzava uma ravina estreita. Os tanques se defrontaram na ponte e um duelo furioso começou. Enquanto isso, metralhadores alemães começaram a descer o barranco para tentar chegar ao outro lado. Os operários os enfrentaram. Barricadas foram construídas em todas as ruas que levavam à ponte. Assim como na Guerra Civil, as esposas levavam munição para seus maridos. Moças se deslocavam pelas posições avançadas, fazendo curativo nos feridos e arrastando-os para segurança. Muitos morreram, mas os trabalhadores detiveram os alemães até que os reforços do Exército Vermelho chegaram e cobriram a brecha.

Um tanque soviético KVI deixa a fábrica de tratores depois de ter sido reparado às pressas para se juntar à luta.

A FÁBRICA DE TRATORES

Fiquei de pé na ponte e olhei por sobre a ravina. Era uma visão extraordinária. Os barrancos íngremes fervilhavam como um formigueiro, formando uma colmeia de cavernas. As entradas estavam cobertas com tábuas, panos, qualquer coisa em que as mulheres de Stalingrado pudessem por as mãos para proteger suas famílias da chuva e do vento. A visão me encheu de amargura."

Embora os alemães não conseguissem tomar a fábrica de tratores, fizeram avanços significativos. Eles estavam agora em uma posição de varrer todo o Volga com metralhadoras ou artilharia. Atravessar o rio estava se tornando cada vez mais perigoso. As tripulações de todas as embarcações restantes e das balsas que desciam o rio à noite foram forçadas a se juntar ao *NKVD* e foram reunidas na 71ª Companhia Especial de Serviços. Isso não era nenhum favor. A disciplina no *NKVD* era ainda mais feroz e mortal do que no Exército Vermelho. Além disso, deu ao Partido Comunista, e não ao Exército, o controle sobre a movimentação através do Volga, já que a 71ª Companhia Especial de Serviços ficou sob as ordens do *NKVD* na margem leste, que não estava sob o comando de Chuikov.

Era um sinal de que uma crise na campanha se aproximava.

Uma unidade de lança-chamas alemã com dois homens se prepara para atacar. O disparo do Flammenwerfer 41 tinha um alcance de 30 metros e duração de 10 segundos.

CAPÍTULO 8

8. IMPASSE

Se Chuikov estava recebendo ordens impossíveis de Stalin, Paulus, por sua vez, recebia ordens impraticáveis de Hitler. Em 8 de outubro, Paulus informou que sua última ofensiva chegara a um impasse. A presença soviética na margem oeste era tênue, para dizer o mínimo. Os soviéticos estavam divididos entre diversos bolsões espalhados ao longo do Volga, cada um deles recebendo suprimentos limitados pelo rio. Ainda assim, Paulus era incapaz de destruir os enclaves finais de resistência soviética.

IMPASSE

Hitler Ordena uma Nova Ofensiva

A resposta de Hitler foi quase imediata: outra grande ofensiva deveria ser organizada e estabeleceu 14 de outubro como data para o novo ataque. Hitler tem sido frequentemente condenado por essa ordem e por vários outros erros cometidos durante aquela campanha desastrosa, mas nessa situação, pelo menos, ele não era o único culpado. Os relatórios em que baseou sua decisão eram seriamente imprecisos. Como vimos, os serviços de informação alemães superestimaram o número de forças soviéticas na seção central da linha ao norte de Stalingrado, ou seja, acreditavam que os russos tinham menos forças disponíveis do que tinham de fato em Stalingrado. O erro foi agravado por relatórios gerados por Paulus e pelo 6º Exército, que superestimavam as baixas infligidas aos russos em Stalingrado. Superestimar perdas inimigas não é uma falha militar incomum, mas os números de Paulus haviam sido confirmados por Weichs, que deveria ter monitorado e controlado a informação em vez de simplesmente passá-la adiante. ▶

General Chuikov, comandante do 62º Esquadrão em Stalingrado, em seu *bunker* de comando.

CAPÍTULO 8

Como resultado, os alemães pensaram ter destruído uma porção maior das forças soviéticas do que o fizeram de fato. Hitler imaginava que sua posição em Stalingrado, em outubro de 1942, era semelhante à de Falkenhayn em Verdun, em setembro de 1916, e convencera-se de que as forças inimigas estavam à beira de um colapso total e que uma última investida os destruiria. Hitler não queria repetir o erro de Falkenhayn e interromper um ataque quando estava prestes a ter sucesso. Em vez disso, cometeu um erro diferente: atacou novamente quando não tinha nenhuma chance de sucesso.

Paulus decidiu que sua nova investida enfocaria o mesmo setor norte, como em sua ofensiva anterior. Dessa vez, o ataque seria feito em uma frente estreita, para que uma maior concentração de força pudesse ser empregada. A fábrica de tratores seria o primeiro alvo e, uma vez capturada, o avanço empurraria os soviéticos para as margens do Volga.

Às 6 horas de 14 de outubro, o ataque foi iniciado com uma grande formação de bombardeiros de mergulho *Stuka*, que investiu contra a área à frente da 14ª Divisão *Panzer*. Depois, veio o fogo de artilharia, morteiros e canhões de assalto. O general Viktor Zholudev, comandante da 37ª Divisão de Guardas, foi soterrado em seu *bunker* de comando pelo bombardeio alemão e teve de esperar, desconcertado, por várias horas até que seus homens conseguissem desenterrá-lo.

Em seguida, os *panzer* e a infantaria avançaram pela "terra de ninguém" criada pelos bombardeiros e pela artilharia. Àquela altura, não foi surpresa para os alemães que os soldados russos não só tivessem sobrevivido à barragem, mas estivessem em posição e prontos para lutar. Conforme planejado, as tropas de choque alemãs avançaram através das seções mais fracas da linha soviética para isolar pontos fortificados. Em vários lugares, os soviéticos, cercados, em vez de ficarem na defensiva, optaram por lançar ataques que eram suicidas, mas profundamente enervantes para os alemães.

No segundo dia da ofensiva, uma unidade de infantaria da 14ª Divisão *Panzer* irrompeu pelas linhas soviéticas e atingiu o Volga. Os alemães se espalharam ao longo das margens e, à tarde, haviam capturado a caverna onde Chuikov fize-

Infantaria alemã faz uso de peça de artilharia leve para lidar com uma posição soviética.

ra seu quartel-general. O comandante soviético, no entanto, já havia se mudado às pressas para o sul, em segurança. Todavia, seu exército estava muito longe de estar seguro. Naquela noite, os serviços médicos relataram que 3.500 homens gravemente feridos foram tratados em hospitais militares. Ninguém sabia quantos homens estavam mortos.

No dia seguinte, os alemães começaram um avanço ao longo da margem do rio, com o objetivo de isolar os russos sobreviventes de suas fontes de suprimentos através do Volga. Outro ataque foi lançado da fábrica de tratores, já capturada, em direção à Fábrica Barrikady. Um efetivo de tanques soviéticos parou o último ataque, embora a um custo muito alto, mas o avanço até a margem do rio parecia inexorável. A 112ª Divisão e a 115ª Divisão estavam nos escombros ao redor da fábrica de tratores, isoladas de Chuikov.

Sem Ajuda para Chuikov

Chuikov enviou uma mensagem de rádio para Yeremenko e Khrushchev, na qual pedia permissão para transferir a maior parte de sua equipe de administração para a margem leste do Volga, enquanto ele e seu pessoal de comando principal permaneceriam na margem oeste. Khrushchev temia a reação de Stalin a esse pedido e nem sequer o transmitiu, dizendo a Chuikov que seu pessoal teria de ficar. Mais tarde naquele dia, o pessoal administrativo receberia fuzis e granadas. Ao anoitecer, alguns deles entrariam em ação.

O próprio Yeremenko cruzou o Volga encoberto pela noite para ver o que estava acontecendo, encontrando Chuikov sombriamente determinado a manter sua posição até a morte, mas muito cansado, sujo e sem quase nada que pudesse lhe ser útil. Zholudev estava no *bunker* de comando de Chuikov quando Yeremenko chegou. Yeremenko perguntou-lhe como seus homens da 37ª de Guardas estavam se saindo. Zholudev explodiu em lágrimas e desabou, incapaz de responder.

No dia seguinte, os comandantes das isoladas 112ª e 115ª Divisões contataram Chuikov por rádio para informar que suas unidades haviam sido efetivamente destruídas e pediram permissão para evacuar os sobreviventes através do Volga. Chuikov recusou.

Quando, mais tarde, Chuikov descobriu que as duas divisões estavam, na verdade, ainda lutando naquele momento, enviou os comandantes para a corte marcial e o pelotão de fuzilamento.

Enquanto isso, Chuikov estava em movimento novamente. Em 17 de outubro, transferiu seu quartel-general para um *bunker* próximo de Mamayev Kurgan, ainda mais ao sul. Dali, passou um rádio para Yeremenko, perguntando se a artilharia pesada na margem oriental poderia abrir fogo sobre as áreas onde os alemães se concentravam para um novo ataque. Yeremenko recusou, informando que não havia munição disponível. O avanço alemão continuou. Em 25 de outubro, Chuikov comandava aproximadamente uma dúzia de bolsões de território separados, cada um deles ocupado por uma mistura de unidades fragmentadas. Suprimentos eram trazidos pelo Volga em barcos a remo e depois levados para o topo das margens íngremes até os vários enclaves. O avanço alemão fora incansável, embora pagasse um alto preço.

CAPÍTULO 8

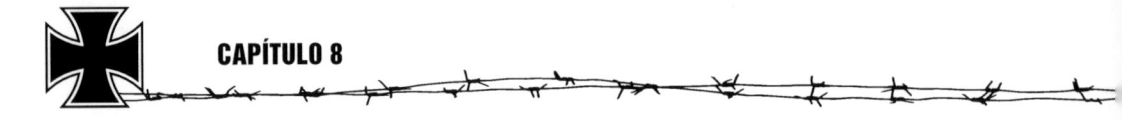

Possivelmente, Chuikov não tinha ilusões sobre aquilo que o destino lhe reservava. O general não tinha como saber por que Yeremenko dissera que a artilharia estava sem munição, mas deve ter imaginado que esta fora mais bem empregada em outros lugares. Talvez o alto comando soviético tivesse abandonado a esperança de manter Stalingrado.

Os Alemães se Entrincheiram

Em 1º de novembro, os alemães lançaram um novo ataque, dessa vez contra a Fábrica Outubro Vermelho. Novamente, Chuikov usou o rádio e pediu apoio de artilharia pesada. Dessa vez, conseguiu, e o ataque alemão terminou com a derrota dos atacantes. Chuikov foi informado de que não poderia contar com outra ajuda desse tipo. O que ele não sabia era que também não poderia contar com novas grandes ofensivas alemãs.

Por toda a Frente Oriental, o frio estava chegando, os dias ficavam mais curtos e o inverno se aproximava. Seria o segundo inverno dos alemães na Rússia. Apesar de estarem, agora, muito mais bem preparados para enfrentar o frio cortante e as nevascas, ainda estavam muito longe de estarem preparados para uma campanha de inverno. Era impossível para os alemães realizar quaisquer operações importantes com confiança e, sendo assim, todos os comandantes, dos marechais de campo até os tenentes, passaram a pensar em medidas defensivas que lhes permitissem sobreviver ao inverno sem perder muitos homens ou muito terreno. Trincheiras e armadilhas para tanques foram cavadas às pressas antes

Infantaria soviética entra na Fábrica Outubro Vermelho, enquanto o combate se intensifica.

que a terra congelasse; árvores foram derrubadas e sua madeira transformada em abrigos, cabanas e depósitos. Embora Hitler fosse conhecido por se opor firmemente a qualquer retirada, algumas mudanças sutis ocorreram na linha de frente, permitindo que os alemães recuassem para colinas, rios e outras linhas que pudessem ser mais facilmente defendidas. Todos os oficiais alemães se lembravam dos ataques soviéticos ao redor de Moscou no inverno anterior e não queriam ser pegos desprevenidos.

Em Stalingrado, a eficiência na preparação das defesas, em outubro, recebia a mesma atenção. Nas áreas de retaguarda, eram construídos hospitais de campanha, postos de comando e depósitos de suprimentos. Muitas vezes, estes eram construídos no subsolo ou camuflados entre as ruínas dos subúrbios. Mais de um general construiu seu quartel-general em uma rede de porões interconectados sob casas arruinadas e deixadas como estavam, para que nada fosse visível do ar. Muitas das ruínas serviram de fonte para madeira, telhas, tijolos e outros materiais de construção. Vários caminhões transportavam esse material para unidades acampadas nas planícies abertas. Ninguém queria ficar exposto ao frio e à neve quando poderiam estar em abrigos aquecidos, forrados de tijolos ou madeira.

Os homens na linha de frente em Stalingrado começaram a converter suas posições em bastiões de defesa. Casas foram convertidas em ninhos de metralhadoras e esconderijos de atiradores de elite. Janelas foram cobertas com tela de arame para impedir a entrada de qualquer granada soviética inesperada, esgotos foram bloqueadas para impossibilitar ataques russos de surpresa e arame farpado foi generosamente espalhado para retardar qualquer avanço soviético. Minas foram plantadas em todas as estradas e armadilhas foram instaladas nas casas, para forçar os soviéticos a avançarem cautelosamente e, portanto, lentamente. Todo o pessoal que não fosse necessário no inverno foi deslocado centenas de quilômetros para a retaguarda, de modo a aliviar as linhas de abastecimento sobrecarregadas que levavam víveres até Stalingrado.

Ninguém, todavia, esperava que as coisas fossem fáceis. Ordens do *OKH*, assinadas por Hitler, convocavam todos para uma "defesa ativa". Isso significava que um patrulhamento agressivo seria realizado regularmente; que pequenas ofensivas seriam lançadas localmente sempre que houvesse uma boa chance de sucesso; e que a artilharia deveria disparar esporadicamente nas linhas de abastecimento soviéticas.

Pelo que os alemães podiam perceber, os soviéticos também estavam preparando suas defesas para o inverno. Eles também estavam cavando trincheiras, derrubando árvores e melhorando o posicionamento defensivo de suas linhas de frente. Em alguns pontos, as linhas de frente se distanciavam mais e mais, conforme ambos os lados se afastavam de terrenos vulneráveis. Havia apenas um setor da frente onde os russos não passavam claramente para a defensiva: Rzhev. Essa cidade ficava na região em que o Grupo de Exércitos Centro alemão mantinha a linha e próxima da extremidade norte de onde os serviços de informações alemães acreditavam que estava o principal efetivo russo.

CAPÍTULO 8

Ao redor de Rzhev, os soviéticos fizeram vários pequenos ataques contra os alemães, como se estivessem sondando suas posições e força. Essa manobra convenceu os planejadores do OKH de que seria ali que os russos lançariam sua campanha de inverno, prevista para final de novembro ou início de dezembro.

Hitler concordou, pelo menos com a maior parte, e os planos alemães foram traçados de acordo. No entanto, segundo o general Walter Warlimont, então membro do OKW, uma conferência estratégica foi interrompida por Hitler que, estranhamente pensativo, apontou para o rio Don a oeste de Stalingrado. Em seguida, brindou sua equipe com o conto de como o Exército Vermelho soviético vencera uma batalha lá contra o Exército Branco tsarista em 1919. Hitler estava se referindo àquela que ficou conhecida como a Batalha de Tsaritsyn, o antigo nome de Stalingrado. Os Brancos tinham derrotado os Vermelhos na estepe aberta e empurrado-os de volta para Tsaritsyn, que foi então sitiada. As forças brancas pareciam estar à beira da vitória quando reforços do Exército Vermelho chegaram inesperadamente e lançaram um ataque selvagem a oeste da cidade, que fez os brancos baterem em retirada confusos. O comissário do Exército Vermelho que autorizara a ofensiva, mesmo contra ordens de Lenin em Moscou, fora um jovem Stalin.

"Me pergunto se ele tentaria a mesma coisa novamente", ponderou Hitler, e pediu um relatório sobre a condição das forças romenas que protegiam as linhas a oeste e ao sul do 6º Exército alemão em Stalingrado.

Problemas Romenos

Quando o relatório chegou, mostrou ser uma leitura lamentável. O exército romeno juntara-se à guerra na expectativa de realizar operações secundárias, como a captura de posições russas isoladas pela *blitzkrieg* dos tanques, e jamais fora equipado, nem treinado, para o combate moderno na linha de frente. Uma vez que sua última grande reforma fora no final da Primeira Guerra Mundial, refletia em grande parte o pensamento convencional predominante de então. O grosso do exército era formado por divisões de infantaria, treinadas na luta de trincheiras e em escaramuças. O equipamento da infantaria era ultrapassado. Sua principal arma antitanque era o canhão francês de 37 mm, de 1916, um clássico da Primeira Guerra Mundial que os alemães capturaram em 1940 e entregaram aos seus aliados. Havia várias brigadas de cavalaria, que foram eficazes em missões de reconhecimento e patrulhamento no verão de 1942. Os romenos contavam com bem poucos tanques, todos ultrapassados.

O relatório foi entregue a Hitler, mas se ele leu ou não, não se sabe. O ditador alemão certamente nunca mais se referiria a ele novamente, ou à Batalha de Tsaritsyn em 1919.

Contudo, se Hitler preferiu ignorar os romenos, o próprio comandante destes começava a ficar ansioso. O general Petre Dumitrescu lutara na Primeira Guerra Mundial, sendo promovido a coronel em 1919, e na década de 1930 passara algum tempo servindo no exército francês. O general sabia das condições do exército francês antes que este sofresse a derrota catastrófica de 1940 e estava dolorosamente ciente de que suas próprias forças eram muito similares. Fez, então, reiterados pedidos para que recebesse modernos canhões antitanque alemães, mas esperou até outubro para receber somente seis canhões de 75 mm para cada uma de suas divisões e, mesmo assim, com dotações mínimas de munição.

Percebendo que não receberia mais equipamentos antes da primavera de 1943 e, possivelmente, nem mesmo depois, Dumitrescu decidiu tentar um último esforço para fazer com que os alemães entendessem a situação crítica de suas forças. O general e sua equipe prepararam um relatório detalhado, analisando suas posições defensivas, o equipamento de seus homens e a força e as posições das tropas russas que enfrentavam. Dumitrescu enviou o relatório para Weichs, na sede do Grupo de Exércitos B, em 29 de outubro. O relatório não somente apresentava uma análise clara das forças romenas, como também uma estimativa de que o efetivo russo era muito maior do que aquele previsto pelo OKW e, consequentemente, por Weichs. O relatório também detalhava o deslocamento de reservas até a linha de frente russa, o número de pequenos ataques de sondagem feitos pela infantaria soviética no mês anterior e um par de testemunhos de prisioneiros russos, que alegavam que uma grande ofensiva estava sendo preparada. O relatório de Dumitrescu concluía dizendo que os soviéticos estavam prestes a atacar com um grande efetivo a seção romena da linha e estimava que a investida seria feita nas próximas quatro semanas.

Weichs ficou compreensivelmente alarmado e ordenou a Richthofen que fizesse uma série de voos de reconhecimento sobre a frente russa e as áreas de retaguarda à frente dos romenos, além de convocar Paulus de volta ao QG do Grupo do Exército, em Starobelsk, para discutir o relatório de Dumitrescu e as descobertas de Richthofen. A reunião concluiu que os russos haviam concentrado quatro divisões (três de infantaria e uma blindada) em Kletskaya e três divisões (duas de infantaria e uma blindada) em Blynov. Sua força combinada não era maior que aquela empregada pelos russos em Rynok algumas semanas antes, em um ataque que fora repelido sem muita dificuldade. Paulus e Weichs concluíram que os russos estavam pretendendo atacar os romenos, mas que as reservas alemãs estariam à altura da tarefa. Eles acreditavam que os ataques iniciais, onde quer que ocorressem, romperiam as linhas de frente romenas. Entretanto, uma vez que as posições dos ataques russos fossem conhecidas, as forças alemãs arremeteriam para contê-los e, depois, empurrá-los de volta pelo Don. Ninguém no Grupo de Exércitos B ficou muito preocupado – exceto Dumitrescu.

O general romeno contatou o marechal Antonescu em Bucareste e explicou a situação em termos bem claros. Antonescu contatou Hitler, mas foi ignorado. Os romenos tentaram novamente e foram agraciados com promessas de um encontro pessoal com o *Führer* para discutir a contribuição da Romênia na guerra contra a Rússia. Como os acontecimentos provariam, esse encontro viria tarde demais.

Uma Última Tentativa Antes do Inverno

Outra pessoa estava ficando preocupada com a forma como os eventos se de-

CAPÍTULO 8

senrolavam. Kurt Zeitzler, novo chefe do Estado-Maior de Hitler, tinha experiência em logística e entendia perfeitamente os problemas de abastecimento que seus exércitos enfrentariam durante o próximo inverno.

Também entendeu que o sistema de abastecimento russo na área dependera do tráfego pluvial no Volga. A maioria das balsas fora afundada e o Volga estava congelando. "Se não pudermos definir a situação [em Stalingrado] agora, quando os russos estão em dificuldades e o Volga está bloqueado por blocos de gelo, então nunca mais poderemos fazê-lo", escreveu.

Zeitzler e Hitler disseram a Paulus para fazer mais uma tentativa de capturar Stalingrado antes de uma interrupção definitiva para o inverno. Paulus recebeu quatro novos batalhões de sapadores, treinados especialmente na luta subterrânea em esgotos, porões e cavernas. Os homens sobreviventes da 71ª, 79ª, 100ª, 295ª, 305ª e 389ª Divisões foram reorganizados em unidades de choque e auxiliares.

Na madrugada de 11 de novembro, os *Stuka* de Richthofen e outros bombardeiros bombardearam mais uma vez as linhas de frente russas, concentrando-se na área norte de Mamayev Kurgan. Em seguida, tanques e infantaria alemães avançaram, auxiliados pelos sapadores, que rastejavam pelos esgotos para emergir nos flancos e na retaguarda das posições defensivas russas. Por dois dias, o ataque alemão correu tão bem quanto se poderia esperar. Várias posições russas foram sobrepujadas, outras foram cercadas e, em meia dúzia de lugares, os alemães chegaram ao Volga. As posições de

Fotografia aérea alemã da fábrica de tratores danificada.

Chuikov ficaram ainda mais desmanteladas e fragmentadas.

Mais uma vez, a defesa russa não cedeu. Os alemães estavam esgotados, mas uma distribuição de doses de anfetaminas lhes deu forças para continuarem lutando. Foi tudo em vão. Os russos estavam cercados, mas não se rendiam. O 62º Exército de Chuikov já estava reduzido a uma dúzia de postos avançados isolados, porém continuava lutando. Estabeleceu-se um impasse. Os homens ainda estavam sendo mortos às centenas, mas as linhas de frente estavam estáticas e nenhum dos lados tinha nenhuma esperança de assegurar sua predominância sobre o amontoado de escombros fumegantes que antes fora Stalingrado.

Zeitzler também se preocupara com a posição romena e instou Weichs a tomar medidas para fortalecê-la. Poucos dias depois, Weichs informou ao *OKH* que o 48º Corpo *Panzer* assumira posição por trás do Don, para que pudesse mover-se rapidamente e tampar qualquer brecha aberta na linha da frente romena. Isso não era

IMPASSE

um reforço tão grande para os romenos quanto parecia ser. O corpo consistia na 14ª Divisão *Panzer*, 24ª Divisão *Panzer*, 29ª Divisão *Panzergrenadier* e 108ª de Artilharia. Todas essas unidades haviam estado profundamente envolvidas na luta de rua em Stalingrado e haviam sido retiradas da cidade por terem sido consideradas inaptas para o combate na linha de frente, devendo ser postas na reserva até que pudessem receber novos equipamentos e recrutas.

Em 10 de novembro, o 48º Corpo *Panzer* relatou que contava apenas com 147 tanques operacionais, menos de um terço de sua dotação. Desses tanques, 92 eram obsoletos *Panzer* 38 (T), um tanque que seria retirado de serviço em 1943. Esses *panzer*, na verdade, eram tanques tchecos capturados pelos alemães em 1939 e empregados como veículos de reconhecimento de unidades blindadas, além de lidar com posições de infantaria. Apenas 55 dos tanques do corpo, os modelos *Panzer* IV, tinham alguma chance contra o T34 soviético e, mesmo assim, suas tripulações estavam tão cansadas da luta em Stalingrado que precisavam seriamente de um descanso.

Quem também precisava descansar era o general Paulus, comandante do 6º Exército. Seu médico ficou tão preocupado com seu estado que pôs, por escrito, que se Paulus não fizesse uma pausa em seu comando, logo sofreria um colapso. Paulus disse que não poderia se ausentar naquele momento, mas que o faria quando a campanha fosse interrompida para o inverno. Da mesma forma que a reunião de Antonescu com Hitler, já seria tarde demais.

Os alemães em Stalingrado estavam ficando sem tempo.

O projeto do Panzer 38 era anterior à guerra, resistente e confiável, com desempenho excelente no terreno, mas dotado de um canhão pequeno.

CAPÍTULO 9

9. A CORRIDA PELO ÓLEO

O ponto central de toda a campanha do sul em 1942 deveria ser o avanço para capturar os campos petrolíferos do Cáucaso. Hitler fora informado por seus assessores econômicos que o esforço de guerra alemão não poderia ser mantido à custa somente do petróleo romeno e, assim, a captura do Cáucaso se tornou o principal objetivo em 1942. Mesmo assim, a investida contra o Cáucaso nunca foi devidamente concluída. Os motivos disso, bem como o impacto desse fracasso na campanha de Stalingrado, têm sido geralmente negligenciados.

Panzergrenadiere avançam em um veículo meia-lagarta de apoio SdKfz251, armado com uma metralhadora MG34.

A CORRIDA PELO ÓLEO

O Avanço de List

A campanha do Cáucaso era da responsabilidade do Grupo de Exércitos A, comandado pelo marechal de campo Wilhelm von List. Na verdade, List fora um acréscimo um tanto tardio ao plano. O marechal estava comandando as forças alemãs na Grécia quando foi convocado para assumir o comando do Grupo de Exércitos A e não chegou até julho de 1942. Àquela altura, grande parte do planejamento já tinha sido concluído por Bock, que fora destituído por Hitler.

O plano original para o Grupo de Exércitos A exigia uma investida contra Armavir e Maikóp, no extremo norte do Cáucaso ocidental. As forças, então, fariam uma pausa lá até que o Grupo de Exércitos B tivesse capturado o flanco norte ao longo do Don e do Volga, antes de avançar para sudeste até Grozny e os campos petrolíferos principais. Esse plano relativamente modesto foi abandonado em abril, depois de Hitler e o *OKW* terem superado o choque da ofensiva russa em Moscou, em dezembro de 1941, e os alemães terem retomado a iniciativa. ▶

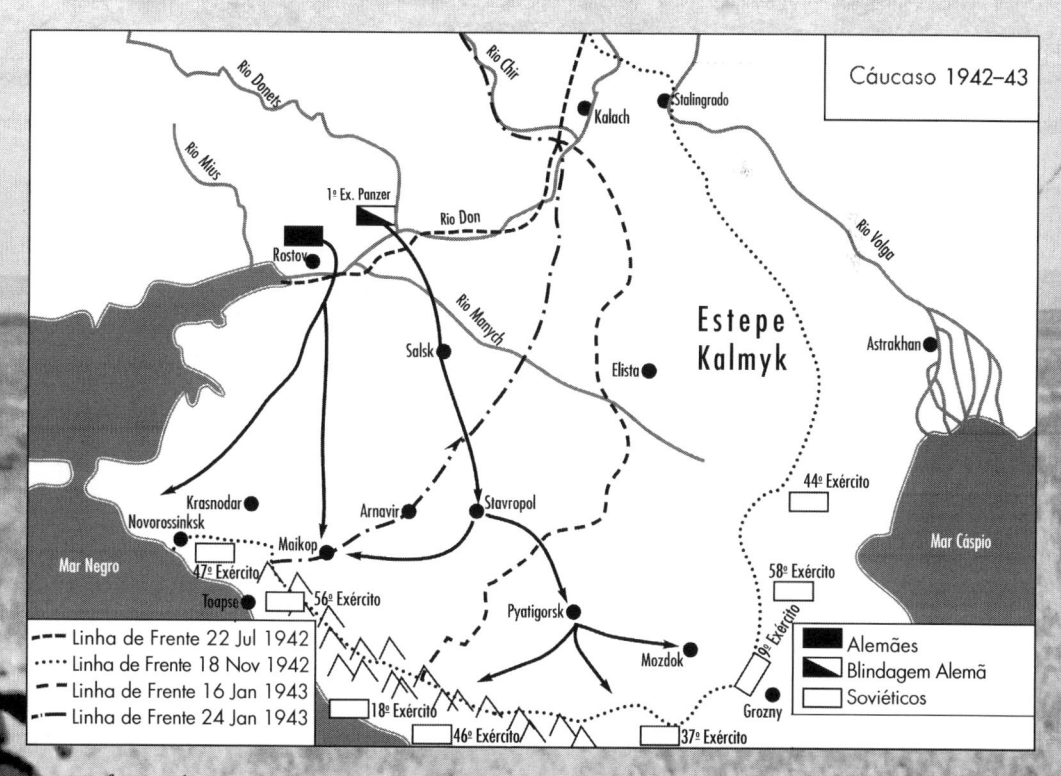

Cáucaso 1942–43

- — · — Linha de Frente 22 Jul 1942
- ······ Linha de Frente 18 Nov 1942
- – – Linha de Frente 16 Jan 1943
- –··– Linha de Frente 24 Jan 1943

■ Alemães
◤ Blindagem Alemã
☐ Soviéticos

A ofensiva alemã contra os campos petrolíferos do Cáucaso começou bem, mas a falta de combustível fez com que os panzer parassem aquém de seus objetivos.

CAPÍTULO 9

O novo plano determinava que o Grupo de Exércitos A avançasse sem parar até Grozny e Baku. Para realizar essa tarefa, List recebeu o 1º Exército *Panzer*, comandado por Kleist, o 11º Exército, o 17º Exército (todos alemães) e o 4º Exército romeno. Esse efetivo não era tão forte quanto parecia. Embora o 11º Exército fizesse parte oficialmente do Grupo de Exércitos A, na verdade, fora designado conforme ordem específica de Hitler para sitiar a grande base naval de Sevastopol, na Crimeia. Liderado por seu talentoso comandante, Erich von Manstein, esse exército estava envolvido no cerco quando a campanha começou. List esperava que Manstein e seu exército concluíssem logo o cerco e retornassem ao grosso do Grupo de Exércitos A no Cáucaso.

Sevastopol se renderia em 4 de julho, poucos dias antes da data marcada para o início da ofensiva contra o Cáucaso. Manstein começou a organizar seu exército para marchar para o leste, deixando a Crimeia através do estreito de Kerch e chegando pela retaguarda do flanco esquerdo russo quando List começasse seu avanço. O próprio List sugeriu que o 11º Exército marchasse para fora da Crimeia pelo norte e assumisse posição na retaguarda do avanço do Grupo de Exércitos A, para atuar como reserva móvel. O general, então, poderia usar o 11º Exército onde quer que o desenrolar da campa-

Tropas russas a bordo de um navio que as levará para se juntarem à defesa de Sebastopol. A defesa da cidade custou aos russos 100 mil homens.

nha exigisse. Mas Hitler entrou em cena para bloquear as duas ideias.

Hitler ordenou que Manstein e a maior parte do 11º Exército se deslocassem para o norte de trem, para participar do assalto a Leningrado. A divisão foi enviada para reforçar o Grupo de Exércitos Centro, mas apenas algumas unidades foram enviadas para List. A perda de quase metade de sua força de infantaria foi um golpe para o general, mas ele continuou com seu plano.

Quando finalmente ficou pronto, o plano de List previa que o 17º Exército marchasse pelo flanco direito, de modo que a costa do Mar de Azov ficasse à sua direita. O golpe principal seria dado pelo 1º Exército *Panzer* ao norte, à esquerda do 17º Exército. Os *panzer* irromperiam pelas linhas soviéticas para, em seguida, virarem para o sul através de Millerovo até chegarem ao Don, a leste de Rostov. List esperava que isso envolvesse todo o setor sul dos soviéticos, forçando o 12º, 18º e 56º Exércitos russos a recuarem às pressas ou serem capturados.

Uma vez que o crucial centro de transportes de Rostov fosse capturado, List planejara investir rapidamente para sudeste até Armavir e Maikop e, em seguida, até Grozny e, por fim, Baku, na costa do Mar Cáspio. A costa do Mar Negro em seu flanco direito não desempenhava nenhum papel nesses planos. List pretendia simplesmente isolar as tropas russas ao longo dessa costa, bloquear os desfiladeiros montanhosos pelos quais os russos poderiam interferir com seus planos e, em seguida, deixá-los para trás. Também não tinha planos de cruzar as

Lançado em 1911, o encouraçado *Parizhskaya Communa* era dotado de canhões de 12 polegadas e serviu como artilharia durante o cerco de Sevastopol.

CAPÍTULO 9

montanhas do Cáucaso e entrar na Geórgia, na Armênia ou no Azerbaijão. Essas províncias soviéticas não tinham óleo e eram de pouco valor econômico. Mais uma vez, as passagens montanhosas poderiam ser bloqueadas com facilidade e as forças soviéticas ao sul das montanhas poderiam ser ignoradas.

Mais problemática era a vasta estepe de Kalmyk. Essa enorme área seca de pastagem se estendia do baixo Volga até o Cáucaso e cobria aproximadamente 103 mil quilômetros quadrados. A terra não tinha nenhum valor intrínseco e era esparsamente habitada por pastores nômades, mas deixava exposta grande parte da ala esquerda do avanço planejado por List.

Se Weichs e o Grupo de Exércitos B capturassem o baixo Volga, então Kalmyk não representaria grande ameaça. Porém, se o baixo Volga permanecesse nas mãos dos soviéticos, estes poderiam posicionar reforços em Kalmyk para atacar o flanco de List. List optou por enviar fortes patrulhas motorizadas a Kalmyk para ver o que estava acontecendo ali, mas sem fazer qualquer tentativa de ocupá-la.

Os *Panzer* Ficam sem Combustível

A ofensiva de List foi iniciada quando Weichs marchava sobre Voronezh. As ações de Weichs também serviram para manter a atenção do alto comando soviético voltada para essa área e fazê-lo pensar que os alemães estavam planejando atacar Moscou pelo sul.

Os tanques de Kleist irromperam pelas desorganizadas forças soviéticas à sua frente, conforme planejado e executado, encontrando muito pouca oposição. O 17º Exército avançou como devia pelo flanco direito, novamente sem encontrar muita dificuldade. Como vimos, o 4º Exército *Panzer*, de Hoth, foi desviado de Stalingrado para ajudar Kleist a capturar Rostov, algo que Kleist poderia ter feito muito bem por conta própria.

Em 25 de julho, Kleist atravessou o rio e dois dias depois retomou sua investida em direção aos campos petrolíferos, com Hoth sendo enviado de volta para o norte até Stalingrado. Os *panzer* de Kleist puderam, então, realmente entrar

DIREITA: O general Ruoff (ao centro) assumiu o comando do 4º Exército Panzer em janeiro de 1942 e safou-o do Cáucaso.

em seu próprio ritmo. A paisagem era desimpedida e desprovida de grandes cidades que pudessem atrasá-los. Em 19 de julho, Kleist capturou Proletarskaya; em 31 de julho, Salsk caiu; e em 7 de agosto, seus tanques na liderança entraram em Armavir. Apenas dois dias depois, os primeiros poços de petróleo russos seriam capturados quando os tanques de Kleist invadiram a área em torno de Maikop. No mesmo dia, outros *panzer* chegaram aos contrafortes do Cáucaso em Pyatigorsk, 240 quilômetros a leste de Maikop, enquanto as unidades motorizadas ligeiras que faziam um veloz reconhecimento em Kalmyk chegaram a Budennovsk, a outros 160 km a leste. Foi um dos mais rápidos avanços alemães em toda a guerra.

Atrás de Kleist, o 17º Exército, comandado pelo general Richard Ruoff, capturou Rostov e, depois, seguiram na trilha aberta pelos tanques de Kleist. Ruoff realizou com sucesso sua tarefa de varrer os bolsões de resistência deixados para trás pelo deslocamento rápido dos tanques de Kleist.

Os russos explodiram a grande barragem do rio Manych, na esperança de interromper as linhas de abastecimento alemãs, mas, depois de uma pausa de apenas dois dias, o avanço continuou.

Os *panzer*, entretanto, estavam em sérios apuros. O problema não eram os soviéticos, pelo menos não diretamente, mas o sistema ferroviário soviético. List planejara usar a longa linha ferroviária russa que ia de Rostov a Baku, via Grozny, para abastecer seus exércitos. Mas as coisas não seriam tão fáceis. Para começar, a passagem estreita no entroncamento em Rostov limitava a quantidade da carga a ser transportada, enquanto os problemas com as diferentes bitolas russas causavam mais atrasos do que os engenheiros ferroviários de List haviam previsto.

Escrevendo após a guerra, Kleist lamentou a situação.

"A principal causa do nosso fracasso foi a falta de gasolina. A maior parte das nossas fontes deveriam vir por via férrea, partindo da passagem estreita em Rostov, já que a rota do Mar Negro era considerada insegura. Uma certa quantidade de combustível era entregue por via aérea, mas o total que

chegava era insuficiente para manter o ritmo do avanço, que chegou a um impasse justamente quando nossas chances pareciam melhores."

Kleist estava correto. Naquele momento, as defesas soviéticas eram quase inexistentes. Se seus *panzer* tivessem recebido combustível suficiente, poderiam ter avançado quase sem oposição por todo o caminho até Baku.

Mas eles não tinham a gasolina necessária e o atraso deu tempo ao comandante soviético, Semyon Budenny, para organizar-se e trazer reforços. Embora Budenny reorganizasse bem suas defesas, Stalin ainda não o perdoara pelo desastre em Kiev, em 1941, e logo o substituiu por Ivan Petrov.

List Chega a um Impasse

List, por sua vez, dividira sua frente em duas. O 1º Exército *Panzer* ficara responsável pela estepe de Kalmyk e pelo avanço ao longo dos contrafortes do Cáucaso até Grozny e Baku. O 17º Exército deveria avançar ao longo da costa do Mar Negro para capturar os portos de Tuapse e Batum. Era dali que a frota russa do Mar Negro estava pronta para navegar e atacar os comboios de abastecimento que partiam da Romênia com munição, combustível e alimentos para os homens de List. Se os portos pudessem ser capturados, a frota não teria escolha a não ser partir para um porto turco neutro e ficar retida até o fim do conflito. Isso permitiria que navios de abastecimento alemães usassem o Mar Negro, o que aliviaria a passagem estreita em Rostov.

General Paul von Kleist (à esquerda), comandante no Cáucaso.

Infelizmente para o 17º Exército, o terreno no qual deveria avançar era formado por penhascos íngremes, picos elevados, ravinas escondidas e trilhas irremediavelmente inadequadas que haviam sido erroneamente assinaladas como estradas nos poucos mapas disponíveis.

A campanha logo degenerou em uma série de escaramuças de infantaria combatidas em um terreno horrível. Em outubro, o 17º Exército ainda cobriria os 120 quilômetros até Tuapse.

Kleist se viu obrigado a esperar até que tivesse reunido estoques de combustível e munição antes de retomar o avanço. O rio Terek, que descia das montanhas até Kalmyk, provou ser um obstáculo difícil. Sua corrente era rápida e seu leito era profundo e descontinuado e, além disso, os soviéticos já estavam entrincheirados no lado oposto. Investidas repetidas no final de agosto não conseguiram ultrapassar a linha do rio. Porém, no início de setembro, os *panzer* conseguiram cruzar mais abaixo, em Mozdok.

A CORRIDA PELO ÓLEO

Os poços de petróleo de Baku eram o objetivo final de toda a campanha alemã no sul em 1942, mas nunca foram capturados.

O imenso campo petrolífero em Grozny estava agora a apenas 80 quilômetros.

Mesmo nesse momento de potencial triunfo, Kleist tinha mais problemas. Novamente, escrevendo após a guerra, disse:

> "Embora a falta de combustível fosse ruim, não foi a causa fundamental do fracasso. Poderíamos ter atingido nosso objetivo (Baku) se minhas forças não tivessem sido desviadas pouco a pouco para ajudar no ataque a Stalingrado. Além de parte de minha infantaria motorizada, tive que abrir mão de todo o meu efetivo antiaéreo e toda minha força aérea, com exceção de alguns esquadrões de reconhecimento. Essas perdas contribuíram para o que, na minha opinião, foi uma causa adicional do fracasso. De repente, os russos concentraram uma força de 800 bombardeiros em minha frente, operando de aeródromos próximos a Grozny. Embora apenas cerca de um terço desses bombardeiros fosse moderno, foi o suficiente para colocar um freio na continuidade do meu avanço. Isso foi ainda mais eficaz por causa da minha falta de caças e artilharia antiaérea."

Não só isso, mas o insucesso do Grupo de Exércitos B em capturar o baixo Volga deixou os russos abastecerem e reforçarem sem problemas as defesas soviéticas. Como Kleist recordaria mais tarde, as forças soviéticas não se limitavam à luta defensiva, mas também faziam incursões rápidas e ataques para perturbar os alemães.

CAPÍTULO 9

"Os russos trouxeram reservas da Sibéria, que passaram a ser uma ameaça para meu flanco ali [na estepe de Kalmyk], que estava tão distendido que a cavalaria russa podia passar por meus postos avançados sempre que quisesse. Essa concentração em meu flanco foi ajudada pela estrada de ferro que os russos haviam construído através da estepe, partindo do sul de Astrakhan, instalada ali de modo grosseiro sobre o solo, em linha reta, sem nenhuma fundação. Esforços para lidar com a ameaça destruindo a ferrovia foram inúteis, pois assim que qualquer seção da estrada de ferro era destruída, um novo conjunto de trilhos era rapidamente colocado. Minhas patrulhas chegaram muitas vezes ao Cáspio, mas esse avanço não nos levou a lugar nenhum, pois meu efetivo nas estepes se debatia contra um inimigo intangível. Com o passar do tempo e o crescimento da força russa naquela área, a ameaça contra o flanco se tornou cada vez mais séria."

Um correspondente de jornal russo, chamado Eugene Krueger, cavalgava com a cavalaria pela estepe de Kalmyk naquela época e registrou suas impressões.

"O dia estava chegando ao fim quando o general voltou da frente. Sem fazer uma pausa para tirar o paletó, caminhou até a mesa e desdobrou um mapa. Passou, então, a explicar a situação e o plano para as operações subsequentes. Seu discurso foi rápido e lacônico. Sem perder tempo com detalhes, tentou fazer com que todos os presentes entendessem sua ideia principal. Seu entusiasmo era contagiante, seu discurso, áspero.

Perguntei-lhe sobre suas armas que cavalaria usava. Ele respondeu: 'Fuzil, sabre, granadas, bombas de gasolina. Veja esse homem' – e apontou para um oficial de barba grisalha sentado ali perto, comendo – 'Sujeito estranho. Certa vez, atacou um tanque em cima de seu cavalo. Coisa absurda, não? Mas jogou uma granada dentro do tanque e matou a tripulação. É de tipos assim que precisamos'."

O general me disse que seus cossacos levavam consigo nenhum trem de bagagem durante um ataque, mas carregavam tudo de que precisavam em seus próprios cavalos e me contou sobre um ataque em que, após se infiltrarem nas linhas alemãs, os homens cavalgaram por 96 quilômetros em território inimigo. Uma vez lá, dominaram completamente a situação, danificando estradas e comunicações, queimando suprimentos e destruindo veículos pesados e caminhões. Atormentaram o inimigo sem trégua. No segundo dia, deram de cara com um efetivo da infantaria alemã e o destruíram. Depois disso, os cossacos se separaram em pequenos grupos, espalhando-se em todas as direções para escapar da perseguição.

Durante 12 dias, cavalgaram por trás das linhas fascistas e depois de destruíram 250 soldados alemães, 87 metralhadoras, 115 caminhões, 2 depósitos de munição e 3 estações de rádio, e voltaram para casa.

Outro incidente que vale a pena relatar aconteceu quando uma força cossaca ficou retida numa ravina pelos alemães. O comandante cossaco pre-

A CORRIDA PELO ÓLEO

cisava buscar reforços e escolheu seus cinco melhores cavaleiros para a tarefa, esperando que pelo menos um deles conseguisse passar. Cada um recebeu um envelope lacrado com a mesma mensagem. Eles conseguiram passar pelas linhas inimigas, mas ficaram em plena vista dos soldados alemães. Num instante, nada menos que 10 metralhadoras abriram fogo contra os cavaleiros. Um a um os cavaleiros caíram de suas selas, sendo arrastados sem vida sobre o solo pelo estribo de seus cavalos. Todas as cinco mensagens pareciam ter sido perdidas. Mas era apenas um truque cossaco. Assim que os cavalos estavam fora da vista dos alemães, os cavaleiros aparentemente mortos saltaram de volta à sela. Todas as cinco mensagens foram entregues em segurança."

No final de agosto, o avanço de List havia sido interrompido em suas duas frentes. Com a chegada do outono, a perspectiva de capturar os principais campos petrolíferos ou forçar a frota soviética a ficar no porto antes do inverno parecia cada vez mais distante. Somados ao fracasso em capturar Stalingrado, os atrasos no Cáucaso enfureceram Hitler, que enviou três novas divisões para List, juntamente com ordens para avançar pelo extremo oeste da cadeia montanhosa e atacar Batum por terra. Como era de costume quando a ideia era sua, Hitler fez com que o pessoal do OKH trabalhasse nos detalhes, supervisionando tudo pessoalmente, e depois enviou seu plano a List para ser levado a cabo exatamente como especificado, sem margem para adaptação às condições locais.

Quando o ataque falhou por causa do terreno difícil e de uma determinada resistência soviética, Hitler ficou cada vez mais impaciente por resultados e arredio com List. No início de setembro, Hitler enviou Jodl, chefe de operações do *OKW*, ao quartel-general de List, tanto para expressar seu descontentamento quanto para ordenar a List para que começasse a se mexer. Jodl ficou por alguns dias, enquanto inspecionava as posições de List e a situação do abastecimento, saindo de lá com a certeza de que as chances de alcançar os objetivos da campanha eram pequenas.

Quando Jodl retornou ao quartel-general de Hitler, foi até sua escrivaninha para preparar suas notas para a reunião com Hitler e o restante do Estado-Maior, a quem deveria relatar sua viagem. Hitler estava por demais impaciente para esperar a reunião e foi falar com Jodl. Hitler ouviu o relato de Jodl sobre a situação e perspectivas adversas na área para, em seguida, se lançar a um de seus monólogos, recitando suas já habituais diatribes sobre a incapacidade de seus generais para entender sua visão e a má qualidade do pessoal militar do alto escalão, terminando com a afirmação de que List deveria ter atacado em apenas um ponto e não ter espalhado suas forças entre as várias passagens nas montanhas.

"Mas, meu *Führer*", disse Jodl, algo de que se arrependeria por muito tempo, "ele fez exatamente o que lhe foi ordenado fazer."

Em seguida, Jodl apontou para as ordens do *OKW* que instruíam List a atacar como ele o fizera. No pé da nota que servia de capa para as ordens, estava a assinatura do próprio Hitler.

CAPÍTULO 9

Tropas alpinas no Cáucaso. A maioria dessas tropas levemente armadas do exército alemão eram de origem austríaca ou bávara.

Hitler olhou para as ordens com sua assinatura e empalideceu. Olhou mudo para Jodl e um silêncio absoluto caiu sobre o ocupado escritório. Seus olhos estavam esbugalhados de fúria. Hitler girou nos calcanhares e abandonou a reunião.

Hitler Assume o Controle do Grupo de Exércitos A

Foi esse incidente que fez com que Hitler passasse a considerar Paulus como um substituto para Jodl. Apesar disso, Jodl não foi substituído e manteve seu posto até o fim da guerra. Hitler permaneceu frio com ele por alguns meses e pode-se até argumentar que Hitler nunca mais confiou em Jodl. Mas a cisão com Jodl teve implicações que foram muito além dos dois homens em questão. Escrevendo após a guerra, o segundo em comando de Jodl, Walter Warlimont, disse:

"Outra consequência foi que Hitler mudou completamente sua rotina diária. A partir daquele momento, ficou longe das refeições comunais que até então vinha partilhando duas vezes por dia com sua comitiva e os oficiais do OKW. Dali em diante, raramente saía de seu escritório durante o dia, nem mesmo para os relatórios diários dos comandantes de exércitos sobre a situação militar, que passaram a ser entregues a ele em seus próprios aposentos, na presença de um círculo cada vez mais restrito, se recusando ostensivamente a apertar a mão de qualquer geral do OKW.

Em um dos raros momentos em que me confidenciou algo, Jodl disse que estava inclinado a encontrar uma explicação para a reação extrema de Hitler ao evento no campo psicológico, pois concluíra que um ditador, por uma questão de necessidade psicológica, nunca deve ser lembrado de seus próprios erros, a fim de manter sua autoconfiança, fonte essencial de sua força ditatorial.

Minha própria opinião era e é mais simples, mas vai mais além. Estou con-

A CORRIDA PELO ÓLEO

vencido de que Hitler, quando confrontado com a situação real no final da segunda ofensiva contra a Rússia, compreendeu, de repente, que nunca alcançaria seus objetivos no leste e que a guerra, no fim, estaria perdida."

Quaisquer que fossem os motivos para a reação de Hitler, seu próximo passo foi rápido e repentino. List foi demitido e substituído pelo próprio Hitler. Obviamente, Hitler não tinha nenhuma intenção de ir até o sul da Rússia e assumir seu novo posto, nem de abandonar suas funções de *Führer* do governo alemão e comandante-em-chefe das forças armadas alemãs. Ele não tinha tempo nenhum para comandar o Grupo de Exércitos A. Nas semanas que se seguiram, Kleist e Ruoff se viram ignorados quando precisavam de decisões, ou inundados com ordens e exigências de informações quando tudo o que queriam era não serem perturbados.

Somente em novembro Hitler abriu mão de seu comando nominal do Grupo de Exércitos A e ordenou que Kleist assumisse. Kleist, por sua vez, foi substituído como comandante do 1º Exército *Panzer* por Eberhard von Mackensen.

Àquela altura, não houvera muito movimento na frente do Cáucaso. O chefe da propaganda, Josef Goebbels, havia filmado alguns montanhistas alemães escalando o Monte Elbrus que, com seus 5.642 metros, é o pico mais alto na Europa, e Kleist fez uma série de esforços meramente protocolares para ir avante a partir de suas posições avançadas em torno de Mozdok, mas fora isso, nada demais aconteceu. Os soviéticos pareciam satisfeitos em apenas assistir aos alemães, enquanto eles mesmos lançavam poucas incursões contra o distendido sistema de abastecimento alemão.

Era quase como se estivessem esperando que algo acontecesse.

Da esquerda para a direita: von Weichs, Hitler, Paulus, von Mackensen e von Bock discutem os planos para um novo ataque a Stalingrado.

10. OPERAÇÃO URANO

*Durante semanas, os sinais estavam lá para quem quisesse ver. Já em setembro, o general Günther Blumentritt, intendente mor do **OKH**, preparara um relatório sobre a posição em Stalingrado, dizendo que "Não seria seguro manter um flanco defensivo tão longo durante o inverno". Em outubro, um relatório do comandante romeno, general Petre Dumitrescu, previa um grande ataque russo contra suas tropas. No início de novembro, até Kurt Zeitzler, chefe de Estado-Maior do OKH, tentara sugerir que já estava na hora de encontrar uma posição facilmente defensível onde passar o inverno.*

OPERAÇÃO URANO

As Baixas Aumentam

Ainda assim, o 6º Exército permaneceu em Stalingrado, golpeando as defesas soviéticas e pagando um alto preço em sangue. Os ataques já eram muito menores que antes, pouco mais do que patrulhas agressivas de companhias, mas custariam vidas.

Não eram apenas os russos que causavam baixas. O 6º Exército começou a apresentar uma taxa desproporcionalmente alta de doenças, sem dúvida provocadas por uma combinação de fadiga, baixo moral e rações insuficientes. Disenteria e tifo eram os problemas mais comuns. ▶

Tropas soviéticas entrincheiradas não muito longe de Stalingrado.

CAPÍTULO 10

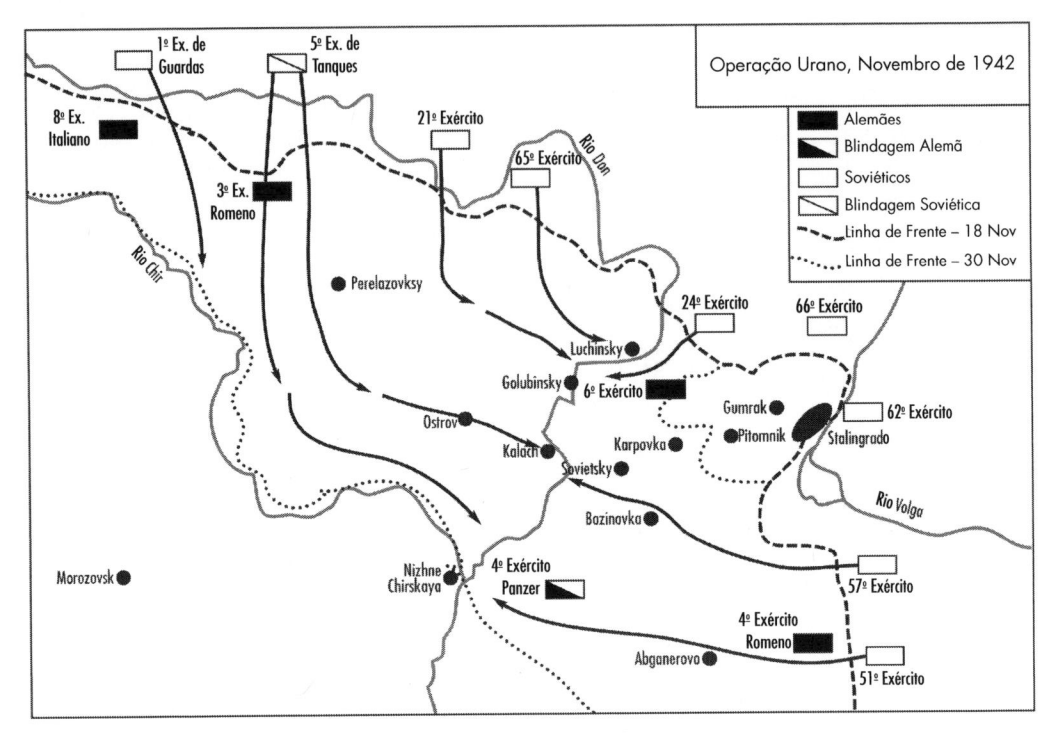

A ofensiva soviética para cercar o 6º Exército alemão em Stalingrado foi a primeira ocasião em que os russos usaram táticas de *blitzkrieg* alemãs.

O principal motivo para o 6º Exército ter permanecido em Stalingrado foi o fato de Hitler e seu alto escalão terem interpretado fatalmente errado esses sinais. Eles acreditaram que a força principal soviética estava muito mais ao norte, em torno de Rzhev, e que o esperado ataque de inverno russo aconteceria ali. A atividade russa em torno de Stalingrado fora encarada como uma indicação de uma ofensiva em escala relativamente pequena, cujo objetivo seria atrair as forças alemãs para fora da cidade e, assim, aliviar a pressão sobre Chuikov e seu exaurido 62º Exército. Paulus, Weichs e Hitler estavam convencidos de que um ataque russo aconteceria em algum lugar perto de Stalingrado e estavam todos igualmente certos de que seria em pequena escala e facilmente contido.

Os Planos de Contra-Ataque Soviéticos

Na verdade, os soviéticos vinham acumulando forças metodicamente e na surdina para um contra-ataque de grande escala em Stalingrado. O plano fora concebido em 13 de setembro, quando Zhukov estivera em Moscou para se encontrar com Stalin e seu Chefe de Estado-Maior, Aleksandr Vasilevsky. Zhukov e Vasilevsky arquitetaram um plano para lançar ataques simultâneos contra as tropas romenas que ocupavam as linhas de cada lado do 6º Exército. Essas incursões investiriam de forma rápida e profunda, para se reunirem na retaguarda do 6º Exército e isolá-lo. Os generais acreditavam que o Exército Vermelho teria força suficiente para montar os ataques, mas nada mais. Todas as outras operações planejadas teriam de ser cancelada e todas as reservas tomariam parte naquela que foi chamada de Operação Urano.

Após alguma hesitação, Stalin aceitou o plano e deu autoridade a Vasilevsky para se transferir, equipar e treinar todas as forças necessárias para o plano. Porém Stalin impôs uma condição: sigilo absoluto. Ninguém, absolutamente ninguém deveria saber dos motivos para as mudanças e deslocamentos. Se alguém perguntasse, deveria receber em resposta comentários vagos sobre ações locais limitadas. Cada comandante deveria ser mantido na ignorância sobre o fato de que suas forças atuariam como parte de um empreendimento maior. Apenas quando o momento da ofensiva se aproximou é que o segredo foi revelado a um pequeno número de oficiais de planejamento e comando do alto escalão.

Conforme elaboravam ocultamente seus planos, Zhukov e Vasilevsky decidiram mudar drasticamente suas táticas e copiar, tanto quanto possível, a *blitzkrieg* dos alemães. Antes, a doutrina tática russa enfatizava a importância de as unidades manterem contato com outras unidades que as flanqueavam e avançarem somente após confirmação de que seus flancos estavam protegidos. Agora, Zhukov começava a instruir seus comandantes de tanques a avançarem muito e rápido, independentemente do que acontecia em seus flancos. Comandantes de infantaria foram informados de que sua nova tarefa era seguir os tanques e não liderar o ataque. Oficiais de cavalaria receberam ordens de abandonar suas táticas de atacar e fugir. Em vez disso, deveriam seguir os tanques, desmontando para lutar como infantaria, quando necessário. Unidades aéreas foram instruídas a cooperar estreitamente com as forças de terra, especialmente os tanques. Não somente isso, mas o plano de Zhukov exigia uma concentração maciça de forças em uma área pequena para o sucesso do avanço inicial, aquilo que os alemães chamavam de *Schwerpunkt*.

É verdade que, para esse tipo de manobra ofensiva rápida, o equipamento soviético não era tão adequado quanto o alemão. Para começar, muitos tanques soviéticos não tinham rádios. Ainda mais restritivas eram as más condições do sistema de abastecimento soviético, significando que os tanques perderiam contato com suas fontes de combustível e munição de forma relativamente rápida. Entretanto, a Operação Urano não exigia um avanço de tanques tão extenso como aqueles que os alemães empreenderam em 1941. O objetivo geral era bem menos ambicioso e estava dentro das capacidades soviéticas.

A ofensiva Urano seria lançada em três *Schwerpunkt*. O primeiro seria em Kletskaya, a oeste de Stalingrado. O objetivo dessa investida era abrir um buraco na frente romena e, então, girar para enfrentar os alemães fora de Stalingrado e mantê-los ocupados. Enquanto isso, o ataque principal seria lançado mais a oeste, em Serafimovich, a aproximadamente 160 quilômetros de Stalingrado. Essa ofensiva deveria irromper pelas linhas romenas e, em seguida, correr para sudeste em direção a Kalach, abrindo uma cunha profunda e cada vez mais larga na retaguarda do 3º Exército romeno.

CAPÍTULO 10

O ataque final seria desferido ao sul de Stalingrado, em Plodovitoye. Esse avanço também deveria ser rápido e profundo, com o mesmo objetivo, Kalach. Quando as colunas se encontrassem em Kalach, os alemães em Stalingrado estariam cercados e presos.

Zhukov e Vasilevsky estimavam que, naquele momento, as capacidades ofensivas do Exército Vermelho estariam esgotadas. Os soviéticos, então, passariam para a defensiva, para assegurar o terreno que tivessem conquistado e impedir que o 6º Exército alemão escapasse. Zhukov estimava que, com o tempo, a fome faria com que Paulus e seus homens se rendessem.

O treinamento e a preparação duraram semanas, mas foi somente no final de outubro que homens e equipamentos começaram a ser transferidos para Stalingrado. Ao mesmo tempo, quem estava na linha de frente recebeu ordens de realizar patrulhamentos e reconhecimentos mais intensos, para verificar as posições romenas e os detalhes do terreno em que os ataques ocorreriam. Foi esse aumento de atividade que alarmara Dumitrescu e o levou a apresentar seu relatório a Weichs.

O movimento das forças soviéticas ocorreu sob o máximo sigilo. Cada unidade sabia onde estava indo, mas estava alheia a outros movimentos. Prisioneiros russos e desertores informavam aos romenos e alemães sobre seus próprios regimentos, mas isso era tudo. Grandes esforços foram feitos para esconder o acúmulo de tropas dos pilotos da *Luftwaffe*. Todos os movimentos de tropas aconteciam à noite, com soldados e equipamentos permanecendo imóveis sob camuflagem durante o dia. Havia também muita atividade falsa em andamento. Ao longo da frente, onde a ofensiva deveria ocorrer, os soldados russos eram mantidos ocupados, construindo elaborados sistemas de defesa e cabanas confortáveis, para dar a impressão de que sua intenção era de permanecerem imóveis durante o inverno. Zhukov estimou que precisaria de cinco novas pontes sobre o Don para abastecer sua ofensiva, mas para disfarçar essa importância, ordenou que dezessete novas pontes fossem construídas em outros lugares. Então, vieram as chuvas e, depois delas, as penosas geadas.

Os atrasos forçados pela necessidade de sigilo e pelo mau tempo fizeram com que a Operação Urano fosse adiada por dez dias, para 19 de novembro. Em 13 de novembro, Zhukov viajou para Moscou para ter uma reunião final e detalhada com Stalin e Vasilevsky. Houve alguma preocupação com o poderio da *Luftwaffe* na área, mas no final, os planos não foram alterados. A neve caiu sobre Stalingrado naquele dia e as tropas russas receberam seus uniformes brancos. Em 14 de novembro, houve um susto quando uma patrulha informou que havia tropas alemãs no setor romeno perto de Kletskaya. Zhukov ficou preocupado que os alemães tivessem percebido o ataque iminente e substituído as fracas unidades romenas por novas tropas alemãs. Na verdade, os alemães eram engenheiros, que estavam ali para aconselhar os romenos sobre a construção de abrigos. Patrulhas subsequentes não encontraram mais nenhum sinal de alemães e o susto se desfez.

O 6º Exército É Cercado

Às 4 horas de 19 de novembro, as tropas russas estavam de pé e receberam suas ordens. Os soldados suspeitavam havia

OPERAÇÃO URANO

muito tempo que um ataque era iminente, mas foi somente na última hora que perceberam o que estava envolvido. Quando as tripulações dos tanques foram informadas de que deveriam mergulhar profunda e rapidamente por atrás das linhas alemãs, houve aplausos. O ataque deveria iniciar às 7 horas, ao amanhecer. Quando o sol surgiu, havia uma neblina densa e enregelante. O ataque começou no horário.

Zhukov havia reunido uma força enorme para o seu ataque, com nove exércitos, mais de um milhão de homens, 13 mil canhões, 894 tanques e 1.150 aviões. O tamanho do esforço pode ser percebido pelo fato de dois terços de todos os tanques soviéticos em condições de operar terem sido lançados na ofensiva. Primeiro, veio o fogo de artilharia, assolando as posições romenas com a mais pesada e mais longa barragem de artilharia soviética na guerra até aquela data. Normalmente, a artilharia russa era precisa, mas barragens raramente duravam muito tempo, devido à falta de munição. Não houve esse problema naquele dia e os canhões rugiram continuamente.

Em Stalingrado, homens de ambos os lados ouviam a troada contínua dos canhões e se perguntavam o que viria a seguir. Entre eles, sem saber de nada, estava o próprio Chuikov. Às 2 horas, o general recebera uma mensagem por rádio instruindo-o para aguardar notícias importantes, mas nem mesmo ele sabia do que se tratava.

Os romenos podiam estar equipados com armas obsoletas e, talvez, faltasse a eles o treinamento em táticas modernas, mas sabiam como cavar trincheiras.

Uma unidade de veículos meia-lagarta antiaéreos da 24ª Divisão Panzer nas estepes russas. Na teoria, unidades de blindados eram totalmente motorizadas.

A grande barragem da artilharia soviética teve um efeito muito menor do que o esperado. O primeiro ataque russo, feito pela infantaria, foi rechaçado na maioria dos lugares. Os generais soviéticos sabiam que velocidade era essencial, então enviaram os tanques T34 para apoiar a infantaria no segundo ataque. Ao meio-dia, os romenos cederam em Kletskaya e, às 15 horas, foram sobrepujados em Serafimovich.

Seguindo suas novas ordens de mergulhar rápido e profundo em território inimigo, os tanques soviéticos avançaram com apoio da cavalaria. Seu avanço célere precipitou as áreas de retaguarda romenas à confusão. Como o exército francês em 1940, os romenos simplesmente não estavam preparados para lidar com o deslocamento rápido de linhas de comunicação e abastecimento forçado pela investida dos

159

CAPÍTULO 10

tanques. Unidades se viram isoladas de seus quartéis-generais, depósitos de suprimentos foram destruídos e os sistemas de comunicação deixaram de funcionar.

Somente às 10 horas Paulus receberia um telefonema no quartel-general do 6º Exército informando que um ataque russo contra as posições romenas estava em andamento. Porém, ele já sabia disso, pois estava escutando a barragem de artilharia havia algum tempo. O que precisava saber eram os detalhes, mas não havia nenhum. Às 11 horas, o 48º Corpo *Panzer*, a principal unidade de reserva, recebeu ordens de se deslocar para o norte e enfrentar alguns tanques russos de tipo e quantidade desconhecidos. Foi relatado que esses tanques haviam irrompido pelas linhas romenas e estavam avançando em direção a Gromky.

Em Stalingrado, Paulus optou por aguardar notícias antes de fazer qualquer coisa. Numa decisão crucial, o general deixou a 16ª Divisão *Panzer* na cidade ao invés de despachá-la para fora das ruínas e tomar posição para agir em campo aberto. A escuridão caiu às 16 horas e, uma hora depois, os primeiros tanques soviéticos do 5º Exército de Tanques trombaram com os elementos avançados do 48º Corpo *Panzer*. A luta foi desorganizada e caótica, mas pelo menos as tripulações alemãs foram capazes de passar por rádio uma descrição precisa da força soviética e sua posição. Às 18 horas, Paulus ordenou que todos os ataques na cidade cessassem e, em seguida, retirou seus tanques e enviou-os para oeste, até o Don. Não havia combustível suficiente disponível naquele momento e ocorreu um atraso de algumas horas enquanto os *panzer* faziam um desvio para abastecimento em Rynok. Paulus instruiu seus comandantes de blindados a não irem longe demais. A área romena não era sua responsabilidade direta, então o general se preocupou em proteger sua retaguarda e não em interromper a *blitzkrieg* soviética.

Ao amanhecer do dia seguinte, o ataque russo foi iniciado e, em meados da manhã, irrompeu pela 18ª Divisão romena próximo a Sarpa. Os russos começaram a penetrar rapidamente, porém, no início da tarde, se depararam com a 29ª Divisão *Panzergrenadier* e foram forçados a uma parada repentina. Essa divisão estava na reserva ao sul de Stalingrado e se deslocara mais ainda para o sul ao ouvir a barragem de artilharia. Contudo, seu comandante, general Hans-Georg Leyser, não recebera realmente ordens de Paulus para isso, então assumiu posições defensivas para aguardar instruções ou enfrentar outros ataques soviéticos. Os russos, ao perceberem que seria difícil superar rapidamente os alemães, mudaram de direção para contornar os *panzergrenadiere*.

A noroeste, o principal avanço soviético prosseguia como o planejado. As unidades do 48º Corpo *Panzer* ficaram confusas por causa das ordens contraditórias que chegavam e pelos relatórios incoerentes recebidos sobre posições e manobras soviéticas. A 22ª Divisão *Panzer*, vendo-se totalmente cercada, abriu caminho através das posições soviéticas e um punhado de sobreviventes fugiu para o sudoeste. Enquanto isso, as unidades romenas isoladas pelo avanço russo entrincheiravam-se sob o comando do general Mihail Lascar.

OPERAÇÃO URANO

Na manhã de 21 de novembro, segundo dia da operação, Paulus se preparou para enviar seus *panzer* restantes para atacar o flanco esquerdo das colunas russas avançando em Kletskaya. Antes do ataque ser desfechado, ouviu que os tanques soviéticos estavam a apenas 32 km de seu quartel-general e que outra coluna soviética surgia a noroeste de seu flanco sul. Subitamente, Paulus percebeu que todo o seu exército estava em perigo de cerco, assim como a maior parte de suas unidades de abastecimento e apoio estavam no caminho do rápido avanço do inimigo. Ordens foram enviadas apressadamente alertando aquelas unidades do perigo e ordenando que buscassem segurança o mais rápido possível. O próprio Paulus abandonou seu quartel-general enquanto seu pessoal tentava empacotar papéis e equipamentos e seguiu rumo leste para Stalingrado, estabelecendo um novo quartel-general em Gumrak.

O avanço soviético continuou após o anoitecer enquanto a confusão reinava entre os alemães, com unidades indo em direções variadas, segundo ordens diferentes de comandantes diversos. Às 6 horas, uma coluna de tanques soviéticos vindo do norte chegou a Kalach. Não encontrando nenhum sinal de seus companheiros vindos do leste, as tripulações dos tanques continuaram adiante e, ao amanhecer, viram tanques T34 avançando em direção a eles. O cerco estava completo e o 6º Exército alemão se rendeu.

Caos e Confusão

Os soviéticos continuaram a afluir para seu território recém capturado, ampliando a faixa de terra que haviam conquistado. A retirada de alemães e romenos foi, em alguns lugares, caótica, com homens separados de suas unidades correndo apressados para a retaguarda. Em outros lugares, regimentos ou companhias travavam combates eficazes em ações de retaguarda. Mas não havia como parar o avanço russo, apenas retardá-lo.

Em alguns lugares, prisioneiros alemães e romenos foram mortos por tropas soviéticas. Era o prenúncio sombrio da vingança que os russos infligiriam àqueles que haviam invadido seu país. Os agentes do *NKVD* que vinham atrás do Exército Vermelho não eram menos cruéis.

Qualquer civil que tivesse ajudado os alemães de qualquer forma era preso, interrogado e fuzilado. Pelo menos 750 pessoas foram executadas assim na primeira semana da operação russa, muitas vezes sem qualquer prova maior que a delação por um vizinho.

Enquanto o caos e a confusão assolavam romenos e alemães em torno de Stalingrado, as coisas não estavam muito melhores no âmago do alto-comando alemão. Na noite de 19 de novembro, Zeitzler parece ter reconhecido que a investida russa era um ataque principal e telefonou para Hitler, que estava em seu retiro de férias nos Alpes, em Berchtesgaden, para lhe dar a notícia. No dia seguinte, Hitler emitiu uma torrente de ordens. A primeira foi para Manstein, ex-comandante do 11º Exército, instruindo-o a deixar Leningrado, voltar para o sul e assumir o controle da situação. A segunda foi para o general Ferdinand Heim, comandante do 48º Corpo *Panzer*, pondo-o em prisão sob acusações não especificadas. Por fim, ordenou a Paulus

Uma pintura soviética tipicamente heroica de Georgy Marchenko, mostrando o encontro das duas colunas russas em Kalach que aprisionou o 6º Exército.

que assumisse o comando de todas as unidades em seu lado do avanço soviético e mantivesse firmemente sua posição enquanto a situação era resolvida.

Paulus telefonou para seus comandantes de corpo na tarde de 22 de novembro, pedindo suas opiniões sobre uma situação que mudava a cada instante. Eles foram unânimes: o 6º Exército deveria abandonar Stalingrado e seguir pelo sudoeste para se reunir ao resto do Grupo de Exércitos B. Às 19 horas, por rádio, Paulus pediu permissão para a manobra. A resposta de Hitler chegou às 22 horas. Dizia:

"O 6º Exército está temporariamente cercado pelas forças russas. Conheço o 6º Exército e seu comandante em chefe e não tenho nenhuma dúvida de que resistirão bravamente nessa situação difícil. O 6º Exército deve saber que estou fazendo tudo para auxiliá-lo. Emitirei minhas ordens em tempo hábil. Adolf Hitler."

É difícil depreender algo exato dessa mensagem enigmática, contudo, convencido de que romper o cerco era a única opção sensata, Paulus começou a emitir ordens para um ataque sudoeste, para romper a linha das tropas que o sitiavam.

Após emitir suas ordens, Hitler se preparou para voltar ao seu quartel-general, parando a cada poucas horas para pedir notícias a Zeitzler por telefone. Zeitzler, com sua experiência em logística, concluíra bem rapidamente que o 6º Exército, se não saísse logo, estaria condenado. Não havia suprimentos suficientes em Stalingrado para manter as 22 divisões até a primavera. Qualquer abastecimento por ar estava fora de questão. A *Luftwaffe* se saíra bem no abastecimento de algumas divisões isoladas durante o inverno anterior, mas manter um exército inteiro suprido era impossível. O general fez alguns cálculos rápidos e concluiu que o 6º Exército tinha três semanas, provavelmente menos.

Enquanto isso, o marechal de campo Erich von Manstein, ex-comandante do 11º Exército, também estava em trânsito e parou com frequência para fazer chamadas telefônicas. O marechal recebera o comando temporário do Grupo de Exércitos Don, que consistia no 6º Exército, no 1º Exército *Panzer* e no 3º Exército romeno. Sua tarefa era estabilizar a situação. Além da maior parte do pessoal administrativo do 11º Exército, que trouxe consigo, Manstein não trouxe muito mais. Em sua viagem ao sul, o marechal se familiarizou com a situação desastrosa que o aguardava. Das forças em seu comando, o 6º Exército estava sitiado em Stalingrado; o 3º Exército romeno estava reduzido a apenas duas divisões de infantaria, já que o restante de seus homens estava morto, espalhado ou retido em Stalingrado; e o 4º Exército *Panzer* estava parte preso em Stalingrado, parte fora do cerco.

Em 23 de novembro, Manstein disse a Zeitzler que precisaria do equivalente a um exército completo para realizar sua tarefa. Poucas horas depois, Zeitzler chamou-o de volta pelo rádio e disse que poderia prometer três divisões, sendo uma blindada e duas de infantaria. Isso não era o suficiente.

No dia seguinte, 24 de novembro, Manstein chegou ao quartel-general do Grupo de Exército B e teve uma longa reunião com Weichs. Em seguida, teve uma conversa telefônica igualmente longa com Zeitzler. Naquele mesmo dia, Hitler chegou a seu próprio quartel-general de comando e foi informado extensivamente por Zeitzler e outros oficiais do alto escalão sobre a situação.

A sequência precisa de eventos naquele crucial 24 de novembro é discutível. Os resultados das decisões tomadas provou ser tão completamente desastroso para o 6º Exército e para a Alemanha que ninguém quis assumir responsabilidades. Depois da guerra, os oficiais do alto escalão envolvidos estavam todos ansiosos para por a culpa em Hitler, que então estava oficialmente morto. É possível, no entanto, reconstituir o que poderia ter acontecido, combinando os relatos do pós-guerra com registros contemporâneos.

Romper o Cerco ou Não?

Parece claro que, na tarde de 23 de novembro, a confusão inicial sobre o que estava acontecendo já havia passado. Ficou, então, evidente para os alemães que o 6º Exército estava cercado e que os soviéticos haviam empregado uma força maciça maior e mais competente do que os alemães acreditaram ser possível. Os vários encontros e telefonemas que ocorreram em 24 de novembro representaram a primeira oportunidade para os alemães de chegarem a uma decisão ponderada sobre o que fazer. Até então, haviam meramente reagido aos acontecimentos de forma apressada e desordenada.

A primeira reunião foi quase certamente entre o líder da *Luftwaffe*, Hermann Goering, e os chefes de sua seção de transporte. Goering caíra em desgraça perante Hitler um ano antes, quando intencionalmente lembrou ao ditador, na frente dos outros, que se opusera à invasão da Rússia e previra que os soviéticos não poderiam ser derrotados em apenas um verão, reabilitando-se ligeiramente nos meses que se seguiram quando a *Luftwaffe* abasteceu as divisões presas na Rússia e manteve a pressão sobre os soviéticos com bombardeios eficazes. Agora, via a chance de recuperar totalmente as graças do *Führer*.

Goering tinha apenas uma pergunta para seus oficiais de transporte: a *Luftwaffe* conseguirá manter o 6º Exército abastecido pelo ar durante o inverno? Os oficiais fizeram suas contas e, então, disseram a Goering que poderiam entregar 350 toneladas de suprimentos por dia por um mês, não mais. Após esse prazo, os aviões de transporte precisariam de manutenção e reparos. E essa estimativa dependia da não interferência dos caças soviéticos.

Em seguida, Goering telefonou para Jans Jeschonnek, oficial da *Luftwaffe* e membro do gabinete pessoal de Hitler, e disse-lhe que a *Luftwaffe* poderia fornecer 500 toneladas por dia no futuro próximo. Jeschonnek, por sua vez, levou essa estimativa inflada das habilidades da *Luftwaffe* à reunião de Hitler com Zeitzler. Como bom oficial de logística, Zeitzler tinha uma boa ideia daquilo que o 6º Exército precisaria em termos de suprimentos e estimou que seriam necessárias pelo menos 750 toneladas por dia para manter Paulus e seus homens lutando. Parece que houve uma discussão razoavelmente longa sobre o que poderia ser feito com 500 toneladas por dia.

Depois disso, passou-se a discutir a polêmica questão sobre o que Manstein e Paulus deveriam fazer. Havia duas opções básicas em discussão, pelo menos até onde os envolvidos admitiriam posteriormente. A primeira era a possibilidade de Paulus tentar sair imediatamente, enquanto Manstein lançava um ataque contra os russos com o que tivesse à mão. A vantagem desse plano é que os russos ainda estariam um tanto desorganizados após seu rápido avanço, sem posições defensivas devidamente construídas. Por outro lado, o 6º Exército tinha suas melhores unidades posicionadas de frente para Stalingrado e apenas unidades mais fracas ou de reserva voltadas para outros lados. Qualquer ataque alemão, naquele momento, seria desconexo e provavelmente não muito bem organizado e, além disso, as forças de Manstein estavam muito pouco preparadas para montarem uma ofensiva.

Como alternativa, a tentativa de romper o cerco poderia ser adiada por dez dias ou mais. Isso daria a Paulus o tempo necessário para por suas melhores unidades em posição de liderar o ataque, sendo que, até então, Manstein já teria recebido seus prometidos reforços. Contra essas vantagens pesava o fato de que, dado o tempo decorrido, os russos já teriam fortalecido suas defesas.

Por coincidência, Hitler estava se reunindo com o líder romeno Antonescu naquele mesmo dia. A reunião tem início com Antonescu tentando apresentar um relato atualizado de onde seus homens estavam e quantos haviam sobrevivido. Ele mal havia começado quando Hitler o interrompeu. O *Führer* disparou em um discurso culpando o 4º Exército pelo desastre, alegando terem sido incapazes de combater uma batalha decente. Antonescu respondeu culpando Hitler por não ter ouvido as advertências dadas pelo general Dumitrescu aproximadamente três semanas antes. Em poucos minutos, a reunião se degenerou num indecente jogo de quem gritava mais. Antonescu dei-

CAPÍTULO 10

OPERAÇÃO URANO

xou a reunião abruptamente, ficando a cargo do pessoal de gabinete encontrar palavras que pudessem, sem melindres, descrever a reunião. Antonescu voltou para Bucareste e quando a plenitude do desastre sofrido por seus homens lhe foi revelada, teve um colapso.

Em algum momento, Manstein telefonou do quartel-general de Weichs para Zeitzler. Manstein também tivera suas reuniões sobre Stalingrado, dessa vez com Weichs e seu Estado-Maior e, além disso, recebera informações locais sobre a situação mais recente na área. A conversa variou sobre as duas opções, tentar romper o cerco imediatamente ou tentar fazê-lo mais tarde. Manstein era de opinião que, se fossem tentar algo imediato, haveria baixas muito elevadas. O marechal acreditava que a maioria das unidades *panzer* conseguiria sair, juntamente com os *panzergrenadiere* em seus veículos motorizados, além de qualquer outra pessoa que pudesse chegar a um caminhão ou carro, mas acreditava que a infantaria estaria provavelmente condenada. Sua única chance seria ficar e esperar por uma tentativa mais bem organizada de romper o cerco.

Falando após a guerra, Manstein alegou que, na época, enfatizou que se o 6º Exército já não tivesse suprimentos suficientes em Stalingrado, ou não pudesse ser mantido abastecido de alguma forma, seria necessário romper imediatamente o cerco, apesar dos riscos.

ESQUERDA: Hermann Goering (esquerda) com Hans Jeschonnek. O fracasso da *Luftwaffe* em Stalingrado levou ambos à desgraça.

CAPÍTULO 10

Marechal de campo Erich von Manstein (direita), amplamente considerado como o melhor estrategista da guerra, não conseguiu resgatar o 6º Exército em Stalingrado.

De acordo com a maior parte dos relatos no pós-guerra, foi Hitler que se opôs a isso, pois estava determinado a se aferrar aos ganhos conquistados no sul da Rússia durante o verão e se recusava a aprovar a retirada organizada. Foi Hitler, diriam posteriormente aqueles que sobreviveram à guerra, que fora intransigente e cego para a realidade. Foi Hitler quem insistiu para que Paulus e o 6º Exército ficassem e lutassem até o fim. Sem dúvida, Hitler realmente preferia essa opção. A vergonha de recuar não muito tempo após seu regime ter anunciado ao mundo que Stalingrado seria tomada teria sido um golpe político doloroso. Além disso, Hitler se recusara a recuar diante da ofensiva soviética em Moscou, em dezembro de 1941, e essa decisão provou ser correta. Agora, mais uma vez, ele era contra uma retirada. Mas com todos os seus defeitos, Hitler não era um completo idiota. De qualquer forma, no momento em que essa versão dos acontecimentos veio a público, ele estava morto e, portanto, era fácil culpá-lo.

A Questão do Grupo de Exércitos A

O que Manstein, Weichs, Zeitzler, nem qualquer um dos oficiais de Estado-Maior presentes nessas reuniões jamais mencionou é que havia uma outra questão muito premente de que todos estavam cientes e que não poderia ser ignorada: o destino do Grupo de Exércitos A. Ao cercarem Stalingrado, os soviéticos haviam mostrado que tinham mais homens, mais tanques, mais canhões e uma organização tática muito melhor do que os alemães haviam imaginado. Em 24 de novembro, ninguém do lado alemão sabia se a Operação Urano representava a totalidade dos planos soviéticos. Ela poderia ser meramente a primeira etapa de uma ofensiva ainda maior. Se os soviéticos se voltassem para o sudoeste descendo o Don, poderiam chegar a Rostov em menos de uma semana e isso isolaria todo o Grupo de Exércitos A. Assim, não seria somente o 6º Exército que estaria em risco, mas o 17º Exército, o 1º Exército *Panzer* e várias outras unidades também. Sabemos agora que os russos não tinham força para tentar essa manobra e nem sequer tinham intenção de tentar, mas ninguém do lado alemão sabia disso.

Manstein foi o melhor estrategista dos alemães, talvez o melhor de toda a guerra. Pelo menos ele deve ter percebido o perigo. A única chance do Grupo de Exércitos A seria o 6º Exército permanecer em Stalingrado e reter as forças soviéticas ali por tempo suficiente para que as tropas recuassem do Cáucaso e atravessassem o Don em Rostov.

Se o 6º Exército rompesse o cerco, os soviéticos viriam em seus calcanhares e capturariam Rostov. Zeitzler, especialista em logística, teria percebido que se não era possível manter o 6º Exército abastecido e operando por via aérea, não havia nenhuma possibilidade de fazer qualquer coisa pelo Grupo de Exércitos A no distante Cáucaso. Se fosse para garantir a sobrevivência de Kleist e seu vasto grupo de exércitos, então Paulus teria de se manter em Stalingrado por, pelo menos, duas ou três semanas, talvez mais.

Não há prova de que o destino do Grupo de Exércitos A tenha sido sequer discutido por alguém em 24 de novembro, mas deixar de fazê-lo seria algo realmente estranho. Talvez Manstein tenha levantado o assunto, para depois tentar fugir da responsabilidade. Não sabemos. Tudo o que sabemos é que, como resultado de que tenha sido discutido, Hitler emitiu uma ordem declarando que Stalingrado passava a ser, naquele momento, a "Fortaleza Stalingrado", e teria de ser defendida a qualquer custo.

11. OPERAÇÃO TEMPESTADE DE INVERNO

Quaisquer que tenham sido os motivos da decisão, Paulus e 6º Exército receberam ordens para permanecer nas ruínas de Stalingrado até Manstein poder traçar um plano de resgate. Mas o combate ainda estava em curso e, naquele momento, não estava de todo claro quanto tempo Paulus poderia resistir.

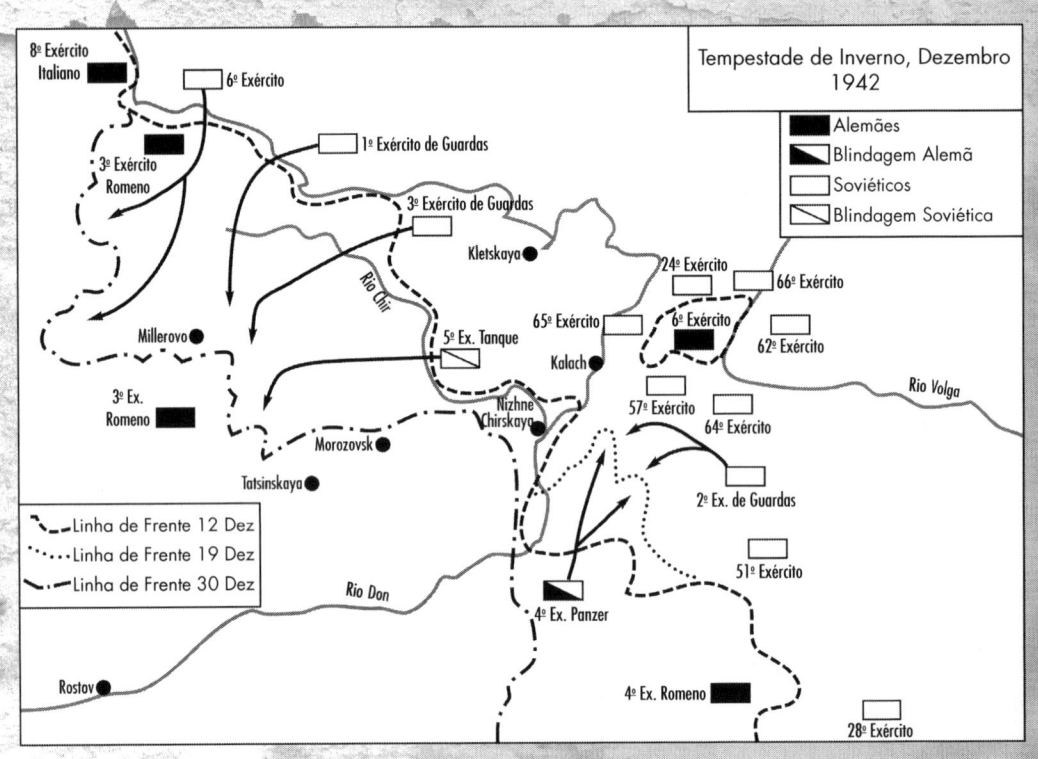

A operação Tempestade de Inverno, de Manstein, fracassou ao tentar romper o cerco em Stalingrado, em grande parte por causa de uma contraofensiva soviética a oeste.

OPERAÇÃO TEMPESTADE DE INVERNO

Aguardando para Atacar

No início da ofensiva soviética, em 19 de novembro, o comandante soviético em Stalingrado, Chuikov, ficou tão surpreso quanto Paulus. Nos dias seguintes, Chuikov também recebeu ordens para permanecer onde estava. O comandante russo não lançou ataques contra os alemães. Zhukov e Yeremenko não enviaram novas tropas para atacar o 6º Exército, embora tivessem muitas à sua disposição, pois não queriam expulsar Paulus e seus homens para longe de Stalingrado, temendo que isso poderia se transformar numa retirada geral e, por sua vez, numa tentativa de romper o cerco. O que queriam era manter o 6º Exército onde estava, para que pudesse ser cercado e destruído. ▶

Foto de propaganda soviética mostrando moradores de Kalach recolhendo dinheiro para pagar o equipamento de sua unidade de exército local.

CAPÍTULO 11

Dito isto, as forças soviéticas sitiantes precisavam fazer com que a distância entre o 6º Exército em Stalingrado e as novas linhas alemãs no Don inferior fossem tão grandes que qualquer tentativa de romper o cerco se tornaria infrutífera. Para isso, os soviéticos continuaram a pressionar os flancos oeste e sul do 6º Exército. O que parecia ser uma linha defensiva segura entre 23 e 27 de novembro foi empurrada para trás no dia 28 e somente no dia 30 de novembro o avanço soviético cessou. Alemães e romenos no bolsão estavam, então, sitiados.

Reunindo as Forças Alemãs

Fora de Stalingrado, Hitler impôs um blecaute completo de notícias sobre os eventos. Reportagens sobre a ofensiva russa foram publicadas na Alemanha, mas os jornais e noticiários afirmavam que a ofensiva fora interrompida, o que era verdade, mas nenhuma menção foi feita ao fato de a ofensiva ter sido interrompida somente quando o 6º Exército estava cercado.

O chefe da propaganda, Joseph Goebbels, ficou descontente com essa decisão. Goebbels construíra sua carreira de enorme sucesso sobre uma plataforma que misturava verdades e mentiras com emoções e preconceitos, mas a sua principal política sempre fora fazer com que acreditassem em tudo o que dissesse, mesmo que fosse, de fato, uma mentira. Goebbels não estava convencido de que Stalingrado podia ser salva e, assim, ficou perturbado com o fato de não poder falar da situação. Se recolheu, então, para pensar em como ele e a máquina

Os generais Paulus (à direita) e von Seydlitz (à esquerda) inspecionam posições soviéticas através de um ampliador periscópico. Ambos seriam capturados em Stalingrado.

OPERAÇÃO TEMPESTADE DE INVERNO

de propaganda nazista lidariam com os eventos.

Esses eventos evoluíam rapidamente. Para que o 6º Exército e suas unidades pudessem romper o cerco com êxito, Manstein precisava contar com três fatores. O primeiro seria o sucesso do efetivo que deveria abrir caminho pelas forças soviéticas e alcançar Paulus e seus homens. O segundo dependia do exército sitiado, que deveria estar pronto para sair e se deslocar rapidamente. O terceiro envolvia o exército soviético, que deveria ser derrotado ou, pelo menos, afastado e mantido a distância por tempo suficiente para que as unidades cercadas pudessem escapar. Para Manstein, consolidar esses fatores não seria nada fácil.

O primeiro fator, o efetivo para romper o cerco, estava mais diretamente sob controle de Manstein, uma vez que já estava se agrupando próximo do baixo Don onde era sua base. Seu primeiro problema era reunir as forças que considerava indispensáveis. Isso significava convencer Hitler de que havia necessidade de transferir unidades de outros lugares e, em seguida, induzir seus comandantes a cedê-las.

Os primeiros a chegar foram os sobreviventes do 48º Corpo *Panzer*. Embora bem castigados, ainda eram eficazes. Essa unidade e o pessoal de seu quartel-general foram utilizados como base para a formação de um novo corpo formidável. Havia ainda, a 11ª Divisão *Panzer* e seu temível comandante, general Hermann Balck, um dos comandantes de blindados mais táticos do exército.

A 11ª Divisão *Panzer* teve uma jornada atribulada para se reunir a Manstein. Em 7 de dezembro, quando os *panzer* rumavam para o norte de Rostov, os soviéticos lançaram uma investida blindada com seu 5º Exército de Tanques da Guarda a oeste de Rychkov. Duas brigadas soviéticas atravessaram a linha de frente de Manstein e penetraram 32 quilômetros pelo sul. Ao anoitecer, encontraram a 11ª *Panzer* vindo do norte e assumiram posições defensivas. Balck também posicionou suas armas antitanques da mesma forma defensiva, bloqueando a rota soviética ao sul, para depois manobrar seus tanques em uma grande rota de varredura para oeste, para que atingissem a retaguarda dos tanques soviéticos ao amanhecer.

Quando o sol nasceu, os soviéticos subiram em seus tanques e seguiram para o sul, onde acreditavam que os *panzer* estariam. Quando deram de frente com as armas antitan-

General Balck, líder da 11ª Divisão Panzer durante a operação Tempestade de Inverno.

CAPÍTULO 11

que, os soviéticos desfecharam o ataque, no exato momento em que Balck atacava pela retaguarda. Foi um massacre. Balck chegou até Manstein triunfante, mas seu triunfo seria fugaz.

Manstein também recebeu a 6ª Divisão Panzer, comandada pelo general Franz Landgraf. Tratava-se de uma divisão *panzer* formidável com seu efetivo total e que lutara na Frente Oriental durante 1941, mas, após suportar baixas severas na contraofensiva soviética em Moscou, fora transferida para a França para se recuperar e fazer parte do exército de ocupação. Agora, não somente contava com todo o seu efetivo, como também estava equipada com o armamento mais recente. Depois de receber ordens para deixar a França em 24 de novembro, a divisão chegou ao Don por ferrovia em 8 de dezembro. No momento em que chegou, Manstein também contava com a 62ª e a 294ª Divisão de infantaria, além de efetivos terrestres da *Luftwaffe* que equivaliam a uma terceira divisão, além de uma divisão alpina. Outras unidades também apareceram. O 57º Corpo *Panzer*, por exemplo, foi enviado pelo Grupo de Exércitos A, mas teve dificuldades para partir por causa de um degelo fora de época que fez com que muitos dos caminhões de suprimentos atolassem.

Planejando a Tentativa de Resgate

Enquanto suas forças se reuniam, Manstein começou a estudar os mapas para decidir sobre a melhor forma de romper o cerco em Stalingrado e dividiu suas forças em duas. À sua esquerda, ou oeste, perto de Rychkov, reuniu o que ficou co-

Erich Hoepner (sentado) era comandante de *panzer* na Frente Oriental. O desastre em Stalingrado fez com que Hoepner e outros se opusessem a Hitler.

OPERAÇÃO TEMPESTADE DE INVERNO

nhecido como Destacamento de Exército Hollidt, comandado pelo general Karl-Adolf Hollidt, do 17º Corpo. À sua direita, ou leste, estava o 4º Exército *Panzer*. Ambos os grupos seriam continuamente reforçados em preparação para a campanha por vir.

Manstein sabia que Hollidt estava a apenas 40 quilômetros de Stalingrado, mais perto que Hoth, mas optou por não atacar por ali. O flanco esquerdo de Hollidt era longo e desprotegido, estendendo-se por quilômetros ao longo do rio Chir, até alcançar o 2º Exército húngaro. Sabia-se que forças soviéticas espreitavam esse flanco, e Manstein preocupava-se com uma penetração dos russos por esse flanco enfraquecido se Hollidt pusesse a maior parte de seu efetivo em um ataque aos soviéticos. Não só isso, mas a curta distância até Stalingrado fez deste o lugar óbvio para atacar e Manstein supôs, corretamente, que a maior parte da força soviética seria colocada ali, para interromper a manobra. Assim, Manstein decidiu instruir Hollidt que fizesse vários pequenos ataques como se estivesse sondando as defesas soviéticas em preparação para uma grande ofensiva. Isso, esperava Manstein, chamaria a atenção dos soviéticos e suas reservas para Rychkov.

Enquanto isso, o verdadeiro golpe seria desferido por Hoth, que também tinha um flanco vulnerável – desta feita, seu flanco direito, ao longo da borda da estepe de Kalmyk. Não houvera nenhuma atividade soviética óbvia ali, mas só por garantia, Hoth enviou uma patrulha de três dias, realizada por tropas em motocicletas se deslocando rapidamente, apoiadas por tanques leves. A não ser

General Karl-Adolf Hollidt, líder do 17º Corpo na operação Tempestade de Inverno.

por alguns batedores da cavalaria russa, não encontraram nada. Os flancos pareciam seguros.

Lidar com o segundo elemento, deixando o sitiado 6º Exército pronto para escapar, também deu a Manstein muitos problemas, pois sabia que, para que a ruptura de cerco tivesse sucesso, o 6º Exército precisaria atacar em direção à força que viesse em seu socorro, estando preparado, ao mesmo tempo, para se mover com rapidez e eficiência para fora da armadilha. Mas preparações para movimentação não implicavam forçosamente as mesmas preparações necessárias para uma defesa robusta. Além disso, Manstein hesitou em dizer a Paulus em

CAPÍTULO 11

que direção deveria se mover, temeroso de que os soviéticos viessem a saber e atinassem o plano de Manstein.

A movimentação do 6º Exército era crucial por ser este, de longe, o maior e mais poderoso elemento no Grupo de Exércitos Don, de Manstein. Presos no bolsão de Stalingrado estavam treze divisões de infantaria alemãs, três divisões *panzer*, três divisões *panzergrenadiere*, uma divisão antiaérea, duas divisões romenas, um regimento croata e diversas unidades de engenharia. Havia ainda o pessoal de intendência dos quartéis-generais de todas essas unidades, mais o do próprio 6º Exército. Ao todo, havia aproximadamente 220 mil soldados alemães de primeira linha, 15 mil soldados alemães de apoio à intendência e cerca de 10 mil aliados. Era uma força e militar grande e formidável, mas que estava com poucos suprimentos de todos os tipos.

Um problema crucial compartilhado por Manstein e Paulus era a comunicação. Havia apenas uma conexão por rádio direta intermitente entre os dois homens e, assim todas as comunicações eram feitas através do *OKH*, o que significava que Hitler lia e interferia em todas as mensagens. Como alternativa, um oficial poderia voar até Stalingrado e voltar com mensagens escritas ou verbais. Isso estava longe de ser o ideal e, para piorar, Hitler estava enviando mensagens e instruções para Paulus copiá-las para Manstein. Essas mensagens eram geralmente fortes exortações para resistir e permanecer firme, mas sem detalhes de como Paulus faria isso.

A Tentativa de Paulus Fracassa

Além disso, Paulus estava plenamente consciente de que qualquer tentativa de romper o cerco resultaria em baixas

Um tanque Tiger I em manutenção: um batalhão de tanques Tiger participou da operação Tempestade de Inverno, embora o modelo não estivesse realmente pronto para combate.

pesadas para o 6º Exército. Ele também, sabia que essas baixas seriam desproporcionalmente maiores entre a infantaria e mais ainda entre as unidades na retaguarda da arrancada para se juntar a Manstein. Mesmo as estimativas mais otimistas consideravam que, na retaguarda, 15% do exército sofreria 100% de baixas. Por outro lado, o 6º Exército estava relativamente seguro onde estava, entrincheirado em fortes posições defensivas. Se pudesse aguentar até a primavera, quando os russos perderiam a vantagem que sempre tiveram ao lutar no inverno, a maior parte do 6º Exército seria capaz de sair intacta. Mas isso dependeria da quantidade de suprimentos que a *Luftwaffe* poderia trazer pelo ar.

É impossível deduzir das mensagens e diários que sobreviveram exatamente quais eram as intenções de Paulus no início de dezembro. Tudo o que sabemos é que o general sempre levantava problemas e objeções quando Manstein o contatava sobre a ruptura de cerco.

O comportamento do terceiro fator, o exército soviético, foi deixando claro para Manstein que se uma ruptura de cerco fosse acontecer, teria de ser o mais cedo possível. Hollidt suportava ataques cada vez mais frequentes. Embora nenhum desses ataques soviéticos fosse particularmente forte, e Manstein supunha que se destinavam apenas a perturbar as forças do ataque de Hollidt, eram fortes o suficiente para serem uma preocupação. Se os russos estivessem preparando um grande ataque, Hollidt e suas unidades poderiam ser incapazes de manter a linha. Já a 11ª Divisão *Panzer* tinha apenas metade de seus tanques prontos para o combate, com o restante em reparos ou manutenção, ou perdido para o fogo inimigo.

Manstein deu ordens para que sua ofensiva, de codinome "Tempestade de Inverno", começasse em 12 de dezembro. Passou suas ordens para Hoth e disse a Paulus que estivesse pronto para sair em 48 horas. Hoth investiu com seus *panzer* ao amanhecer, depois de uma furiosa barragem de artilharia. Atrás deles vinha uma multidão de caminhões, tratores puxando reboques e outros veículos, todos com uma enorme quantidade de suprimentos para o sitiado 6º Exército. Sua tarefa, uma vez entregue suas cargas, era recolher os feridos e doentes e levá-los de volta para fora dali.

A defesa russa foi relativamente leve. Consistia somente no 51º Exército, um efetivo na maior parte de infantaria que havia sido reduzida em força havia apenas uma semana, quando Zhukov retirara dela suas armas pesadas para usá-las contra o 6º Exército. Hoth avançou quase 48 quilômetros (30 milhas) no primeiro dia. Depois disso, conseguiu manter o ímpeto do avanço, embora a marcha diária logo caísse para até 16 quilômetros. Em 17 de dezembro, suas unidades avançadas atingiram o rio Aksai. Ali, viram que os 21 metros de largura do rio estavam congelados, mas não eram sólidos o suficiente para suportar o peso de um tanque. Os *panzer* tinham de usar pontes e havia apenas duas disponíveis. A chegada da 17ª Divisão *Panzer* à linha de frente naquele dia fez a diferença e, ao anoitecer, Hoth já tinha um efetivo significativo do outro lado do rio.

Então, era a vez de Paulus sair de Stalingrado, usando seus *panzer* para abrir ca-

CAPÍTULO 11

Um Panzer IV repousa ao lado de um T34 abatido. No final de 1942, o canhão aperfeiçoado do novo Panzer IV o tornava páreo para os T34.

minho e, em seguida, rumar célere para o sul ao encontro de Hoth. Mas ele não fez isso. Em 18 de dezembro, Manstein enviou a Stalingrado pelo ar seu oficial-chefe de informações e subordinado de confiança, major Hans Eismann, para falar com Paulus.

Assim como nas reuniões de 24 de novembro, todos os participantes da reunião que ocorreria mais tarde deram versões diferentes de quem disse o quê a quem, sem dúvida em um esforço para fugir da responsabilidade pelo que se seguiu. No entanto, é possível trabalhar o contorno geral daquilo que ocorreu.

Presentes na reunião estavam Eismann, Paulus e o general Arthur Schmidt, o Chefe do Estado-Maior do 6º Exército, além de diversos oficiais de outros gabinetes. Parece que a reunião começou com Eismann esclarecendo os presentes sobre o andamento da operação Tempestade de Inverno. Em seguida, passou adiante as ordens de Manstein de que a operação Estrondo (a ruptura do cerco pelo 6º Exército) deveria acontecer imediatamente.

Paulus reconheceu que romper o cerco era necessário, mas não tinha certeza se o momento era correto. Então, chamou seus vários chefes de departamento – suprimentos, artilharia e assim por diante – para dar suas opiniões. Todos posteriormente alegariam que defenderam o avanço imediato contra o cerco e culparam os outros por não concordarem.

Por fim, Paulus falou com Schmidt. Todos concordaram que foi Schmidt quem afirmou que era impossível partir dentro de 48 horas, como exigia Manstein. Schmidt terminou batendo na mesa e declarando, "O 6º Exército pode aguentar até a Páscoa se for preciso. Tudo o que vocês têm de fazer é manter-nos abastecidos." Paulus assentiu com a cabeça e disse a Eismann que o 6º Exército não poderia se mover.

Somente após a manhã de 19 de dezembro foi que Eismann retornou para Manstein. Chegou no exato momento em que veio a notícia de que os tanques avançados de Hoth haviam chegado ao rio Mishkova. Aquele era o último grande obstáculo natural a ser superado no caminho para Stalingrado e estava coberto por um grande número de defensores russos. Hoth relatou que estava em dúvida sobre sua capacidade de abrir caminho pelo Mishkova, a menos que os defensores russos fossem atacados pela retaguarda por Paulus e seus *panzer*. Manstein enviou uma mensagem urgente a Zeitzler no *OKH*, insistindo que "este é o último momento possível para romper o cerco como um meio de preservar a maior parte das tropas do 6º Exército". Não houve resposta. As horas se passaram.

Nenhuma notícia chegou de Hitler ou Zeitzler. Às 18 horas, Manstein foi informado de que a conexão de rádio intermitente com Paulus funcionava. O marechal enviou uma ordem direta a Paulus: "O ataque do 6º Exército começará imediatamente". Houve uma confirmação de volta, mas nenhuma resposta.

Na manhã seguinte, Paulus respondeu que não podia se mover porque não tinha combustível suficiente. Mas então, já era tarde demais. Manstein, que tinha outros problemas, instruíra Hoth a recuar.

A Armadilha se Fecha Mais

Em 16 de dezembro, um grande ataque soviético fora iniciado em todo o Don algumas milhas a oeste, onde o 8º Exército italiano, subordinado a Weichs e ao Grupo de Exércitos B, mantinha a linha. Os italianos lutaram bem enquanto sua munição durou, mas fugiram ao pôr do sol, após o que os russos irromperam por abertura de 48 quilômetros de largura nas linhas. A 27ª Divisão *Panzer* liderou um contra-ataque, que seria definitivamente destruído em 48 horas. Essa ofensiva não foi tão perigosa como inicialmente parecera.

Os soviéticos abandonaram sua versão da tática de *blitzkrieg* dos alemães e, ao invés disso, voltaram ao antigo método de avançar em uma frente ampla com tanques e artilharia misturados à infantaria.

Weichs pediu a Manstein para assumir a extremidade oriental da abertura e lançar um contra-ataque. Manstein, no entanto, não tinha efetivos para usar, já que todas as suas unidades de reserva estavam apoiando Hoth. Balck e sua 11ª Divisão *Panzer* penetraram o flanco leste do ataque russo e fez com que estacasse. Em outros lugares, porém, os soviéticos continuavam avançando. Foi essa notícia que convenceu Manstein a recuar Hoth. Se Paulus estivesse se deslocando, Manstein alegaria, Hoth receberia ordem para manter posição e garantir a segurança do 6º Exército. Como Paulus não se moveu, Manstein ordenou a retirada.

Às 5h20 de 24 de dezembro, os tanques soviéticos saíram da escuridão para atacar o aeródromo em Tatsinskaya. Esse era o mais ocupado dos aeródromos de onde a *Luftwaffe* abastecia o 6º Exército. Das 196 aeronaves de transporte em terra quando os soviéticos atacaram, 72 foram destruídas. Isso representava aproximadamente cerca de 20% das aeronaves usadas para abastecer Paulus. Embora os russos tenham sido expulsos do aeródromo recapturado, o incidente não apenas reduziu a capacidade da *Luftwaffe* para abastecer os homens cercados, mas também deixou clara a real precariedade da rota de abastecimento.

A bravata de Schmidt de que o 6º Exército ainda estaria lutando na Páscoa estava começando a parecer cada vez mais improvável.

12. A BATALHA DA FOME

A derrota da operação Tempestade de Inverno fora um duro golpe para o exército alemão, embora nem todos reconhecessem na época a gravidade do insucesso em romper o cerco. Dentro de Stalingrado, Paulus e Schmidt continuavam a falar sobre resistir até a primavera. No Cáucaso, Kleist mantinha suas posições. Em seu quartel-general, Hitler não mostrava sinais de nenhuma angústia em particular. Apenas Manstein parece ter entendido que o 6º Exército estava acabado e que todo o Grupo de Exércitos A estava em grande perigo.

A BATALHA DA FOME

Economizando Suprimentos

O futuro dos homens em Stalingrado dependia quase inteiramente da capacidade da *Luftwaffe* de mantê-los abastecidos. Mesmo no início do cerco, essa capacidade foras posta em dúvida, mas agora, manter o abastecimento se mostrara impossível. Dentro do perímetro defensivo, havia três aeródromos. O maior era o de Pitomnik, sendo o de Gumrak ligeiramente menor. O terceiro deles, em Stalingradsky, era muito menor e de pouca utilidade para grandes aeronaves de transporte, como o Junkers Ju52 ou os bombardeiros Heinkel HE111 convertidos. Fora do bolsão isolado, a principal base ficava em Tatsinskaya, mas depois que o aeródromo fora danificado pelos russos em 24 de dezembro, as aeronaves de abastecimento tinham de partir de campos mais distantes. Salsk foi usado pela primeira vez, mas em meados de janeiro os soviéticos estavam perto demais e a *Luftwaffe* mudou-se para Zverevo. ▶

Avanço da infantaria soviética com submetralhadoras. As submetralhadoras soviéticas eram imprecisas, mas tinham alta cadência de tiro.

CAPÍTULO 12

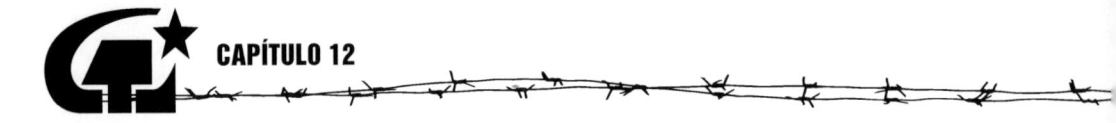

A rota mais curta era de Tatsinskaya para Pitomnik, um tempo de voo de aproximadamente uma hora e 40 minutos. Considerando o tempo necessário para carregar e descarregar uma aeronave, isso significava que cada Ju52 poderia fazer apenas uma viagem de ida e volta por dia. Logo, ficou óbvio que isso não era suficiente.

Era raro a *Luftwaffe* conseguir transportar 150 toneladas de suprimentos em um dia, muito aquém do necessário. O dia de maior sucesso foi 19 de dezembro, quando 289 toneladas de suprimentos foram levadas por avião, mas o total caiu logo e, no início de janeiro, a média da *Luftwaffe* foi de pouco menos de 100 toneladas por dia.

Não que a *Luftwaffe* não tentasse fazer mais. Pilotos e tripulantes ficaram profundamente chocados com as condições que viram dentro do bolsão conforme o cerco se arrastava e, particularmente, com o aspecto macilento dos soldados. Eles fizeram o máximo para levar suprimentos e retirar os feridos. De fato, aproximadamente 42 mil homens foram evacuados de Stalingrado pelo ar, soldados feridos em sua maioria, embora o alto-comando alemão tivesse insistido em que alguns técnicos e funcionários especializados fossem retirados também.

Os russos se esforçaram muito para impedir a ponte aérea para o 6° Exército. Caças patrulhavam os céus e armas antiaéreas cercaram o bolsão. Aeronaves soviéticas também atacaram os aeródromos, destruindo suprimentos depois de terem sido descarregados e semeando as pistas com crateras, para tornar o uso desses aeródromos cada vez mais perigoso. As perdas sofridas pela *Luftwaffe* foram altas. Ao todo, 266 Junkers Ju52s, 165 Heinkel He111s, 42 Junkers Ju86s e 9 Fw 200 Condor foram destruídos. Talvez ainda mais grave tenha sido a perda de mais de 850 tripulantes.

Tropas alemãs transportam suprimentos para as posições na linha de frente. As dificuldades de transporte eram uma característica fundamental da luta em Stalingrado.

A BATALHA DA FOME

Paulus teve que tomar algumas decisões difíceis envolvendo suprimentos. A primeira foi um dos mais fáceis: proibiu os *panzer* de se moverem. Cada tanque deveria ser estacionado entre as ruínas ou entrincheirado em uma posição de onde pudesse usar seu canhão como arma de artilharia. As poucas reservas de combustível que existiam foram reunidas para serem usadas somente quando uma grande ofensiva russa começasse, pois então seria o momento de os *panzer* manobrarem.

A munição também foi seriamente restringida. Cada homem recebia apenas 15 ou 20 cartuchos de munição por dia. As tropas receberam ordens para abrir fogo somente quando tivessem bom alvo e uma razoável perspectiva de acertá-lo. As reservas de munição de armas pequenas de divisões e regimentos ficaram indisponíveis, para garantir que não fossem desperdiçadas no uso diário e estivessem prontas para quando os soviéticos lançassem um ataque real. A artilharia também sofreu cortes. Antes, os grandes canhões disparavam com frequência e muitas vezes, mas agora permaneciam quietos por horas a fio. Algumas vezes dias inteiros se passavam sem que nenhum combate ocorresse. Os homens apenas amontoavam-se em suas trincheiras e congelavam.

Os víveres eram os mais difíceis de todos. Os cavalos foram mortos após o fracasso da Operação Tempestade de Inverno, já que sua forragem havia acabado e não havia uso futuro para eles. A carne dos cavalos foi consumida rapidamente e logo terminou. Em 20 de dezembro, a combinação de falta de comida, frio intenso e enorme estresse da situação causou o surto de um novo e estranho fenômeno. Alguns homens pareceriam perfeitamente bem para seus companheiros, porém uma hora depois seriam encontrados mortos, sem apresentarem nenhuma marca. Eles podiam estar de sentinela ou dormindo em um abrigo, mas a morte misteriosa os arrebatava da mesma forma. As causas dessas mortes foram debatidas com ardor na época, mas agora parece provável que não havia apenas uma razão, mas sim uma combinação de todos os diferentes fatores.

A fome passou a dominar conversas, pensamentos e sonhos. Ninguém tinha comida suficiente, alguns estavam literalmente morrendo de fome. De volta ao quartel-general, Zeitzler, o especialista em logística, estava tão preocupado que submeteu a si próprio a uma dieta com teor calórico semelhante à dos homens em Stalingrado. Em algumas semanas,

Torrar o pão era uma maneira simples de torná-lo comestível.

perdeu 12,7 quilos, muito embora seu estilo de vida fosse muito menos exigente que o dos homens na cidade condenada. Hitler ficou alarmado por sua aparência esquelética e ordenou-lhe de comesse mais, pondo-o sob guarda na hora das refeições para assegurar que o fizesse.

Doenças e Moléstias

Doenças eclodiram de forma epidêmica, enfraquecendo ainda mais alguns dos soldados e reduzindo o número disponível para o combate. A hepatite apareceu logo de início, trazendo com ela a perda de apetite e um aumento na letargia. A disenteria, velha inimiga dos exércitos em campo, chegou em meados de dezembro e jamais partiu. Embora os médicos alemães conhecessem as causas e o tratamento para a diarreia, era difícil curar e impossível de erradicar uma doença nas condições vigentes em Stalingrado. No início de janeiro, o tifo se espalhava pelo 6º Exército, matando aproximadamente 15% daqueles que o contraíram.

Na época, havia mais de meio século que se sabia muito bem que o tifo era disseminado por piolhos, mas as condições em Stalingrado não eram propícias para erradicá-los. Piolhos na cabeça podem ser eliminados penteando-se os cabelos cuidadosamente com um pente fino, ou raspando-se a cabeça. Piolhos no corpo são mais difíceis de tratar, porque não vivem somente no corpo e nos pelos, mas também no vestuário. Para se livrar dos piolhos, é necessário lavar toda a roupa e da cama com àgua em torno de 55 graus Celsius ou deixar de vestir ou utilizar os itens por sete dias ou mais. Nas condições de higiene das trincheiras e abrigos, isso era impossível. Mesmo se as roupas pudessem ser lavadas em altas temperaturas, as condições de superlotação fariam com que os soldados se infectassem novamente com rapidez.

Queimaduras por frio também se tornaram um problema cada vez mais comum. Não houve novos abastecimentos de vestuário em Stalingrado, então os homens tiveram de se virar com o que tinham. Meias e botas foram as primeiras a desgastar, de modo que o número de casos de queimadura dos pés aumentou rapidamente. Não somente a incidência de queimaduras por frio aumentou, mas também sua gravidade. Os homens já haviam estado fora de ação por alguns dias anteriormente, mas agora ficavam imóveis por várias semanas e morrer disso estava se tornando comum.

É preciso grande diligência e esforço para manter um exército saudável em campo. Em Stalingrado, não havia nem os meios, nem o tempo necessário, então os homens caíam doentes e morriam com frequência e velocidade cada vez maiores. Em 3 de janeiro, Paulus calculou que dos 150 mil homens em Stalingrado, apenas aproximadamente 35 mil estavam aptos para o serviço.

Embora o nível dos suprimentos em geral estivesse baixo e baixando cada vez mais, o ritmo de algo vindo de fora, de fato, acelerou. A concessão de promoções, medalhas e condecorações começou a ser feita com maior rapidez e, um observador imparcial poderia até pensar, com menos justificativa do que antes de o 6º Exército ter sido sitiado. O próprio Paulus foi promovido a *Generalleutnant*, uma patente acima da usual para o comandante de um exército de infantaria,

Soldado alemão queimado pelo frio é guardado por soldado do Exército Vermelho armado com uma submetralhadora PPSch-41.

e foi agraciado com as prestigiosas Folhas de Carvalho para adicionar à Cruz de Cavalheiro que já recebera. Oficiais e outras patentes, todos receberam condecorações de vários tipos.

Na verdade, as promoções e condecorações faziam parte de uma campanha de propaganda cuidadosamente elaborada por Josef Goebbels. Já era óbvio que um desastre de proporções épicas se desenrolava em Stalingrado e, apesar do apagão de notícias, rumores se espalhavam pelo exército e começavam a chegar aos civis. Mais cedo ou mais tarde, os trágicos acontecimentos teriam de ser revelados. O trabalho de Goebbels era garantir que o moral alemão, tanto em casa quanto entre os combatentes, não sofresse muito como resultado.

Uma Legião de Heróis

A fim de lidar com o desastre, Goebbels mudou completamente a imagem da Alemanha nazista e toda sua campanha de propaganda. Até o Ano Novo de 1943, Goebbels e seus asseclas haviam retratado a Alemanha nazista como o prenúncio de uma nova ordem para a Europa, um novo sistema social, político e econômico que varreria os destroços decadentes, fracassados e desacreditados da velha Europa que perecera na guerra de 1914 a 1918. O nazismo fora retratado como jovem, vibrante, dinâmico e irresistível. Mas então, tudo isso mudara.

O 6º Exército foi saudado como uma legião de heróis dignos das melhores tradições dos antigos guerreiros teutônicos.

CAPÍTULO 12

O espírito de Armínio, que havia expulsado os romanos da Alemanha, foi invocado, juntamente com o de Frederico, o Grande, imperador Frederico Barbarossa, Blücher e muitos mais. Esse foi o motivo por trás das promoções e dos prêmios. Era preciso retratar o 6º Exército como o melhor que a Alemanha já pusera em campo. Na verdade, era bom, mas nunca tanto quanto Goebbels proclamava.

A mensagem que Goebbels trabalhava de forma lenta e cuidadosa era que o 6º Exército sacrificara-se heroicamente para salvar a antiga civilização europeia do ataque de hordas de bárbaros asiáticos oriundos da Sibéria. Conforme o fim se aproximava, Goebbels assegurou-se de que as transmissões de rádio, reportagens e discursos dos líderes nazistas fossem recheados com alusões a antigas lendas e mitos alemães. Na maioria das vezes, fazia-se referência ao *Nibelungenlied*, um poema épico que termina com uma heroica, terrível e suicida vingança alemã contra Etzel, rei dos hunos, ateando fogo ao palácio real. A semelhança com a resistência suicida do 6º Exército contra os russos era clara. Goebbels fez da Alemanha nazista a herdeira autonomeada de Atenas, Roma, da Cristandade e de dois mil anos de civilização europeia. Essa seria a linha principal da propaganda alemã pelo restante da guerra.

Em Stalingrado, Paulus recebeu uma mensagem de Ano Novo do *Führer*, com instruções para que fosse repassada aos seus homens.

> *"Em nome de todo o povo alemão, envio a você e seu valoroso exército os mais sinceros e auspiciosos votos para o Ano Novo. Sei da dureza e do perigo de sua posição. A heroica resistência de suas tropas tem meu maior respeito. Você e seus soldados, no entanto, devem entrar no Ano Novo com confiança inabalável de que eu e todas as forças armadas alemãs faremos tudo o que estiver ao nosso alcance para ir em auxílio dos defensores de Stalingrado e que, com sua firmeza, virá a façanha mais gloriosa de toda a história das armas alemãs.*
> ***Adolf Hitler"***

Paulus enviou uma resposta, que também, foi lida para seus homens.

> *"Mein Führer,*
> *Suas palavras confiantes foram recebidas com grande entusiasmo. Faremos jus à sua confiança. Esteja certo de que nós, do general mais antigo ao mais jovem dos granadeiros, resistiremos inspirados com vontade fanática e faremos nossa parte para a vitória final. Nossa ânsia pela vitória é inquebrantável e o Ano Novo trará nossa remição. Quando isso acontecerá, não sei dizer. O Führer nunca voltou atrás em sua palavra e desta vez não será diferente.*
> ***Paulus"***

Tudo não passava de palavras vazias destinadas a manter o moral. Em uma mensagem confidencial a Hitler, Paulus confessou o que realmente estava acontecendo. *"Meu exército está morrendo de fome."*

A BATALHA DA FOME

O Grupo de Exércitos A Recua

Enquanto o 6º Exército morria lentamente, discussões irrompiam no alto-comando alemão sobre o que fazer com o Grupo de Exércitos A no Cáucaso. A opinião de Weichs, Manstein e Kleist, os comandantes locais, era que as suas forças estavam perigosamente expostas e deveriam recuar. No *OKH*, Ziegler estava igualmente preocupado com a situação do abastecimento, enquanto a preocupação de Hitler era a campanha vindoura do verão de 1943.

Hitler ainda não decidira o que fazer naquele verão, mas insistia num ponto. O Grupo de Exércitos A não deveria ser recuado completamente, mantendo um ponto de apoio ao sul de Rostov, de onde uma nova ofensiva poderia ser lançada em alguma data futura. Era uma ideia sensata. Mesmo que nenhum ataque desse tipo jamais acontecesse, a mera presença de homens ao sul de Rostov manteria os russos preocupados como as intenções alemãs, obrigando-os a manter forças no Cáucaso.

A situação foi agravada por disputas na estrutura do comando. A área estivera originalmente sob controle de apenas um comando militar, o Grupo de Exércitos Sul. Na primavera de 1942, foi dividida em Grupo de Exércitos A e Grupo de Exércitos B. Agora, havia uma terceira unidade, o Grupo de Exércitos Don. Era claramente um grupamento a mais. Porém, uma retirada no Cáucaso deixaria a área com um grupamento a menos.

Nem Weichs, nem Kleist, nem Manstein queriam perder seus comandos, de modo que cada um apresentou um plano de retirada que envolvia a debandada de um dos outros grupos de exércitos.

Na ocasião, o problema veio à tona quando os russos lançaram três ofensivas simultâneas na primeira semana de janeiro. As duas primeiras foram lançadas no Cáucaso e conquistaram pouco, mas a terceira irrompeu fora da estepe de Kalmyk e capturou Elista, a base de onde os alemães partiam para patrulhar aquela vasta área. Os russos continuaram a investida e, em determinado momento, suas unidades avançadas chegaram a 112 quilômetros de Rostov. Mesmo Hitler teve de admitir que era hora de recuar.

Kleist calculou que as linhas ferroviárias até Rostov estariam completamente lotadas com o transporte do 1º Exército *Panzer* e seus tanques, meias-lagartas e uma multidão de caminhões. Assim, o 17º Exército recebeu ordens de marchar na direção oeste pelo rio Kuban até a península de Kuban, que se projetava pelo Mar Negro em direção à península de Kerch, na Crimeia. Uma vez lá, deveria se entrincheirar, para formar o ponto de apoio que Hitler queria na área. Além disso, ao manterem a base naval de Novorossiysk, também restringiriam seriamente as atividades da frota soviética do Mar Negro.

Em 10 de janeiro, Kleist mantinha a linha de retaguarda ao longo do rio Kuma. Seu flanco esquerdo estava recuando frente a um renovado avanço soviético partindo de Elista e da estepe de Kalmyk. Kleist pediu a Manstein que ajudasse a rechaçar esse ataque, a mais de 160 quilômetros atrás de suas linhas de frente. Manstein enviou as poucas unidades de que podia abrir mão, mas a essa altura sua atenção estava voltada para sua própria frente. Os russos estavam se movimentando em Stalingrado.

CAPÍTULO 12

Paulus se Rende

Na madrugada de 9 de janeiro, os canhões russos silenciaram. Em seguida, dois oficiais soviéticos, acompanhados por um corneteiro carregando uma grande bandeira branca, apareceram na frente das linhas alemãs perto de Marinovka, no extremo ocidental do bolsão. "Somos enviados do comandante do Exército Vermelho", gritou um oficial em bom alemão. "Temos uma mensagem para seu comandante em chefe." Houve uma demora enquanto o sargento encarregado daquela seção das trincheiras alemãs partiu para buscar seu oficial. Quando o policial chegou, concordou em levar os russos a Paulus, mas com a condição de que tivessem os olhos vendados.

Os oficiais russos se deixaram vendar e, em seguida, foram levados para dentro das linhas alemãs, até o quartel-general do regimento. Enquanto os russos esperavam, uma mensagem de rádio foi enviada ao quartel-general do 6º Exército. O coronel alemão recebeu uma resposta e disse aos russos que um carro oficial estava sendo enviado para buscá-los. O oficial perguntou aos russos qual era a mensagem. Em resposta, os russos mostraram um pacote lacrado, mas negaram qualquer conhecimento do que estava nele.

Na verdade, a mensagem era uma exigência do comandante soviético, general Konstantin Rokossovsky, de rendição do 6º Exército alemão. O parágrafo de abertura dizia:

Fuzileiros soviéticos avançam atrás de tanques T34. Uma estreita cooperação entre tanques e infantaria deu flexibilidade de ação às forças soviéticas.

A BATALHA DA FOME

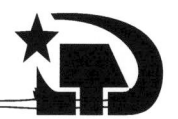

"Senhor general Paulus
Todas as esperanças de resgatar suas tropas com uma ofensiva alemã do sul e do sudoeste fracassaram completamente. As tropas alemãs que vieram em seu socorro foram debandadas. Os aviões de transporte alemães que traziam quantidades miseráveis de munição, comida e combustível são frequentemente forçados a mudar de aeródromos e cobrir longas distâncias para alcançarem as posições de suas tropas sitiadas. Isso causa grandes perdas de aviões e tripulações. A posição de suas tropas cercadas é desesperadora. Elas estão sofrendo com a fome, doenças e o frio. O castigo da geada, os ventos frios cortantes e as tempestades de neve ainda estão por vir. Seus homens não receberam uniformes de inverno e vivem em condições precárias e anti-higiênicas. O senhor, como comandante, deve saber muito bem que não há nenhuma chance real de romper o anel do cerco. Sua situação é desesperadora e continuar a resistir é inútil. "

Em seguida, a mensagem exigia uma rendição imediata. Em troca, Rokossovsky oferecia boas rações, acomodações confortáveis e tratamento de acordo com as convenções internacionais. Se a rendição não fosse imediata, no entanto, não haveria promessas sobre bom tratamento ou as vidas dos soldados alemães. Era uma mensagem sombria.

Quando o carro oficial do Estado-Maior de Paulus chegou, trazia um coronel, que entrou e saudou. O coronel disse aos russos que tinha ordens estritas para não levar nada deles, nem de ouvir nenhuma mensagem verbal, e não faria nada a não ser escoltá-los de volta até as posições russas em segurança. Os russos tentaram dar-lhe o pacote fechado, mas ele se recusou, então recolocaram suas vendas e foram levados de volta para terra de ninguém.

Às 6 horas da manhã seguinte, 7 mil canhões russos abriram fogo contra posições alemãs no lado oeste do bolsão de Stalingrado e continuaram a disparar por uma hora. Quando os canhões se calaram, a infantaria soviética investiu, apoiada por tanques T34. A ofensiva estava a cargo do 21º e do 65º Exército e foi planejada por Rokossovsky para esmagar o 6º Exército completamente. Os relatórios de seus serviços de informações informavam que havia apenas 85 mil homens no bolsão, a maioria impossibilitada de combater, e que os alemães estavam praticamente sem munição ou combustível.

Como consequência, os russos não esperava encontrar muita resistência em seu caminho e voltaram a usar as táticas com que tiveram os resultados tão ruins dos primeiros meses da guerra. Suas ordens eram: "se os fascistas não se renderem, morrem". Muitos russos interpretaram isso como sendo se o 6º Exército não se rendesse, todos os inimigos deveriam ser fuzilados. Muitos prisioneiros foram mortos a tiros em áreas da retaguarda e, em um hospital de campo, todos os feridos e doentes foram metralhados, enquanto a equipe médica fora transferida para um hospital soviético.

No primeiro dia do ataque, os russos conseguiram romper as linhas de frente alemãs, sobrepujando os romenos que aguardavam na reserva e avançando em

CAPÍTULO 12

Konstantin Rokossovsky liderou as forças soviéticas que cercavam Stalingrado.

direção a Stalingrado. A notícia do feito chegou a Manstein ao mesmo tempo em que Kleist pedia-lhe ajuda. Manstein estava preocupado que, se Stalingrado caísse, todo o poderio dos exércitos russos seria voltado para atacar o sul dentro de dias.

Porém, no segundo dia do ataque russo, Paulus reconheceu que esse era o principal ataque russo para destruir o 6º Exército e liberou combustível e munição para a 16ª Divisão *Panzer*. Quando os *panzer* entraram em ação, causaram forte impacto nos soviéticos, permitindo que outras unidades alemãs e romenas se reunissem, reorganizassem e voltassem à batalha. Ao anoitecer de 12 de janeiro, a "ofensiva final" soviética chegara a um impasse nas margens do rio Rossoshka, com a perda de mais de 30 mil homens e metade de seus tanques.

Os alemães conseguiram um descanso, mas apenas temporário. Hitler ordenou que a *Luftwaffe* renovasse seus esforços de abastecimento e enviou mais aviões e tripulações, mas para que chegassem levaria tempo, algo que o 6º Exército tinha cada vez menos.

Em 16 de janeiro, Rokossovsky lançou outro ataque. Os russos cruzaram o Rossoshka e mais tarde, naquele dia, capturaram o grande aeródromo de Pitomnik. Agora, os suprimentos somente poderiam chegar até o sitiado 6º Exército através de Gumrak, cujo aeródromo estava tão castigado que a maioria dos pilotos da *Luftwaffe* optou por lançar os suprimentos de paraquedas ao invés de pousar. Isso significava que os feridos não poderiam mais ser retirados. Os oficiais médicos pararam de tratar aqueles feridos mortalmente e, em vez disso, concentraram seus esforços e medicamentos em homens que tinham chance de recuperação. Quando os soldados chegavam transportando os gravemente feridos, eram aconselhados a matá-los para poupá-los do sofrimento.

O novo avanço russo terminou em 17 de janeiro, tomando metade da área do bolsão. Naquele dia, Paulus emitiu ordens a seus homens para romper o cerco. Segundo seu plano, os homens que estavam aptos para lutar deveriam abrir espaço nas linhas soviéticas ao sul do bolsão. Em seguida, deveriam se espalhar pela estepe aberta e tentar achar seu caminho até as linhas alemãs. Alguns soldados vestiram sobretudos russos retirados dos corpos de inimigos para ajudar na tentativa. As ordens para o ataque nunca foram dadas, mas alguns oficiais e soldados de fato se esgueiraram pelas linhas soviéticas, somente para serem encontrados ao longo das semanas seguintes nas estepes geladas. Nenhum deles chegou em segurança.

A BATALHA DA FOME

O fim, agora, estava claramente à vista. Em 20 de janeiro, Paulus escreveu um bilhete de despedida para a esposa, colocou-o em um pacote com seu anel de sinete e misturou-o a uma remessa de despachos oficiais que seria levada por um dos poucos mensageiros. Ordens chegaram de Hitler para que um homem de cada divisão fosse retirado por via aérea. Paulus não conseguiu imaginar o motivo, mas Hitler tinha seus próprios planos. Mais compreensível para Paulus foi a ordem de usar oficiais de *panzer* experientes como mensageiros, pois suas competências seriam obviamente muito valiosas nas campanhas por vir.

Um dos últimos oficiais do alto escalão a decolar foi o general Hans-Valentin Hube, comandante do 14º Corpo *Panzer*. Hitler tinha grande consideração por Hube e se referia a ele como "Hube, o Tal'. Ele havia ordenado a evacuação de Hube em 18 de janeiro, mas Hube recusou-se até ser forçado a embarcar em uma aeronave, dois dias depois.

Em 22 de janeiro, o aeródromo de Gumrak caiu em mãos russas. Havia, agora, apenas o pequeno campo de pouso em Stalingradsky, acessível somente a pequenas aeronaves. Suprimentos somente poderiam ser lançados de paraquedas.

Em 24 de janeiro, os alemães tinham sido empurrados de volta para a cidade em ruínas. Dois dias depois, os tanques soviéticos das unidades atacantes atravessaram para chegar até o 62º Exército, de Chuikov. Os alemães, agora, estavam divididos em dois bolsões.

Paulus estava no bolsão sul, onde ele recebeu uma mensagem por rádio de Hitler.

"Rendição está fora de questão. As tropas devem lutar até o fim. Se possível, mantenha uma fortaleza menor com as tropas ainda aptas ao combate. A bravura e a tenacidade dessa Fortaleza [Stalingrado] propiciaram o estabelecimento de uma nova frente e o lançamento de contra-ataques. O 6º Exército deu sua contribuição histórica para o maior acontecimento da história alemã."

A reação de Paulus à mensagem não ficou registrada. Hitler estava certo sobre

General Hube (de óculos), um dos últimos a escapar de Stalingrado.

CAPÍTULO 12

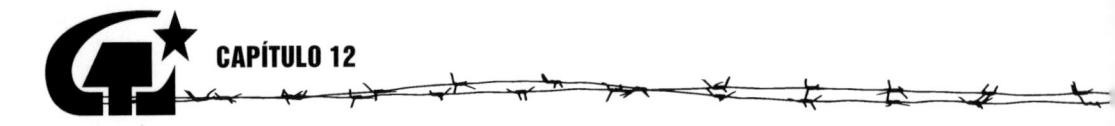

uma coisa: uma nova frente fora estabelecida. Kleist levara a última de suas unidades de volta através do Don em Rostov e o 17º Exército estava bem entrincheirado em Kuban. Foi por um triz, mas Kleist conseguiu por todos os seus homens e equipamentos longe de um possível cerco que faria o desastre de Stalingrado parecer mesquinho. Kleist foi promovido a marechal de campo por seus feitos.

Ele não foi o único general a ser promovido a essa patente tão cobiçada. Em 30 de janeiro, Hitler também fez de Paulus um marechal de campo. Quando recebeu a notícia de sua promoção, Paulus estava prostrado em sua cama com disenteria. Seu exército estava desmoronando, com unidades inteiras se rendendo ou sendo eliminadas. Paulus sabia tão bem quanto Hitler que nenhum marechal de campo alemão jamais se rendera ao inimigo. Se, com isso, Hitler pretendia que Paulus continuasse a luta ou cometesse suicídio, não se sabe. Mas Paulus não escolheu nenhuma dessas opções.

No dia seguinte, o tenente russo Fedor Yelchenko estava prestes a liderar um ataque às ruínas de uma grande loja na praça central de Stalingrado quando, de acordo com a entrevista que deu uma semana depois:

> *"De repente, apareceu um oficial alemão carregando uma bandeira branca e acompanhado por um intérprete. Gritei perguntando o que ele queria. Ele pediu que um oficial superior fosse ao encontro de seu oficial superior. Eu disse, 'Sou a coisa mais próxima de um oficial superior aqui, agora. O que o seu oficial quer?' O alemão disse seu queria se render. 'Muito bom', respondi.*

Durante a guerra, o desempenho da artilharia ligeira do Exército Vermelho era tida em alta conta por seus adversários alemães.

A BATALHA DA FOME

Entrei com dois de meus homens na loja em ruínas. A loja estava lotada de alemães, centenas deles. Todos estavam armados. Meus homens estavam nervosos. O oficial alemão nos levou ao porão e nos apresentou ao coronel Rasske. Esse Rasske se comportou como um verdadeiro oficial, sem nenhum medo ou arrogância, e me apresentou ao general Schmidt, que disse que o marechal de campo Paulus estava doente demais para falar comigo. Rasske comandava os homens na loja. Ele e Schmidt continuaram a falar com um homem deitado numa cama. Era Paulus. Ele não parecia muito doente, mas algo infeliz. Rasske pediu-me os termos da rendição. Que poderia eu dizer? Eu era um tenente. Disse que o general Rokossovsky tinha emitido um ultimato e que aqueles eram os termos.

Então Rasske me perguntou se eu tinha alguma pergunta para Paulus. Eu disse 'Não', porque a posição estava muito clara para mim. Rasske então me pediu para impedir que Paulus fosse maltratado ou tratado como um qualquer. Perguntei se ele estava entregando a loja a mim. Rasske disse que estava. Então, saí e sinalizei para o QG. Eles enviaram um bom carro e uma guarda numerosa para levar Paulus. Retirei dele sua pequena pistola pouco antes de ser levado. Deixei com ele um canivete, porque disse que precisava dele."

Coluna de alemães marchando para o cativeiro em janeiro de 1943.

Paulus (direita) é interrogado após sua captura.

Paulus foi interrogado por Rokossovsky e confirmou que estava entregando as tropas de todo o bolsão sul, concordando em enviar uma ordem para os homens no bolsão do norte se renderem, mas levou dois dias para que o fizesse e, nesse meio tempo, alguns postos avançados isolados continuaram a resistir.

A Batalha de Stalingrado terminara e a derrota era alemã.

193

CAPÍTULO 13

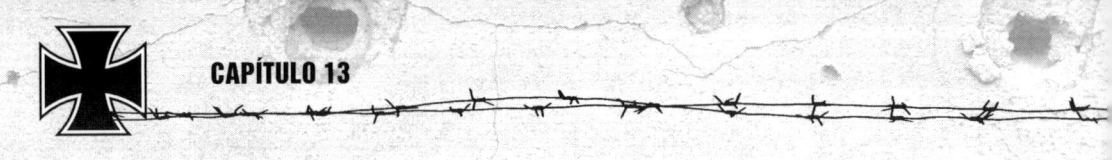

13. O COMEÇO DO FIM

É quase impossível superestimar a importância do desastre alemão em Stalingrado. Na campanha como um todo, a Wehrmacht perdeu talvez 15 por cento de sua força, sem ganhar quase nada.

O COMEÇO DO FIM

Lidando com o Fracasso

Apesar do empenho de Goebbels, a escala do desastre não poderia ser ocultada. Já foi dito, com alguma razão, que todos os civis na Alemanha conheciam uma família que perdeu um filho em Stalingrado. A sensação de choque na Alemanha foi grande, mas o golpe no moral dos soldados foi maior. Desde o início da invasão da Rússia, as tropas alemãs só conheciam a vitória, mesmo quando os sucessos no campo de batalha não se traduziram num triunfo final. Agora, sofriam uma derrota no campo de batalha e de grandes proporções. A autoconfiança dos soldados alemães havia sido seriamente afetada e, em muitos casos, destruída. Eles já não viam os russos como pobres soldados a serem derrotados, mas como adversários difíceis, que deviam ser enfrentados com cautela. ▶

Soldado do Exército Vermelho acena com a bandeira soviética sobre a Praça Central de Stalingrado, após a rendição alemã.

Goebbels faz seu famoso discurso no Sportpalast em fevereiro de 1943, no qual clamou ao povo alemão que travasse uma "guerra total".

Em 18 de fevereiro de 1943, Goebbels fez seu famoso discurso do Sportpalast, assim chamado porque foi feito perante um grande público convidado no Sportpalast de Berlim. Aquele foi o primeiro discurso de um líder nazista admitindo que a guerra não corria tão tranquilamente para a Alemanha. Goebbels descreveu os reveses na Frente Oriental, explicou que todo o futuro da civilização europeia estava ameaçado por um golpe comunista e afirmou que apenas a Alemanha poderia salvar a Europa. O clímax foi quando perguntou à sua audiência, e a todo o povo alemão através do rádio:

"Vocês acreditam, como o Führer e nós, na vitória final total do povo alemão? Vocês e o povo alemão estão prontos para trabalhar, se o Führer ordenar, 10, 12, se necessário 14 horas por dia e dar tudo pela vitória?

Vocês querem uma guerra total? Se necessário, vocês querem uma guerra mais total e radical do que qualquer coisa que ainda possamos imaginar hoje?"

A resposta foi extremamente positiva. A Alemanha foi posta em pé de guerra pela primeira vez. A produção de bens de consumo terminou e as fábricas se entregaram à fabricação de material bélico em grande escala. A mão de obra escrava oriunda dos países conquistados ainda era usada, mas os trabalhadores alemães eram cada vez mais pressionados a trabalhar mais e com maior afinco. Sacrifícios cada vez maiores eram exigidos em termos de dinheiro, esforço e vidas. Para

O COMEÇO DO FIM

muitos alemães, Stalingrado representou um ponto de virada crucial na guerra.

Além da derrota sofrida pelos alemães, o Exército Vermelho obtivera conquistas. As forças soviéticas ficavam maiores mês a mês, com um número crescente de homens sendo convocados e mais e mais recursos sendo destinados à fabricação de armas. O sucesso da Operação Urano mostrou que os russos eram capazes de imitar a tática de *blitzkrieg* alemã quando contavam com os homens certos no comando e o equipamento adequado. Esse nem sempre era o caso e, nos meses seguintes, os russos com frequência voltavam às suas velhas táticas, com resultados muitas vezes fatais. Mas a melhoria das forças russas não podia ser negada.

Ainda haveria muita luta e derramamento de sangue na Frente Oriental, mas depois de Stalingrado não havia mais nenhuma possibilidade de os alemães conseguirem uma vitória imediata e total sobre a União Soviética. Houve conversas no seio do alto escalão militar alemão sobre a abertura de negociações de um acordo de paz com os russos. Hitler recusou de chofre. Ao contrário de muitos dos militares, Hitler estava plenamente ciente dos assassinatos em massa, do genocídio e de outros crimes de guerra que a *SS* e outros instrumentos do Partido Nazista vinham perpetrando na Rússia ocupada. Ele sabia que os russos tinham a vingança em mente e que conversações seriam inúteis. Mais tarde, a certeza de que ele mesmo seria executado levaria Hitler a prolongar desnecessariamente a guerra e, por fim, tirar a própria vida.

Stalingrado marcou o começo do fim para o Terceiro *Reich*.

O Custo da Vitória e da Derrota

O custo humano da campanha de Stalingrado foi imenso. Entre os que mais sofreram estava a população civil da cidade. Em 23 de agosto de 1942, a cidade de Stalingrado tinha uma população de 400 mil civis. O destino da maioria dessas pessoas é desconhecido. Muitas fugiram, outras se juntaram ao Exército Vermelho, mas a maioria ficou aprisionada na cidade pelo avanço alemão e pela recusa do *NKVD* de permitir que os civis usassem as balsas para atravessar o rio. Em 1943, após a batalha, o *NKVD* contou os civis que ainda viviam na cidade. As estatísticas das três áreas centrais perfazem uma leitura deprimente. O distrito de Traktorozavodskiy fora o lar de uma população de 75 mil pessoas em 1942. Em 1943, havia apenas 150. No distrito de Barrikadniy restaram 76 pessoas de 50 mil, enquanto no distrito de Ermanskiy apenas 32 de 45 mil sobreviveram. Calcula-se que aproximadamente 200 mil civis foram mortos durante os combates.

As baixas sofridas pelo Exército Vermelho foram igualmente horríveis. A maioria das contas diz que dos 10 mil homens do 13º de Rifles que cruzaram o Volga na Batalha de Stalingrado, apenas 280 a 320 sobreviveram ao confronto. Vários regimentos e batalhões foram totalmente aniquilados. Os registros oficiais do Exército Vermelho listam 478.741 homens mortos e 650.878 feridos na cidade e seu entorno, mas esses números são geralmente considerados uma estimativa modesta. Os números não incluem as campanhas travadas fora da cidade. Os soviéticos podem ter perdido algo como 650 mil homens.

CAPÍTULO 13

Nem todas as baixas soviéticas foram causadas pelos alemães. Os registros do *NKVD* mostram que foram executados 13.541 homens e mulheres, tanto soldados quanto civis, durante a Batalha de Stalingrado. Ou seja, foram fuzilados após um breve julgamento. Os números de soldados mortos pelos esquadrões disciplinares onde quer que houvesse uma retirada ou um ataque sem vigor suficiente nunca foram registrados.

A recuperação de Stalingrado levou um longo tempo. O relato a seguir foi escrito por S. Sorokin, um capataz de fábrica trazido para ajudar a reconstruir a fábrica Outubro Vermelho após a luta.

"Chegamos à estação de trem de Archeda e depois seguimos a pé. Fazia muito frio e caminhamos por dois dias. Passávamos a noite em abrigos desolados. Chegamos na cidade em 14 de fevereiro. No terreno da fábrica, encontramos o diretor, P.A. Matevosyan, e o diretor da garagem, V. J. Jukov. Eles chegaram primeiro à fábrica para receber a liderança do comandante militar e nos avisaram: todas as áreas da fábrica formam um campo minado compacto. Somente é possível transitar por trilhas feitas pelos sapadores. Começamos a procurar um lugar para nos alojarmos. Decidimos montar um alojamento temporário diretamente nas instalações da fábrica. Entramos na usina N1, cuja fornalha estava aberta. Era necessário examinar um local no porão. Olhamos em volta em silêncio e chegamos a um buraco na parede da oficina. De repente, vimos uma metralhadora posicionada em um buraco numa parede, voltada para um posto de controle.

Levou meses a retirada dos mortos congelados em Stalingrado.

Estávamos desarmados, o que deveríamos fazer? Devemos entrar mais ainda na oficina ou não? Ficamos onde estávamos, era preciso olhar mais em volta. Ouvimos passos na direção do Volga. Dois soldados fascistas com utensílios de latão se aproximaram de nossa oficina. Tinham feito um abrigo para a metralhadora. Ao nos verem, ficaram atônitos. Depois de alguma confusão, começaram a tagarelar em um russo ruim: 'Trabalhamos cozinha e garagem.' Mas sabíamos que não havia mais cozinha ou garagem funcionando no terreno da fábrica. Dissemos 'ok' e nos afastamos. Depois de alguns minutos, encontramos um jovem soldado com uma submetralhadora e perguntamos: 'Vocês recolheram todos os prisioneiros de guerra do terreno da fábrica?'.

O COMEÇO DO FIM

'Sim, claro', ele respondeu. 'Faz mais de uma semana. O que aconteceu?' 'Vimos dois fascistas e uma posição de metralhadora', respondemos. 'Humm... 'Vamos lá', disse ele. Ele entrou na oficina e seguimos logo atrás. Descemos até um porão. Estava completamente escuro. Passamos por um local no subsolo, depois outro. No terceiro, pudemos ver uma mesa de madeira, um forno, utensílios de latão e um candeeiro. Os alemães roncavam em seus catres. Nosso soldado iluminou o porão com uma lanterna e gritou: 'Armas na mesa'. Os soldados fascistas se levantaram de seus catres e puseram suas pistolas e outras armas sobre a mesa. O soldado os levou para o quartel-general."

Em março, um repórter britânico sediado em Moscou foi levado a Stalingrado pelos soviéticos para ver a cidade em ruínas. O repórter enviou de lá vários relatos detalhados sobre o que seus acompanhantes lhe contaram e mostraram, depois acrescentou um texto curto sobre algo que ele próprio testemunhou.

"Lembro que foi no momento em que comecei a olhar para o chão enquanto caminhava. Quando você está farto do que vê, olha para o chão e, assim, a jornada parece mais rápida. Eu estava farto de olhar para as ruínas brutais de Stalingrado, farto de registrar choque após choque de poder, terror e lástima. O poder das explosões, o terror da deformidade das coisas comuns, a lástima dos retalhos de intimidades domésticas.

Foi então que notei uma vara em pé nos escombros. Nela havia um aviso de papelão que dizia, de modo muito firme e arrojado, 'Buraco nº 37'. Naquele momento, uma cabeça de mulher apareceu ao lado da pequenina vara. Atrás dela vieram duas crianças; uma menina de uns três anos, toda agasalhada com um boné branco de lã com abas que pareciam orelhas de coelho; e uma outra menina, sombria e solene, de uns cinco anos. A mulher foi até umas roupas lavadas que pendiam de um varal, congeladas e oscilando ao vento frio como tábuas em um vendaval.

A destruição de Stalingrado foi quase total. A reconstrução, em grande parte feita por prisioneiros alemães, levou anos para ser concluída.

CAPÍTULO 13

As meninas correram em direção a um trenó de brinquedo.

Parei para conversar com a mulher.Ela respondia em monossílabos e sua voz tinha aquele tom que as mulheres usam em quando falam da estupidez dos homens.Sim, ela estivera lá o tempo todo. Foi horrível.Sim, era muito difícil viver. Seu marido estava no exército, ela tivera que manter suas filhas com ela porque houve tempo para mandá-los embora.

Por que ela permaneceu?Por que ficou morando por cinco meses em um buraco no chão entre os dois exércitos e por que o buraco se chamava 'Buraco nº 37'? Sua resposta foi muito feminina.Ela lavava roupa para o Exército Vermelho.

Virei-me para o major do Exército Vermelho que me acompanhava.'Quantos outros buracos assim existem em Stalingrado?'Perguntei.Ele deu de ombros.Havia muitos, disse ele, mas não sabia quantos."

As perdas alemãs provaram ser mutiladoras para seu esforço de guerra. Estima-se que um total de 750.000 homens tenham sido mortos, feridos ou feitos prisioneiros. Esses números incluem romenos e italianos. Tem havido muita controvérsia sobre exatamente quantos homens ficaram sitiados no bolsão em torno de Stalingrado. Os números oficiais informados por Paulus em 6 de dezembro falam o 6º Exército precisava de 275.000 rações diárias. Nem todas essas rações eram entregues aos soldados alemães. Havia também 12.600 romenos e 500 italianos, além de 20.300 russos trabalhando para os alemães. Ninguém sabe ao certo o quão precisos eram esses números. Na confusão da retirada para Stalingrado, muitas unidades acabaram espalhadas e desorganizadas. Sem dúvida, muitos comandantes enviaram estimativas com números mais altos num esforço para obter mais víveres. O número de homens presos no bolsão pode ter sido, de fato, em torno de 220.000.

Não entanto, sem contar os homens sitiados, é certo que aproximadamente 42.000 foram retirados por avião por um motivo ou outro. Os soviéticos capturaram 111.465 homens, dos quais 91.000 se renderam somente no final. O restante dos que ficaram ali deve ter sido morto. Os soviéticos trataram seus prisioneiros muito mal e, antes da primavera, metade deles havia morrido por fome, doenças e execuções. No verão de 1943, os sobreviventes se tornaram mão de obra escrava e foram colocados para trabalhar na reconstrução de Stalingrado ou enviados para fazendas ou fábricas em outros lugares. O ministro das relações exteriores soviético, Vyacheslav Molotov, anunciou que nenhum dos alemães capturados em Stalingrado seria posto em liberdade até que a cidade estivesse reconstruída.

Os soviéticos acharam a mão de obra escrava alemã tão útil que a mantiveram por muito tempo após o fim da guerra. O último prisioneiro alemão conhecido foi repatriado em 1955. Rumores abundaram por anos sobre outros soldados alemães mantidos nos *gulags* até 1967. Dos 111.465 alemães capturados em Stalingrado, apenas 5.000 viveram o suficiente para voltar para casa.

Após Stalingrado, a luta na Frente Oriental ficou ainda mais cruel, com os alemães enfrentando uma derrota lenta, mas certa.

O Destino dos Personagens Principais

Dos indivíduos citados neste livro, a maioria sobreviveu à luta em Stalingrado por tempo suficiente para registrar suas experiências para a posteridade. Nem todos sobreviveram à guerra.

Adolf Hitler permaneceu como ditador da Alemanha até que se suicidou nas ruínas de Berlim, em 30 de abril de 1945. Depois de Stalingrado, passou a interferir mais e mais na gestão da guerra, com o que são geralmente considerados resultados desastrosos.

Stalin permaneceu líder absoluto da União Soviética até sua morte, em 5 de março de 1953. Vencida a guerra, se tornou cada vez mais autocrático e propenso a campanhas vingativas contra as comunidades que acreditava terem ajudado os invasores. Também impôs o regime comunista, que na prática significava um governo soviético direto, aos países da Europa Oriental.

Após o fracasso da *Luftwaffe* em abastecer o 6º Exército em Stalingrado, Goering caiu em desgraça perante Hitler, sendo desprovido de todas as funções, menos as cerimoniais, pelo resto da guerra. Nos julgamentos de Nuremberg, foi sentenciado à morte por crimes contra a humanidade, mas cometeu suicídio antes de sua execução.

O marechal de campo Paulus foi bem tratado pelos soviéticos, mas se recusou a admitir que os alemães haviam cometido crimes de guerra e não assinou nenhum dos papéis colocados à sua frente. Após a morte de seu filho Friedrich, lutando na Itália, e do fracasso do complô de 20 de julho de 1944 dos oficiais alemães para matar Hitler, Paulus concordou em fazer transmissões conclamando os alemães a se renderem. Foi testemunha de acusação nos julgamentos de Nuremberg. Libertado em 1953, aposentou-se na Alemanha Oriental, onde morreu em 1957.

CAPÍTULO 13

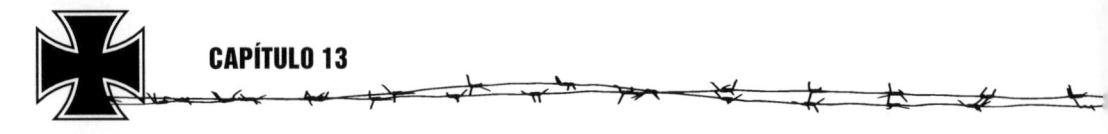

O general Schmidt, segundo em comando de Paulus, se recusou a ajudar os soviéticos de qualquer maneira e muitas vezes foi rude e agressivo com seus captores. Foi libertado em 1955 e se mudou para a Alemanha Ocidental, onde morreu em 1957.

O general Manstein viu seu Grupo de Exércitos Don assumir o Grupo de Exércitos B em março de 1943. Continuou a manter o alto-comando do exército alemão e lutou com habilidade uma série de vezes, até que foi promovido a marechal de campo e removido do comando ativo por Hitler, que se irritara com as retiradas de Manstein. Nos julgamentos por crimes de guerra, foi considerado culpado de não proteger os civis contra maus-tratos e passou quatro anos na prisão. Ao ser libertado, serviu ao governo da Alemanha Ocidental e desempenhou um papel importante na reconstrução do exército alemão. Morreu em 1973.

O marechal de campo von Weichs perdeu o comando do Grupo de Exércitos B para Manstein em março de 1943 e se tornou comandante do Grupo de Exércitos F na região dos Balcãs. Mais tarde, ordenou a retirada alemã dos Bálcãs e foi capturado pelos americanos. Foi libertado em 1947 e morreu em 1954.

O marechal de campo von List viveu na aposentadoria depois que Hitler o demitiu. Nos julgamentos de Nuremberg, foi

Correspondentes estrangeiros são guiados em uma caminhada por Stalingrado após o fim dos combates em 1943. A batalha foi um elemento de propaganda importante para os russos.

O COMEÇO DO FIM

condenado por executar reféns e passou quatro anos na prisão. Morreu em 1971.

O marechal de campo von Kleist continuou a manter alto-comando até março de 1944, quando ordenou uma retirada que havia sido proibida por Hitler. Mais tarde, foi capturado pelos soviéticos e condenado a dez anos de prisão por crimes de guerra. Morreu no cativeiro em 1954.

O marechal de campo von Bock não recebeu nenhum novo comando após ser demitido por Hitler. Foi morto durante um ataque aéreo apenas oito dias antes do fim da guerra, em maio de 1945.

O general de *panzer*, Hermann Balck, continuou a comandar blindados até se render aos americanos, em 8 de maio de 1945. Em 1947, foi considerado culpado de assassinato por ter executado um oficial em 1944 sem julgamento. Foi logo libertado e viveu até 1982.

O general de *panzer* Hermann Hoth foi demitido por Hitler em 1943 após sofrer um revés. Viveu na aposentadoria até que ser enviado para a prisão por dez anos após os julgamentos de Nuremberg. Foi lançado em 1954 e, ao longo dos 15 anos seguintes, escreveu uma série de livros altamente conceituados sobre história militar. Morreu em 1971.

Outro comandante de blindados, o general Hans-Valentin Hube, "O Tal", continuou a comandar tropas *panzer* até que foi morto em um acidente aéreo em 1944.

O governante romeno, Ion Antonescu, foi deposto no início de 1944 pelo rei Miguel, da Romênia. Em 1946, foi considerado culpado de crimes de guerra e executado.

O general soviético Vasily Chuikov comandou o 62º Exército em Stalingrado. Depois de Stalingrado, o 62º Exército foi rebatizado de 8º Exército de Guardas. Chuikov liderou o exército por todo a jornada até Berlim. Depois da guerra, foi feito Marechal da União Soviética e, em 1962, tornou-se comandante em chefe de todo o Exército Vermelho. Aposentou-se em 1972 e morreu em 1982.

O general Georgy Zhukov continuou a manter o alto-comando do Exército Vermelho até o final da guerra e estava presente quando os alemães se renderam após a morte de Hitler. Stalin considerava Zhukov popular e influente demais, então demitiu-o em 1946. Após a morte de Stalin, Zhukov foi restabelecido e nomeado ministro da defesa. Aposentou-se em 1957, publicou uma autobiografia em 1969 e morreu em 1974.

O general Konstantin Rokossovsky continuou a comandar exércitos soviéticos até o final da guerra e foram suas tropas que se encontraram com os britânicos no norte da Alemanha, em 1945.

Retornou à sua Polônia natal para se tornar chefe das forças armadas polonesas. Em 1957, voltou para a Rússia como o inspetor-chefe do Exército Vermelho. Aposentou-se em 1962 e morreu em 1968.

O general Andrey Yeremenko liderou as forças soviéticas nos Balcãs em 1944 e 1945. Ocupou uma série de comandos de alto escalão depois de 1945 e, em 1955, foi elevado ao posto de marechal. Aposentou-se em 1958 e morreu em 1970.

Depois de ser substituído por Zhukov, Semyon Timoshenko ocupou uma série de comandos sem importância. Aposentou-se do Exército Vermelho em 1961 e morreu em 1970.

CAPÍTULO 13

O general Filipp Golikov foi transferido para o Ministério da Defesa após a guerra e ocupou uma série de posições relativamente inferiores até sua aposentadoria. Morreu em 1980.

O atirador de elite soviético Vasily Zaytsev receberia permissão mais tarde para retornar à linha de frente. Apesar de ferido, permaneceu em ação até 1943, quando sofreu um ferimento que afetou sua visão. Foi agraciado com o título de Herói da União Soviética e creditado por um total de 225 mortes. Depois da guerra, graduou-se como engenheiro têxtil e mudou-se para Kiev, onde veio a ser diretor de uma fábrica de roupas. Morreu em 1991, aos 76 anos.

Yakov Pavlov, que comandou operações na Casa de Pavlov, foi agraciado com o título de Herói da União Soviética, a Ordem de Lenin, a Ordem da Revolução de Outubro, duas Ordens da Estrela Vermelha e várias outras medalhas. Serviu por três mandatos no Soviete Supremo da República Socialista Federativa Soviética da Rússia. Pavlov morreu em 1981.

Quanto ao 6º Exército, este morreu em Stalingrado, mas renasceria. Foi por isso que Hitler ordenou que um homem de cada divisão fosse retirado no último minuto. Com base em cada um desses homens, cada divisão foi reformada exatamente como fora antes de Stalingrado. O novo 6º Exército foi ativado em 5 de março de 1943 e lutou na Frente Oriental até que sua coesão e estrutura de comando fossem esmagadas por uma ofensiva soviética em março de 1945. A maioria dos sobreviventes, depois disso, fugiram para o oeste o mais rapidamente possível, para que pudessem se entregar aos americanos. O exército deixou de existir oficialmente em 9 de maio de 1945, quando seu então comandante, Hermann Balck, rendeu a si e seus homens restantes para os norte-americanos perto de Viena.

O chafariz de Barmaley em Stalingrado ficou cercado pela devastação total, mas sobreviveu para se tornar um símbolo do renascimento da cidade.

Principais Personagens

Políticos

Alemanha
Adolf Hitler, chanceler
Joachim von Ribbentrop, ministro das relações exteriores
Josef Goebbels, chefe da propaganda
Hermann Goering, chefe da *Luftwaffe*

União Soviética
Josef Stalin, premiê
Vyacheslav Molotov, ministro das relações exteriores
Lavrentiy Beria, chefe de segurança do estado
Georgy Malenkov, chefe do Comitê Estatal de Defesa
Nikita Khrushchev, chefe da administração civil, Stalingrado

Hungria
Almirante Miklós Horthy, governante

Romênia
Ignacy Mosciki, presidente

Estado Eslovaco
Jozef Tiso, chefe de estado

Forças Armadas

Alemanha
Marechal de campo Wilhelm Keitel, comandante supremo (OKW)
Marechal de campo Walther von Brauchitsch, comandante em chefe do exército alemão
Marechal de campo Wilhelm von Leeb, comandante do Grupo de Exércitos Norte
Marechal de campo von Georg Küchler, comandante do Grupo de Exércitos Norte
Marechal de campo Fedor von Bock, comandante do Grupo de Exércitos Centro
Marechal de campo Gerd von Rundstedt, comandante do Grupo de Exércitos Sul
Marechal de campo Wilhelm von List, comandante do Grupo de Exércitos A Sul
Marechal de campo Maximilian von Weichs, comandante do Grupo de Exércitos B Norte
Marechal de campo Erich von Manstein, comandante do 11º Exército
Marechal de campo Walther von Reichenau, comandante do 6º Exército
Marechal de campo Wolfram Freiherr von Richthofen, chefe do Apoio Tático e Operacional, *Luftwaffe*
General Alfred Jodl, chefe do Estado-Maior de Operações (OKW)
General Franz Haider, chefe do Estado-Maior (OKH)
General Kurt Zeitzler, chefe do Estado-Maior (OKH)
General Günther Blumentritt, chefe de Suprimentos e Transportes (OKH)
General Walter Warlimont, vice-chefe do Estado-Maior de Operações
General (depois marechal de campo) Ewald von Kleist, comandante do 1º Corpo *Panzer* (então comandante do Grupo de Exércitos A)
General (depois marechal de campo) Friedrich Paulus, comandante do 6º Exército
General Carl-Heinrich von Stülpnagel, comandante do 17º Exército
General Richard Ruoff, comandante do 17º Exército
General Arthur Schmidt, Chefe do Estado-Maior do 6º Exército
General Franz Landgraf, comandante da 6ª Divisão *Panzer*
General Hermann Balck, comandante 11ª Divisão *Panzer*
General Hans-Georg Leyser, comandante da 29ª Divisão *Panzergrenadier*
General Walter Graf von Brockdorff-Ahlefeldt, comandante da Divisão SS *Totenkopf*
General Hermann Hoth, comandante do 3º Grupo *Panzer*
General Heinz Guderian, comandante do 2º Grupo *Panzer*
General Erich Hoepner, comandante do 4º Grupo *Panzer*
General Ferdinand Heim, comandante do 48º Corpo *Panzer*
General Eberhard von Mackensen, comandante do 1º Corpo *Panzer*
General Gustav von Wietersheim, comandante do 14º Corpo *Panzer*
General Hans-Valentin Hube, comandante do 14º Corpo *Panzer*
General Karl-Adolf Hollidt, comandante do 17º Exército
General Viktor von Schwedler, comandante do 4º Corpo *Panzer*
General Walther von Seydlitz, comandante do 51º Corpo do Exército
General Jans Jeschonnek, Chefe do Estado-Maior, *Luftwaffe*
General Rudolf Schmundt, chefe de Departamento de Pessoal do Exército

União Soviética
Marechal Aleksander Vasilevsky, Chefe do Estado-Maior
Marechal Georgy Zhukov, Chefe do Estado-Maior
Marechal Semyon Timoshenko, comandante da Frente Ocidental
Marechal Andrey Yeremenko, comandante da Frente Ocidental
Marechal Semyon Budeni, comandante da Frente Sul
Marechal Rodion Malinovski, comandante da Frente Sul
Marechal Kirill Meretskov, comandante da Frente Volkhov
General Ivan Petrov, comandante da Frente Sul
General Filipp Golikov, chefe de informações, comandante adjunto Frente Sudoeste
General Andrei Vlasov, comandante do 2º Exército de Choque
General Konstantin Rokossovsky, comandante do 16º Exército
General Vasily Chuikov, comandante do 64º Exército
General Aleksandr Rodimtsev, comandante da 13ª Divisão de Guardas
General Viktor Zholudev, comandante da 37ª Divisão de Guardas
General Dmitry Kozlov, comandante da Frente Caucasiana
General Konstantin Golubev, comandante do 43º Exército
Coronel Aleksandr Sarayev, Chefe do NKVD em Stalingrado
Coronel Leonid Gurtiev, comandante da 308ª Divisão de Fuzileiros
Capitão Vassily Yeroshenko, comandante Tashkent

Romênia
Marechal Ion Antonescu, comandante em chefe das forças terrestres
General Petre Dumitrescu, comandante do 3º Exército
General Mihail Lascar, 1ª Brigada Montada

Índice

Abordagem soviética para defesa de 84-7
    ataque começa 88-91
    ataque terrestre começa 99-102
    civis organizados 92
    combate em torno do elevador de grãos 105-7
    combate no parque Mamayev Kurgan 104-5
    combates em torno Casa de Pavlov 124-5
    combates em torno da fábrica Barrikady 127-8
    combates em torno da fábrica de tratores 129-31, 134
    comparação com Verdun 127
    novos ataques alemães começam 122-7
    outras ofensivas pelos alemães 132-41
    primeira contraofensiva soviética 107-13
    tática dos alemães e mudança soviética 118-22
Alemães perdem vantagem inicial em 83-4
Alemães se rendem 188-93
    custo humano 197-200
    efeito na Alemanha 195-7
Alemanha
    depois de Stalingrado 201
    depois de Stalingrado 203
    e avanço em direção a Moscou 45
    e campanha de Rostov 76
    e início da invasão 36, 37
    e ofensiva alemã de 1942 no Cáucaso 146, 151-2
    e planos para a invasão da União Soviética 31
    e queda de Stalingrado 191
    e tentativa de resgate em Stalingrado 175, 177
    Hoepner, Erich 31, 45, 47
    Hollidt, Karl-Adolf 174-5
    Horthy, Miklós 11, 31
    Hoth, Hermann 30, 77
    inicia ataque a Stalingrado 88, 92-3
    insiste em não retirar o Grupo de Exércitos A 187
    investida contra Stalingrado 77, 80-1
    táticas para a ofensiva de verão de 1941 42
Antonescu, Ion 139, 165, 167, 203
Áustria 10
Baku 149
Balck, Hermann 173, 203, 204
Blumentritt, Günther 110-11, 154
Bock, Fedor von 30, 153
    assume Grupo de Exércitos Sul 51
    depois de Stalingrado 202-3
    e ataque terrestre em Stalingrado 108
    e início da invasão 33, 37, 39
    e ofensiva de verão de 1942 72, 73-5
    e planos para a invasão da União Soviética 31
    e Segunda Batalha de Kharkov 68
Bolsão de Demyansk 59-63
Bolsão de Unam 39
Boris, rei 23-4, 27, 30-1
Brauchitsch, Walther von 25, 52, 53
Brest-Litovsk 33
Brockdorff-Ahlefeldt, Graf von 60
Budeni, Semyon 37-8, 39
    demitido por Stalin 47
    e Batalha de Kiev 43, 44, 45
    e ofensiva alemã no Cáucaso de 1942 148
Bulgária 23-4, 30-1
Campos petrolíferos de Ploesti 12, 20, 22
Carélia 16, 27
Carlos IV, rei 11
Carol, rei 12, 20
    assume o controle do Grupo de Exércitos A 152-3
    disputa com Jodl 117, 151-2
    e avanço em direção a Moscou 47
    e campanha de inverno de 1941 54
    e campanha de Rostov 75-6
    e campanha de verão de 1942 79-80

    e fuga de Stalingrado 162-3, 164-9
    e início do ataque a Stalingrado 88-9, 94-5
    e invasão dos Balcãs 30
    e invasão soviética da Finlândia 16-17
    e invasão soviética dos Estados Bálticos 20
    e lições da campanha de 1941 51-2
    e ofensiva de inverno soviética de 1942 161-2, 172
    e Operação Blue 56
    e Segunda Batalha de Kharkov 68
    medo das intenções soviéticas na Romênia 22-3
    nomeia a si próprio comandante-em-chefe do exército 52-3
    oferta de paz à Grã-Bretanha 22-3
    ordena nova ofensiva em Stalingrado 133, 134
    planos de invasão da Polônia 11-12
    planos de invasão da União Soviética 24-7, 31
    promete tentativa de resgate 186
    promove Kurt Zeitzier 113
    recusa pedido para romper o cerco 162-3
    remove Fedor von Bock 74
    táticas para a ofensiva de verão de 1941 42
Casa de Pavlov 124-5
Cáucaso 53-4, 78-80, 187-8
Cherkovo 72-3
Chuikov, Vasily 75
    depois de Stalingrado 203
    e defesa de Stalingrado 97
    e novos ataques alemães 135-6
    e ofensiva soviética de inverno de 1942 171
    e segundo ataque alemão 125, 126-7
    início do ataque terrestre a Stalingrado 100, 102, 103-4, 107
    inventa novas táticas 119-20, 122
    recebe ordens de retomar Stalingrado 129
Chuyanov, A.S. 88
Cripps, sir Stafford 24-5
Dolgin, Vasilav 40-1
Dumitrescu, Petre 138, 139, 154, 158, 165
Einsatzgruppen 39
Estônia 19-20, 33
Exército alemão abastecido pela Luftwaffe 181-3
    vida dos soldados alemães em 183-5
Exército romeno em 138-9, 140
Exército Vermelho
    condição 32-3
    reorganizado por Stalin 47
Fábrica Barrikady 127-8
Fábrica de tratores 129-31, 134
Falkenhayn, Erich von 127
Finlândia 14, 16-18, 27
França 10, 11, 19
Goebbels, Josef 61, 63, 153, 172-3, 185, 195, 196
Goering, Hermann 55, 164-5, 166-7, 201
Golikov, Filipp 203
Golubev, General 60-1
Grã-Bretanha 10, 11, 22-3, 24-5
Grande Expurgo 18-19
Grécia 24, 27, 30
Guderian, Heinz
    e avanço em direção a Moscou 47
    e Batalha de Kiev 43, 44
    e início da invasão 36, 37
    e planos para a invasão da União Soviética 31
    táticas para a ofensiva de verão de 1941 42
Gurtiev, Leonid 127-8
Gwynn, sir Charles 114-16
Haider, Franz 68, 94, 95, 111, 113
Heim, Ferdinand 161-2
Hitler, Adolf 21, 25, 153
    disputas com Hitler 117, 151-2
    vista da União Soviética, 9-10, 32
Hube, Hans-Valentim 90, 191, 203
Hungria 11, 31
Itália 24, 27, 30, 31
Iugoslávia 24, 27, 29-30

Japão 48
Jeschonnek, Hans 165, 166-7
Jodl, Alfred
 planos de ataque soviéticos a Ploesti 23
 invade a Polônia 14-16
 lições da campanha de 1941 50-4
 planos para a invasão da União Soviética 25-6
 e pacto germano-soviético de não-agressão 12-14
Kamenev, Lev 18
Keitel, Wilhelm 25
Kharkov
Khozyaynov, Andrey 106-7
Khrushchev, Nikita 43, 44-5, 87, 88, 97, 135
Kiev, Batalha de 42-5
Kirichenko, A.I. 88
Kleist, Ewald von 39, 42
 avanço para Stalingrado 77-8, 80, 81
 depois de Stalingrado 202
 e Batalha de Kiev 43, 44
 e ofensiva alemã de 1942 no Cáucaso 146, 147-50, 153
 e ofensiva de verão de 1942 71, 78
 e queda de Stalingrado 190
 e retirada do Cáucaso 187
 e Segunda Batalha de Kharkov 68, 69
Kozlov, Dimitry 71
Krueger, Eugene 150-1
Küchler, Georg von 52
Kurochkin, Pavel 61
Landgraf, Franz 174
Leeb, Wilhelm von
 e avanço em direção a Moscou 45-6
 e cerco de Leningrado 52
 e início da invasão 33, 35
 e lições da campanha de 1941 50
 e ofensiva de verão de 1941 42
 e planos para a invasão da União Soviética 31
Leningrado, cerco de 44, 51-2, 78
Letônia 14, 19-20, 33
Lista, Wilhelm von
 e Operação Blue 56
 e campanha de Rostov 75
 e ofensiva de verão de 1942 78
 depois de Stalingrado 202
 substitui Fedor von Bock 74-5
 e ofensiva alemã de 1942 no Cáucaso 144, 145, 146, 148, 151-2, 153
Lituânia 12, 14, 19-20, 33
Malenkov, Georgy 68-9
Malinowsky, Rodion 154
Mamayev Kurgan parque 104-5, 135
Manstein, Erich von 168
 e fuga alemã de Stalingrado 167, 169
 e ofensiva alemã no Cáucaso de 1942 144
 e ofensiva de verão alemã de 1942 71, 78
 e ofensiva soviética em Stalingrado 161,163-4,173, 174, 176
 enfrenta a ofensiva soviética na Crimeia 63
Meretskov, Kirill 59
Molotov, Vyacheslav 13, 26, 200
Mosciki, presidente 11
Moscou 45-7, 48-9
Mussolini, Benito 27
Odessa 38, 56
Ofensiva de Kholm 58-9
Ofensiva de Volkhov 59
Ofensiva soviética no inverno de 1942 154-64, 171-4
 debate sobre ruptura alemã do cerco 164-9
 e Grupo de Exércitos A 169
Operação Blue 56-7
Operação Tempestade de Inverno 170-9
Operação Urano 154-64
Pacto germano-soviético de não-agressão 12-14, 18, 20
Paulo, príncipe 24, 27, 29
Paulus, Friedrich 25, 153, 172
 assume o 6º Exército 51
 e contraofensiva soviética 110
 e fuga de Stalingrado 162-3, 165, 171
 e ofensiva de verão de 1942 71
 e ofensiva soviética de inverno de 1942 160, 161
 e Segunda Batalha de Kharkov 67, 68, 69, 70
 e suprimentos para os soldados 183
 e tentativa de resgate 174
 inicia ataque a Stalingrado 88-9, 90, 93-5
 inicia segundo ataque 124, 128-9
 inventa novas táticas de ataque 118-19
 investida contra Stalingrado 80
 não consegue avançar 176-9
 planeja segundo ataque a 117
 planos para a invasão da União Soviética 25-6
 promovido a Gereralleutnant 184-5
 recebe ordens de começar novo ataque 140-1
 segundo ataque interrompido 132-3
Pavlov, Yakov 124, 125, 203
Pedro, Rei 24, 29
Península de Kerch 63, 70-1
Petrov, Ivan 148
 ordens dadas para o ataque 76-7
Polônia
 alianças militares 10
 invasão da 9, 14-16
 planos de invasão da 11-12
Primeira Batalha de 58-9
Rasske, coronel 192-3
Ribbentrop, Joachim von 13
Richthofen, Wolfram Freiherr von 30, 81, 90-1, 139
Rodimstev, Aleksandr 102-3, 104
Rokossovsky, Konstantin 188-91, 203
Romênia 11-12, 14, 15, 20, 22, 27, 31
Rostov 75-6, 146, 147, 169, 187
Rundstedt, Gerd von 32
 e planos para a invasão da União Soviética 31
 e ofensiva de verão de 1941 42
 início da invasão 37-9
 e lições da campanha de 1941 50-1
Ruoff, Richard 147, 153
Ruptura de cerco alemã falha 176-9
Rutênia 11
Rznev 137-8
Sarayv, A. 102-3
Schmidt, Arthur 178, 202
Schmidt, Rudolf 37
Schmundt, Rudolf 117
Schwelder, Viktor von 110
Segunda Batalha de 64-70
Segunda Batalha de Kharkov 64-70
 e ofensiva de verão alemã de 1942 71-5, 78-80
 ofensiva alemã no Cáucaso de 1942 144-53
Sevastopol 38, 39, 42, 56
Seydlitz, Walther von 90, 172
Simonov, Konstantin 117-18, 125-6, 129-31
Slonim 34-5
 depois de Stalingrado 202
 e fuga de Stalingrado 177-9
 e queda de Stalingrado 190
 e retirada do Cáucaso 187-8
Smolensk 35-6
Sorge, Richard 48
Sorokin, S. 198-9
Stalin, Josef 13, 66
 e Batalha de Kiev 43, 44
 e Bolsão de Demyansk 61
 e contraofensiva de Moscou 49
 e invasão da Finlândia 17
 e invasão da Polônia 12, 13-14
 e o Grande Expurgo 18-19

e ofensiva de inverno de 1942 156-7
ordena a Chuikov que retome Stalingrado 129
reorganiza o Exército Vermelho 47
Stalingrado
　defesas preparadas 75-6
　depois de Stalingrado 201
　promovido a marechal de campo 192
　se rende 188-9, 190-3
　solicita resgate a Hitler 186
Stülpnagel, Carl Heinrich von 39
Sudetos 10-11
Tanque T34 47, 50, 96
Tchecoslováquia 10-11
Tentativa de resgate alemã 173-6
Timoshenko, Semyon 58
　retarda avanço alemão 37
　e ofensiva de verão alemã de 1942 72
　e campanha de Stalingrado 77, 87 depois de Stalingrado 203 Tiso, Jozef 10, 11
　e Batalha de Kiev 43, 44-5
　e Segunda Batalha de Kharkov 67, 68-9, 70
Ucrânia 44-5, 53-4
União Soviética
Vasilevsky, Aleksandr 84, 155, 156-8
Visão de Hitler de 9-10, 32
　brutalidade dos invasores 39-41
　condição do Exército Vermelho 33
　e Bolsão de Demyansk 59-63
　e inverno de 1941 54-6
　e o Grande Expurgo 18-19
　e pacto germano-soviético de não-agressão 12-14
　invade a Finlândia 16-18
　invade a Polônia 15-16
　invade a Romênia 20, 22
　invade os Estados Bálticos 19-20
　invasão iniciada 33-9
　planeja a ofensiva de 1942 57-9
　planos de invasão de 24-7, 30-3
Vlasov, Andrei 59
Voronezh 72
Voronov, Nikolai 89
Warlimont, Walter 79, 138, 152
Weichs, Maximilian von 32, 153
　depois de Stalingrado 202
　e campanha de Rostov 75
　e fuga alemã de Stalingrado 167, 179 e retirada do Cáucaso 187
　e novas ofensivas em Stalingrad 139
　e ofensiva alemã no Cáucaso de 1942 146
　e Operação Blue 56
　inicia ataque a Stalingrado 93-4
Wietersheim, Gustav von 90, 92, 110
Yelchenko, Fedor 192-3
Yeremenko, Andrey 87, 88, 93, 97, 135, 203
Yeroshenko, Vassily 38
Zaytsev, Vasily 120-2, 203-4
Zeitzler, Kurt 112
　e fuga de Stalingrado 163, 165, 167, 169, 179
　e ofensiva em Stalingrado 139-40
　e ofensiva soviética de inverno de 1942 161
　substitui Franz Haider 113
Zholudev, Viktor 134, 135
Zhukov, Georgy 58
　defesa de Stalingrado 89
　depois de Stalingrado 203
　e defesa de Moscou 47
　e defesa de Stalingrado 93
　e ofensiva de inverno soviética de 1942 156-9
　e segundo ataque a Stalingrado 126
　início do ataque terrestre a Stalingrado 100, 107
　ordena contraofensiva 108
Zinoviev, Grogory 18, 19

Créditos das Imagens

(T = alto; B = inferior; L = esquerda, R = direita)

Bundesarchiv - German Federal Archives:

8-9	Bild 146-1985-083-16	o.Ang.
10	Bild 146-2010-0049	o.Ang.
12-13	Bild 183-S52480	o.Ang.
14	Bild 1011-380-0086-27	Greiner
15	Bild 1011-013-0068-33A	Höllenthal
20	Bild 183-S58183	o.Ang.
21 23	Bild 183-H28708 Bild 146-1971-033-01	o.Ang. o.Ang. o.Ang. Bauer
25	Bild 101I-771-0366-02A	
28-29	Bild 1011-163-0319-07A	
30	Bild 1011-265-0047A-34	Moosdorf [Mossdorf]
32	Bild 1011-056-1643-29A	Harren
34	Bild 146-1982-077-11	o.Ang.
35	Bild 146-1975-081-21	Weidner
36T	Bild 1011-138-1068-06	Dreyer
36B	Bild 183-L29871	Hermann
48-49	Bild 146-2008-0317	o.Ang.
52	Bild 183-2007-0316-504	Schröter
53	Bild 183-L18678	Frentz, Walter
54-55	Bild 1011-003-3445-33	Ullrich
57	Bild 1011-287-0872-02	Koll
60	Bild 146-1972-042-42	o.Ang.
62-63	Bild 1011-003-3446-16	Ulrich
64-65 69 74 77	Bild 183-B13132 Bild 1011-216-0412-07 Bild 183-B12867 Bild 1011-218-0530-10	Mittelstaedt, Heinz Klintzsch Gutjahr Geller
79	Bild 146-1970-033-04	o.Ang. Niermann
81	Bild 1011-452-0984-23	
82-83	Bild 183-B22061	Heine, Kurt
90	Bild 146-1972-042-22	o.Ang.
100	Bild 183-B22176	o.Ang.
101	Bild 183-B22414	o.Ang.
108-109	Bild 183-B26923	Heine, Kurt
112	Bild 1011-185-0118-14	Neubauer
114-115	Bild 146-1974-07-66	o.Ang.
123	Bild 183-J20510	Opitz
131	Bild 1011-083-3371-11	o.Ang.
134	Bild 146-1975-082-18	Herber
140	Bild 183-J20471	Niermann
141	Bild 1011-732-0135-16	o.Ang.
142-143	Bild 1011-217-0494-34	Geller
146-147	Bild 1011-214-0342-36A	Geller
148 152	Bild 183-2005-1017-521 Bild 1011-2417-09	Gehrmann, Friedrich Poetsch
153	Bild 183-B24543	o.Ang. Sautter
159	Bild 1011-218-0507-10	
166-167	Bild 183-L21769	Lange
168	Bild 146-1991-015-31A	Mittelstaedt, Heinz
172	Bild 146-1971-070-73	Jesse
173	Bild 1011-732-0118-03	Bauer
174	Bild 1011-210-0142-13A	Zell, Artur
175	Bild 146-1972-007-23	o.Ang.
176	Bild 1011-457-0056-12	Kamm, Richard
178	Bild 1011-457-0065-36	Kamm, Richard
182	Bild 146-2006-0106	Gehrmann, Friedrich
183	Bild 183-J18808	Herber
185	Bild 183-E0406-0022-011	o.Ang.
191	Bild 141-0234	o.Ang.
193 (B)	Bild 183-E0406-0022-010	o.Ang.
196	Bild 183-J05235	Schwahn, Ernst

RIA Novosti: 7; 17; 18; 19; 22; 37; 38; 40; 43; 44; 45; 46; 48; 58; 66; 70; 71; 73; 75; 87; 88;89; 91; 95; 103; 120; 124; 126; 129; 130; 132- 133; 136; 144; 145; 149; 154-155; 162-163;170-171; 180-181; 188; 190; 192; 193 (T); 194-195; 198; 199; 201; 202; 204.

CORBIS: 98-99

ED Archives: 27; 51; 118-119

Getty Images: 6